Erfolgreiche Kooperation in Unternehmen

Frank Schäfer ist Unternehmensberater mit dem Schwerpunkt Change Management. Seine Unternehmensberatung, die »schäfer‚ei«, berät Großkonzerne, mittelständische Unternehmen und den öffentlichen Dienst. Die Beratungsdienstleistung ist auf die Optimierung von Führungs- und Kooperationsprozessen in Unternehmen fokussiert.

Frank Schäfer

Erfolgreiche Kooperation in Unternehmen

Warum wir heute mehr brauchen
als gute Führungskräfte

Campus Verlag
Frankfurt/New York

Unter Mitarbeit von Dr. Petra Begemann, Bücher für Wirtschaft und Management, Frankfurt am Main, www.petrabegemann.de

Bibliografische Information der Deutschen Nationalbibliothek:
Die Deutsche Nationalbibliothek verzeichnet diese Publikation in der Deutschen Nationalbibliografie. Detaillierte bibliografische Daten sind im Internet unter http://dnb.d-nb.de abrufbar.
ISBN 978-3-593-38997-4

Das Werk einschließlich aller seiner Teile ist urheberrechtlich geschützt. Jede Verwertung ist ohne Zustimmung des Verlags unzulässig. Das gilt insbesondere für Vervielfältigungen, Übersetzungen, Mikroverfilmungen und die Einspeicherung und Verarbeitung in elektronischen Systemen.
Copyright © 2009 Campus Verlag GmbH, Frankfurt/Main
Umschlaggestaltung: Init, Bielefeld
Satz: Publikations Atelier, Dreieich
Druck und Bindung: Druckhaus »Thomas Müntzer«, Bad Langensalza
Gedruckt auf säurefreiem und chlorfrei gebleichtem Papier.
Printed in Germany

Besuchen Sie uns im Internet: www.campus.de

Inhalt

Einleitung: Kooperation als Erfolgsmodell – gerade in der Krise 9

**Teil I
Status quo: Unternehmen in der Sackgasse** 13

Kapitel 1: **Der Leadership-Mythos** 15
Leadership-Kompetenzen: Königs- oder Holzweg? 16
Nur Komplexität bewältigt Komplexität 20
Was Unternehmen heute wirklich erfolgreich macht 23

Kapitel 2: **Ein anachronistisches Unternehmensmodell** 28
Das Unternehmen: Uhrwerk oder soziales System? 29
Warum mechanistische Modelle versagen: Ein Fallbeispiel 33
Eine neue Perspektive: Unternehmen als soziale Gebilde 35
Mitarbeiter kommen und gehen – die Unternehmenskultur bleibt . 39
Warum es keine »Welt AG« geben kann: Der Fall DaimlerChrysler . 43

Kapitel 3: **Die Welt der Weiterbildung ist eine Scheibe ...** 50
Das Konzept: Wir »entwickeln« Führungskräfte und
    Persönlichkeit 51
Die Praxis: Unreflektierter Methodenpluralismus 55
Die Mängel: Relevanz – Transfer – Nachhaltigkeit 59
Das Ergebnis: Tennisspieler, die schlecht Fußball spielen 62

Teil II
Das Ziel: Eine effiziente Kooperationskultur 65

Kapitel 4: Kooperation im Unternehmen: So beeinflussbar wie das Wetter? 67

Der Alltagsbefund: Gute versus schlechte Kooperation 68
Das Dilemma: Mitarbeiter, die sich als passive Umsetzer verstehen 70
Die wissenschaftliche Perspektive: Merkmale sozialer Systeme 74
Kooperation im Unternehmen: Arbeitsbasierte soziale Systeme
    versus soziale Hochleistungssysteme 77
Sozialer Raum: Wie Räume und Kooperationsmuster sich
    bedingen 89

Kapitel 5: Nachhaltiger Wandel: Eine Kooperationskultur verankern 97

Die Aufgabe: Was tun gegen die Macht der Gewohnheit? 98
Die Erfolgsfaktoren: Wie bringt man ein soziales System
    in Bewegung? 101
Die Methode: »Shadowing« oder »eingreifende Beobachtung« ... 109
Die Rolle der Führungskräfte: Abschied vom
    Münchhausen-Prinzip 113
Gretchenfrage: Lässt sich jedes Unternehmen zum Hochleistungs-
    system entwickeln? 119
Vorher/Nachher: Ein Beispiel für ein erfolgreiches
    Shadowing-Projekt 123

Teil III
Shadowing: Kooperation im Alltag optimieren 129

Kapitel 6: Die Entwicklung produktiver Zusammenarbeit: Projektstart 131

Grundsatzentscheidungen: Das Topmanagement 132
Projektverlauf: Pilotgruppen oder standortweiter Start? 133

Ansprechpartner: Die interne Personal- und Organisations-
entwicklung 135
Arbeitsbereiche: Die Kooperationszonen 137
Unterstützer: Das mittlere Management 139
Das Fundament: Gemeinsame Werte 141

Kapitel 7: **Kooperationsprofil und Kooperationspyramide: Projektziele** 144

Bestandsaufnahme: Das Kooperationsprofil 145
Gruppenziele: Die Kooperationspyramide 148
Diskussionsforen: Kooperationsworkshops und Reports 153
Selbstverpflichtung: Der Auftrag an die Berater/
Kooperationsagenten 156

Kapitel 8: **Der Shadowing-Prozess: Projektablauf** 159

Überblick: Die ersten Tage 160
Beobachter und Coach: Der Kooperationsagent 161
Denkanstöße: »Time out« als Schlüsselinstrument 163
Dokumentation: Logbuch und Video 166
Nachhaltigkeit: Die zyklische Struktur des Verfahrens 171
Shadowing auf einen Blick 176

Kapitel 9: **Einwände – und was für Shadowing spricht** ... 178

Kosten: Warum sich die Investition rechnet 179
Internationalität: Warum Global Player umdenken müssen . 180
Arbeitsumfeld: Warum »Zuständigkeiten« ein Auslaufmodell sind ... 184

Teil IV
Ausblick: Kooperation und Führung in der Wissensgesellschaft von morgen 191

Kapitel 10: **Privileg auf Zeit: Für ein neues Konzept von Führung** 193

Was bedeutet »Führung« in sozialen Hochleistungssystemen? 194
Einbinden statt anleiten: Der Projektmanager als Rollenmodell ... 197
Führung als Dienstleistung: situativ, selbstorganisiert, rotierend ... 199

Kapitel 11: Erfolgsfaktor Kooperation: Die Kernthesen des Buches im Überblick 203

Kapitel 12: Schluss: Ein anderes Verständnis von Lernen 205

Literaturverzeichnis 208

Anmerkungen 213

Register 216

Einleitung
Kooperation als Erfolgsmodell – gerade in der Krise

Erfolgreiche Kooperation in Unternehmen: Haben wir im Augenblick nicht andere, wichtigere Probleme? Die deutsche Wirtschaft verzeichnet Auftragseinbrüche ungeahnten Ausmaßes. Zahlreiche Großbanken können nur durch milliardenschwere Bürgschaften des Staates vor dem Zusammenbruch bewahrt werden. Millionen von Arbeitsplätzen sind in Gefahr. Und Experten diskutieren darüber, ob man die Entwicklung zu Beginn des 21. Jahrhunderts nun mit der Weltwirtschaftskrise vor rund 80 Jahren vergleichen könne oder eher nicht.

Viele Unternehmen wirken in dieser Situation wie gelähmt. Man hofft auf saudische Investoren, auf Staatshilfen, darauf, dass der Sturm das eigene Haus nochmal verschont und es »irgendwann« wieder aufwärts gehen wird. Aktives Krisenmanagement sieht anders aus. Im Management herrscht Ratlosigkeit. Politiker fordern vergeblich »Konzepte«, bevor sie den Steuersäckel für Rettungsmaßnahmen öffnen. Und die Belegschaft starrt auf das Management und erwartet, dass »die da oben« den Scherbenhaufen wieder kitten.

Dabei wird gern übersehen, dass Krisen – vom niederländischen Tulpen-Crash im 17. Jahrhundert bis zur Ölkrise der Siebzigerjahre oder zum Platzen der Internetblase Anfang 2000 – zu einer Marktwirtschaft gehören wie der Regen zum deutschen Sommer. So extrem die wirtschaftlichen Einbrüche dieses Mal auch sein mögen (etwa gemessen am Rückgang des Bruttoinlandprodukts), es wird nicht die letzte Krise sein. In Krisen trennt sich die Spreu vom Weizen. Und Krisen lenken die Aufmerksamkeit auf Systemschwächen, die in guten Zeiten verdeckt werden. Dazu gehört beispielsweise der unbeirrbare Glaube in den Unternehmen wie in der Managementlehre, dass Führung im Sinne eines guten und richtigen Managements *der* entscheidende Faktor für die Sicherung der Überlebensfähigkeit und die erfolgreiche Steuerung von Wirtschaftsunternehmen sei. Einst bejubelte Topmanager wie Porsche-Chef Wendelin Wiedeking oder Firmenpatriarchin Maria-Elisabeth Schaeffler erweisen sich plötzlich als fehlbar und müssen erleben, dass sie das weitere Schicksal »ihrer« Unternehmen kaum noch beeinflussen können. Die Opelspitze ist kaum handlungsfähig und kann nur abwarten, was sich in den USA bei General Motors tut. In zahllosen Unternehmen rettet man sich mit Kurzarbeit von Woche zu Woche, Monat zu Monat, statt aktiv gegenzusteuern. Jetzt wird offenbar, dass die mit klassisch-hierarchischen Führungskonzepten verbundenen Praktiken und Organisationsformen an ihre Grenzen stoßen – insbesondere dann, wenn Komplexität ins Spiel kommt und die herkömmlichen Entscheidungswege sich als zu langwierig und schwerfällig erweisen.

In einer global vernetzten, innovationsgetriebenen Wirtschaft werden die Schnellen die Langsamen überholen, und nur die Innovativsten werden zunehmend anspruchsvolle Kunden gewinnen und binden können; das ist längst Konsens. Mit der Perfektionierung klassischer Managementinstrumente – mit immer mehr und immer präziseren Zielvorgaben, immer neuen Prozessoptimierungen und immer ausgeklügelteren Kontrollmechanismen – lässt sich diese Entwicklung nicht mehr beherrschen. Überleben werden in Zukunft die Unternehmen, denen es gelingt, alle Kräfte zu bündeln und ihr gesamtes Leistungspotenzial zur Bewältigung der anstehenden Herausforderungen zu nutzen. Jene Unternehmen, in denen eben nicht (nur) die Manager entscheiden und die Mitarbeiter sich größtenteils in den »Dienst nach Vorschrift« verabschiedet haben. Unternehmen, in denen mit einem hohen Maß an Eigenverantwortung und Leistungsorientierung gemeinsam an der Lösung anstehender Aufgaben gearbeitet wird. Kurz: Unternehmen, in denen Menschen erfolgreich miteinander kooperieren. Dabei handelt es sich nicht um eine praxisferne Utopie: Erfolgsunternehmen verschiedener Branchen beweisen längst, dass das möglich ist. Einige von ihnen stellen wir im ersten Teil des Buches vor. Kooperation, nicht die noch immer kultivierten allzu einfachen Managementmodelle sind das Modell der Zukunft. Wissenschaftler wie der Leiter des Max-Planck-Instituts für evolutionäre Anthropologie in

Leipzig, Michael Tomasello, sehen in Kooperation – der Fähigkeit, sich in andere hineinzudenken und gemeinsam mit ihnen zu handeln – *die* wahre Fähigkeit, die den Homo sapiens von seinen tierischen Verwandten unterscheidet.[1]

Das alles lässt aus meiner Sicht nur einen Schluss zu: Wir müssen jetzt die Art und Weise, Unternehmen zu organisieren, auf eine neue konzeptionelle Grundlage stellen. Ich möchte mit diesem Buch und anhand meiner Erfahrungen in zahlreichen Change-Management-Projekten in den letzten 13 Jahren zeigen, dass und wie dies gelingen kann. Ich will erläutern, was Unternehmen wissen und können müssen, wenn sie Krisen überleben und im globalen Wettbewerb bestehen wollen. Ich werde beschreiben, wie man aus einem ganz normalen Industrie- oder Dienstleistungsbetrieb ein soziales Hochleistungssystem macht und wie man Unternehmen entwickeln kann, ohne dabei allein und ausschließlich auf die Professionalisierung des Managements zu setzen. Im Ergebnis wird sich zeigen, dass der Verzicht auf traditionelle Steuerungsstrategien nicht zu Unordnung und Chaos führt, sondern erst zum Vorschein bringt, was der Praktiker im Grunde schon weiß: Nicht das Management, sondern das Zusammenspiel aller Mitarbeiter entscheidet darüber, wie gut oder wie schlecht ein Unternehmen mit den Belastungen zurecht kommt, die ein schwieriges Marktumfeld und unsichere Zukunftsperspektiven mit sich bringen. Um es auf den Punkt zu bringen: Im Spiel bleiben werden in dieser Krise nicht die Unternehmen mit den besten Einzelkönnern, sondern jene Unternehmen, denen es gelingt, die gesamte Mannschaft in den Dienst der gemeinsamen Sache zu stellen. Was Unternehmen jetzt benötigen ist »perfekte Kooperation«. Nicht mehr. Nicht weniger.

Stuttgart, im Mai 2009　　　　　　　　　　　　　　　　　Frank Schäfer

Teil I

Status quo:
Unternehmen in der Sackgasse

Kapitel 1

Der Leadership-Mythos

»Der junge Alexander eroberte Indien.
Er allein?
Cäsar schlug die Gallier.
Hatte er nicht wenigstens einen Koch bei sich?«

So spottet Bertold Brecht in seinem bekannten Gedicht *Fragen eines lesenden Arbeiters* über den Mythos großer Männer, die vorgeblich allein »Geschichte machten«. Die Geschichtswissenschaft hat ihren Blick in den letzten 100 Jahren erheblich geweitet, von der Managementtheorie kann man das nicht behaupten: Wendelin Wiedeking »rettet Porsche« vor dem fast sicheren Untergang; Jürgen Schrempp »schmiedet eine Welt AG« aus dem eher biederen schwäbischen Autobauer Daimler; Maria-Elisabeth Schaeffler zieht als »listige Witwe« geschickt die Strippen und setzt kühn zur Eroberung des weitaus größeren Automobilzulieferers Continental an. Wer den Wirtschaftsteil großer Zeitungen oder die Managementpresse studiert, bekommt Heldenmythen und Schurkengeschichten serviert – ganz so, als sei es der einzelne Topmanager, der allein die Geschicke ganzer Imperien lenke, und zwar auch in einer globalisierten, hochgradig vernetzen und immer komplizierter werdenden Wirtschaftswelt. Risse bekommt dieses Konzept immer dann, wenn die Helden grandios scheitern, etwa beim missglückten Experiment der DaimlerChrysler-Fusion oder wenn der David Schaeffler sich dann doch am Goliath Conti bös verhebt. Dann werden – erstaunlich genug – plötzlich unterschiedliche »Unternehmenskulturen« dies- und jenseits des Atlantiks entdeckt oder »globale Krisen« bemüht. Wäre es da nicht konsequenter, die komplexen Bedingungsfaktoren unternehmerischen Erfolgs von vornherein vollständig in den Blick zu nehmen?

Leadership-Kompetenzen: Königs- oder Holzweg?

Unternehmensführer und Topmanager haben es schwer in diesen Zeiten, am Ende der ersten Dekade des jungen Jahrtausends. In der angeblich schlimmsten wirtschaftlichen Krise seit der großen Depression präsentieren die Abendnachrichten beinahe täglich neue Beispiele ihres Versagens: brave Mittelstandsbanker, die Milliarden verzockten, Vorstände von Landesbanken, mal aus Bayern, mal aus Norddeutschland, die Global Player spielen wollten und jetzt um staatliche Hilfe bitten müssen, angesehene Firmenpatriarchen wie Adolf Merckle, der sich an der Börse verspekulierte und in den Selbstmord flüchtete, Vorstände von Traditionsunternehmen wie Opel, die vor dem Verlust tausender Arbeitsplätze warnen. Und während die Politik energisch präzise »Sanierungskonzepte« einfordert, bevor sie den angeschlagenen Unternehmen mit Steuermilliarden unter die Arme greift, drängt sich dem besorgten Zuschauer allmählich der Eindruck auf, dass auf den Chefetagen vor allem eines herrscht: Ratlosigkeit. Es scheint den Machern in den Unternehmen ähnlich zu gehen wie Goethes Zauberlehrling – eben wähnte man sich noch als Herr der Lage, und plötzlich erkennt man mit Schrecken eine Eigendynamik, gegen die man machtlos ist. Die Öffentlichkeit reagiert je nach Temperament mit Zorn oder Resignation, attestiert Gier, vermisst Anstand oder vermutet »Nieten in Nadelstreifen«.

Dabei ist die öffentliche Empörung nichts anderes als die Kehrseite der überzogenen Erwartung, dass »die da oben« es doch eigentlich wissen sollten: dass sie als jederzeit souveräne Lenker von Firmenimperien ein Unternehmen zuverlässig auf Erfolgskurs halten sollten. Eine Vorstellung, die ich als Leadership-Mythos bezeichne – und für zunehmend problematisch halte. Dieser Mythos ist nicht auf die Ebene des Topmanagements beschränkt, auch wenn er dort gelegentlich besonders bunte Blüten treibt. Seit Jahrzehnten erscheinen beinahe täglich neue Bücher zum Thema Führung, und immer wieder wird ein neues, ultimatives Führungskonzept ausgerufen. Manager führen wahlweise »visionär«, »charismatisch« oder »authentisch«. Sie managen »by objectives« oder »by walking around«. Man bemüht Orchester als Vorbild (*Vom Solo zur Sinfonie*), Fischmärkte (*Fish! Ein ungewöhnliches Motivationsbuch*) oder Polarforscher (*Shackletons Führungskunst*). Das erinnert fatal an die mittelalterliche Suche nach dem Stein der Weisen und hat bislang ähnliche Erfolge gezeitigt.

Hinter all dem steht der Glaube, der Unternehmenserfolg hänge am seidenen Faden der Fähigkeiten und Kompetenzen einiger Weniger, eben der Führungskräfte. Und hinter all dem steht die verzweifelte Hoffnung, einer immer komplizierteren Welt mit immer besser informierten Kunden, immer rascher veraltenden Technologien und einem immer schärferen globalen Wettbewerb könne durch immer besser qualifizierte Führungskräfte erfolgreich begegnet werden. Anforderungskataloge zeichneten »im Wesentlichen das Bild eines Universalgenies«, wunderte sich Fredmund Malik, Gründer und Leiter des St. Gallener Managementzentrums, schon vor Jahren in seinem Buch *Führen Leisten Leben* und spöttelte, Topmanager müssten demnach »eine Kreuzung aus einem antiken Feldherrn, einem Nobelpreisträger für Physik und einem Fernseh-Showmaster« sein.

Dabei herrscht in der Beurteilung der Ausgangslage weitgehend Einmütigkeit. Seit Jahren erscheint kaum ein Fachbuch im Managementbereich, in dem nicht über die prekäre Lage von Unternehmen unter den spezifischen Bedingungen einer immer weiter fortschreitenden Globalisierung geschrieben wird. Als zentrale Herausforderung dieser Entwicklung gilt, dass Märkte unüberschaubar, Kundenbedürfnisse nicht mehr stabil und einschätzbar, Wettbewerber nicht mehr kalkulierbar sind, und die Innovationsgeschwindigkeit neuer Technologien ungeheuerliche Ausmaße angenommen hat. Erlebt wird diese neue Wirklichkeit als vielschichtig, unübersichtlich, schwer durchdringbar – kurz als komplex. Die Bewältigung von Komplexität wird vor diesem Hintergrund unisono als eine der wesentlichsten, wenn nicht gar die wichtigste und größte Herausforderung für die Sicherung der Überlebensfähigkeit von Unternehmen beschrieben. Aus der Dynamik komplexer Arbeitsprozesse erwachsen zahlreiche Anforderungen, welche die heutige Arbeitswelt von allen früheren Phasen der Geschichte unterscheidet. Die Herausforderungen, vor denen Führungskräfte deshalb stehen, hat in Europa wohl niemand fundierter herausgearbeitet als Malik, der sich seit über 30 Jahren mit der Entwicklung einer systemorientierten Managementlehre beschäftigt.² Ihm ist es bislang als einem der wenigen Managementberater überzeugend gelungen, zu erläutern, warum und wie sich Manager mit den Folgen der Steigerung von Komplexität beschäftigen müssen.

Auch hat Malik selbst ein schlüssiges Konzept für die Ausbildung von Managern entwickelt, dessen Qualität in Europa seinesgleichen sucht. Maliks pointierte Unterscheidung zwischen gutem und schlechtem Management hat die europäische Managementliteratur aus einer Reihe konzeptioneller Engführungen befreit, indem er unter anderem klargestellt hat, dass Management nicht bedeutet, »Geschäfte zu machen« oder »Unternehmer zu sein«, dass es aber auch »nicht deckungsgleich ist mit Betriebswirtschaftslehre«; dass es »nicht nur Topmanagement« ist und »nicht identisch ist mit US-Management«³. Gleichzeitig erfüllen seine Vorschläge nicht zuletzt für die Managementberatung eine wichtige präventive Funktion, indem sie gutes Management konsequent gegenüber dem Unsinn diverser Guru- und Charisma-Ideologien abzugrenzen helfen. Doch so richtig Malik mit seinen Analysen und Einschätzungen liegt, und so überzeugend seine Vorschläge zur Professionalisierung des Managers aus der Binnenperspektive des gegenwärtigen Managementsystems sind, so konsequent übersieht er dabei das eigentliche Problem. Denn Führungskräfte, selbst gute Führungskräfte, können in einem modernen Unternehmen so wenig das Problem der Komplexität bewältigen wie eine Regierung die Entwicklung einer Gesellschaft zu gestalten vermag. Die Möglichkeiten, Komplexität direkt zu steuern oder vollständig zu kontrollieren, sind per se begrenzt; dies gilt auch für ein Wirtschaftsunternehmen.

Natürlich bleibt richtig, dass schlechtes Management immer, egal welche Bedingungen gegeben sind, verbessert werden muss. Doch ob mit der herkömmlichen Art der Therapie, also systematische Professionalisierung des Managements, der »Patient Unternehmen« heute noch erfolgreich behandelt werden kann, ist nach meiner Erfahrung mehr als fraglich. Die Lösung liegt auf der Hand: Eine grundlegend neue Problemlage erfordert eine grundlegende Neuausrichtung der Art und Weise, wie Unternehmen gesteuert und entwickelt werden müssen.

Ganz neu ist das Unbehagen an der Fokussierung aller (Er-)Lösungshoffnungen auf das Management nicht. Oswald Neuberger, langjähriger Inhaber des Lehrstuhls für Personalwesen an der Universität Augsburg, stellt lapidar fest: »In zahlreichen Studien wurde gezeigt, dass Führung weniger die autonome und kompromisslose Realisierung einer glasklaren stimmigen Strategie ist, als vielmehr die Kunst des Durchwurstelns angesichts mehrdeutiger Ziele, nur partiell durchschauter Bedingungen, heterogener Interessen, beschränkter Ressourcen, Zeitdruck und komplexer wechselseitiger Abhängigkeiten.«[4] Dies dürfte der Alltagserfahrung zahlreicher Führungsverantwortlicher entsprechen, die in ihrem Tagesgeschäft immer wieder ernüchtert feststellen müssen, dass sich die Wirklichkeit doch nicht in die Schubladen gängiger Führungsmodelle einsortieren lässt. Komplexität regiert eben nicht nur die Weltmärkte en gros, sondern auch das Zusammenspiel der unternehmensinternen Kräfte en detail. Neuberger spricht daher auch von einer »Steuerungsillusion«, der Führungskräfte wie Mitarbeiter in Unternehmen noch immer aufsitzen, und widmet ein Subkapitel seines vielfach aufgelegten Standardwerks *Führen und führen lassen* der ketzerischen Frage »Macht Führung einen Unterschied?«. US-Studien, die Erfolgsmaße wie Umsatz, Gewinn, Umsatzrendite in Abhängigkeit von verschiedenen Variablen (Geschäftsjahr, Branche, Unternehmung, Unternehmensleitung) untersuchten, ernüchtern: »Untersuchungen, die die Wirkung der Unternehmensleiter einschätzten, fanden heraus, dass sie für ungefähr 10 Prozent der Varianz in der Organisationsleistung verantwortlich sind.« Dies stünde in einem »dramatischen Gegensatz zu den 90 Prozent intellektueller Anstrengung, die in die Entwicklung von Theorien individuellen Handelns investiert wurde«.[5] 10 Prozent sind kein Pappenstiel. Dennoch kann vor dem Hintergrund solcher Daten kein Zweifel bestehen, dass ein Perspektivenwechsel sich lohnt, und auch dessen Richtung zeichnet sich ab – eine Weitung des Blicks über die Einflussmöglichkeiten der Chefetage hinaus.

Auch der Sozialpsychologe James R. Meindl, Direktor des Center for International Leadership an der University of New York at Buffalo, beurteilte die Wirksamkeit von Führung eher skeptisch. Schon 1985 erregte er mit einem Aufsatz zur »Romance of Leadership« Aufsehen. Meindls These: Wir unterliegen einer romantischen Verklärung der Einflussmöglichkeiten Einzelner, wenn wir Managementerfolge und -misserfolge einseitig Vorgesetzten zuschreiben. In komplexen und intransparenten Systemen seien eine Reihe von Variablen erfolgsentscheidend, die nicht alle oder allenfalls mittelbar durch Führungskräfte beeinflussbar seien, angefangen von der Produktqualität über Kundenvorlieben bis zum Engagement der Mitarbeiter. Die Personifizierung der Unternehmensgeschicke erleichtere die Deutung der Umwelt, überziehe aber den Einflussfaktor »Führung«.

So verständlich der Wunsch nach Reduktion von Komplexität sein mag, so heikel ist er, wenn er an der Wirklichkeit schlicht vorbeigeht. Hinzu kommt, dass die postulierte Allmacht der Führung mit einer seltsamen Abwertung der Geführten einhergeht, die »belohnt und bestraft, erzogen und gelenkt, motiviert und angewiesen werden [müssen], damit sie das tun, was gefordert wird«[6]. Schon 1988 fragte Klaus Türk, wie diese »Dauerinfantilisierung« des Personals eigentlich zu demokratischen Wertvorstellungen passe.

Nur Komplexität bewältigt Komplexität

Dass wir es zunehmend mit gigantischen, weil komplexen Problemstellungen zu tun haben, bestätigen uns viele Forschungsergebnisse, nicht zuletzt aus dem Bereich der Komplexitätsforschung selbst. Wenig Berücksichtigung findet jedoch noch immer das 1956 von dem britischen Neurophysiologen und Kybernetiker W. Ross Ashby formulierte »Gesetz von der erforderlichen Vielfalt« im Umgang mit komplexen Systemen. Dieses Gesetz besagt, dass komplexe Systeme nur dann erfolgreich kontrolliert und gesteuert werden können, wenn die Vielfalt der vorhandenen Steuerungsstrategien der Vielfalt der Optionen des zu steuernden Systems entspricht. In Ashbys 1974 auf Deutsch erschienenem Buch *Einführung in die Kybernetik* lautet die Formulierung dieses Gesetzes: »Nur Vielfalt kann Vielfalt zerstören.«[7]

Aus diesem Gesetz ergibt sich, dass einfache Systeme mittels einfacher Mittel unter Kontrolle gebracht werden können, komplexe Systeme jedoch nur mittels komplexer Mittel. Für die Steuerung eines Staubsaugers mag die Komplexität (Varietät) eines Schaltknopfes mit zwei Varianten genügen. Für die Erziehung eines Kleinkindes im günstigsten Fall die Aufstellung einer Reihe von Regeln und die Fähigkeit, diese Regeln kindgerecht zu kommunizieren. Für das Problem der Steuerung eines global aufgestellten Wirtschaftsunternehmens genügen derart einfache Strategien ganz sicher nicht.

Da Komplexität längst keine möglichst zu vermeidende Managementproblematik mehr darstellt, wirkt – folgt man Ashbys Gesetz – die immer wieder gerne gegebene Empfehlung, in turbulenten Zeiten die Dinge und Probleme einfach zu halten, kontraproduktiv. Sie behält nur dann ihren Sinn, wenn die Dinge und zu lösenden Probleme auch tatsächlich (noch immer) einfach sind. Heute aber muss die Fähigkeit von Unternehmen, Komplexität zu generieren, sowohl als Teil ihrer Steuerungsproblematik als auch als elementare Voraussetzung für ihren unternehmerischen Erfolg gesehen werden. Je komplexer, differenzierter und variabler ein Unternehmen agieren kann, desto adäquater, flexibler und variantenreicher ist es in der Lage, auf Veränderungen bei Kunden, Wettbewerbern et cetera zu reagieren. Von welcher Seite auch immer man Komplexität betrachtet, es bleibt dabei, dass die Varietät, Vielfalt und Komplexität von Steuerungsoptionen grundsätzlich der Komplexität der zu steuernden Strukturen, Prozessen und Interaktionen entsprechen müssen, wenn diese wirksam beeinflusst und kontrolliert werden sollen.

Dies als Arbeitshypothese akzeptiert, wird in der Fachliteratur vielfach der Schluss gezogen, dass das Management entsprechende Fähigkeiten aufbauen und so die neuen Probleme bewältigen lernen muss. So meint etwa Rolf Wunderer, Gründer und Leiter des Instituts für Führung und Personalmanagement der Universität St. Gallen: »Mit der Globalisierung und mit wachsenden Betriebsgrößen, mit zunehmender Dezentralisierung der Aufgabenstrukturen und Prozessorientierung von Organisationen wächst der Bedarf an lateraler Kooperation. Viele Koordinationsaufgaben können nicht mehr effizient nur durch Hierarchie gelöst werden.«[8] Wunderer, der unter dem Titel *Führung und Zusammenarbeit* eine vielfach aufgelegte Gesamtschau gängiger Führungskonzepte bietet, plädiert für neue »Organisationsformen«, insbesondere für eine Abkehr von traditionellen Steuerungskonzepten wie »Hierarchie« und »Bürokratie« zugunsten selbststeuernder »Netzwerke« und leistungsorientierter unternehmensinterner »Märkte«, in denen ein Wettbewerb der besten Ideen und Projekte ein Unternehmen anpassungs- und damit zukunftsfähig hält. Die Fließbandarbeiter zu Zeiten Henry Fords mochten noch durch starre Vorgaben und stetige Kontrollen einen optimalen Beitrag zur Unternehmensproduktivität geleistet haben – und in der Tat soll Ford einmal bedauert haben: »Warum muss an jedem Paar Hände, das ich brauche, auch ein Gehirn hängen?«[9] Doch 70 Jahre später lehrte Toyota die europäische Konkurrenz nicht zuletzt deshalb das Fürchten, weil neue Arbeitsformen eben diese Gehirne zu einem aktiven Beitrag zum Unternehmenserfolg herausforderten. Gleichzeitig erhielt die Kooperation unter Kollegen hier einen neuen Stellenwert.

Insofern erstaunt es nicht, dass eine Umfrage Wunderers unter 95 Personalverantwortlichen in schweizerischen und deutschen Großunternehmen nach den zwei gewünschten Steuerungskonzepten mit 70 und über 80 Prozent eine eindeutige Präferenz für »Netzwerke« und »Märkte« ergab. Befragt nach dem Ist-Zustand wendet sich jedoch das Blatt. Hier dominiert mit 80 Prozent eindeutig die klassische Hierarchie, die in der vertrauten Kästchenstruktur von oben nach unten sauber durchdeklinierter Organigramme visuellen Niederschlag findet.[10] Der Fokus liegt nach wie vor auf dem Manager als dem bedeutungsvollsten Rollenträger im Arbeitsprozess, und nach wie vor bildet die hierarchische Struktur den konzeptionellen Bezugsrahmen.

Vor diesem Hintergrund wird die Bedeutung des Faktors »Kooperation« geradezu fahrlässig unterschätzt, sofern sie überhaupt gesehen wird. Dabei geht es nicht um ein oberflächliches »Seid nett zueinander«, sondern um die gemeinsame Lösung von Aufgaben, die von der Bündelung zahlreicher Kompetenzen und Erfahrungen profitiert. Die hierfür benötigten Steuerungskonzeptionen setzen jedoch mehr voraus als das vertraute, traditionell hierarchische Modell. Sich ihnen zu stellen, erfordert Mut – insbesondere den Mut, sich neuen Formen der Koordination von Arbeit zu öffnen.

Was Unternehmen heute wirklich erfolgreich macht

Doch, es gibt sie wirklich – eine kleine Zahl von Unternehmen, die den traditionellen »Denkrahmen« verlassen und an diesen neuen Formen der Führung und Kooperation arbeiten. Wir werden drei von ihnen gleich kennen lernen. Gegenüber diesen Unternehmen gleicht so mancher Großkonzern noch immer einem behäbigen Tanker, der unbeirrt seinen Kurs fortsetzt, auch wenn die Eisberge längst gefährlich nahe kommen. Weil nicht sein kann, was nicht sein darf, klebt man dort an überkommenen Produkten, schwerfälligen Entscheidungsmechanismen und althergebrachten Strukturen, bis man schließlich Schiffbruch erleidet. Jüngstes Beispiel ist die Automobilindustrie, die diesseits wie jenseits des Atlantiks auch dann noch PS-starke Spritfresser produzierte, als nicht einmal mehr die in Energiefragen lange unbekümmerten US-Amerikaner solche Dinosaurier kaufen mochten. Möglicherweise auch deshalb fiel den Topmanagern der »Big 3« General Motors, Chrysler und Ford angesichts der drohenden Insolvenz im September 2008 nichts Besseres ein, als im Privatjet in Washington einzuschweben, auf Tausende gefährdeter Arbeitsplätze zu verweisen und energisch Milliardenhilfen des Steuerzahlers einzufordern.

Andere haben sich da in der Vergangenheit nicht besser geschlagen. Ausgerechnet Elektronikspezialist IBM drohte die Entwicklung des Personal Computers zu verschlafen, weil man sich in den Siebzigerjahren kaum vorstellen konnte, wozu so ein Gerät nützlich sein sollte. Legendär ist die Einschätzung von Kenneth Olsen, Vorstand bei IBM-Konkurrenten Digital Equipment. Olsen sah »keinen Grund, warum irgendjemand zuhause einen Computer haben sollte«. Inzwischen stehen in vielen Haushalten vermutlich gleich mehrere. Auch die Musikindustrie ist ein Beispiel für eine Branche, die veränderte Konsumgewohnheiten schlicht verschlief und sich über Jahrzehnte in Abwehrgefechte hinsichtlich der grassierenden Downloadpraxis verstrickte statt über neue Geschäftsmodelle nachzudenken. Dennoch werden herkömmliche Tonträger mit der Generation der heute über 40-Jährigen ziemlich sicher aussterben. Und auch mittelständische Traditionsunternehmen wie der Uhrenhersteller Junghaus oder Modelleisenbahn-Spezialist Märklin verpassten irgendwann den Anschluss und mussten Insolvenz anmelden.

Erfolgsgeschichten verbinden sich heute dagegen mit Namen wie Google, Gore oder Cisco, Unternehmen, die gegen klassische Managementprinzipien verstoßen und an neuen Formen der Führung und Kooperation arbeiten. Gore, bekannt durch das Schlüsselprodukt Gore-tex, wurde 1958 gegründet. Wer sich mit dem Innenleben dieses Unternehmens beschäftigt, erfährt nicht nur, dass dort Hierarchien nur temporär bestehen. Er erfährt auch, dass Organisationseinheiten gezielt klein gehalten werden, dass die Gruppe und nicht das Individuum im Zentrum von Unternehmensprozessen steht, und dass Mitarbeiter nicht von ihren Linienvorgesetzten beauftragt werden, sondern freiwillig Aufgaben und damit Verantwortung übernehmen – und zwar jeweils jene Mitarbeiter, die für die Lösung des vorliegenden Problems die geeigneten »skills« besitzen.[11] So heißt es unter »About us/Firmenkultur« auf der Homepage des Unternehmens: »Unser Gründer, Bill Gore, schuf eine flache Organisationsstruktur. Es gibt keine Weisungshierarchien oder vorbestimmten Kommunikationskanäle. Stattdessen kommunizieren wir direkt miteinander und sind gegenüber Kollegen in unseren multidisziplinären Teams verantwortlich. Wie ist all dies möglich? Associates (nicht Mitarbeiter) werden für allgemeine Arbeitsgebiete eingestellt. Mittels Beratung durch Sponsoren (nicht Vorgesetzte) und einem wachsenden Verständnis für Anforderungen und Teamziele widmen sich Associates Projekten, die ihren Fähigkeiten entsprechen. All dies findet in einer Umgebung statt, die Freiheit mit Zusammenarbeit und Autonomie mit Synergie kombiniert. Jeder kann schnell das Vertrauen erringen, Projekte zu definieren und zu leiten. Die Sponsoren helfen den Associates, einen Kurs in der Organisation einzuschlagen, der gleichzeitig persönliche Erfüllung und einen maximalen Beitrag für das Unternehmen bringt. Führungskräfte werden berufen, jedoch benötigen sie auch die Akzeptanz der Associates in ihrer Rolle als Führungskraft. Häufiger tun sich Führungskräfte jedoch natürlich hervor durch die Demonstration von besonderen Kenntnissen, Fertigkeiten oder Erfahrungen, die ein Geschäftsziel vorantreiben.«[12]

Unter Mitwirkung der Mitarbeiter »berufene« Führungskräfte, selbstgewählte Projekte, direkte Kommunikation ohne hierarchische Fesseln oder Vorschriften – wer in einer klassischen Unternehmenskultur groß geworden ist, dürfte hier Chaos und Anarchie wittern. Doch immerhin konnte Gore inzwischen sein 50-jähriges Bestehen feiern. Eine Fülle innovativer Produkte sichert bis heute den wirtschaftlichen Erfolg. Das Unternehmen verweist überdies stolz darauf, in allen Ausgaben der vom *Fortune Magazin* herausgegebenen Liste der 100 besten Arbeitgeber in Amerika aufgeführt und auch in Europa regelmäßig auf vergleichbaren Listen vertreten zu sein. Offenbar ist es Gore gelungen, einen Schatz zu heben, der in traditionellen Unternehmen unter einem dicken Schutt aus Regelungen, Zuständigkeiten und Vorschriften über einzuhaltende Dienstwege begraben liegt.

Vergleichbares findet man bei Google, einer Organisation, die sich in rasantem Tempo von einer Zweimannfirma zu einem milliardenschweren Unternehmen entwickelte. Dem 1998 von den Stanford-Studenten Larry Page und Sergey Brin gegründeten Internetsuchdienst ist es offensichtlich geglückt, groß zu werden, ohne dabei die bürokratische Schwerfälligkeit herkömmlicher Großunternehmen zu entwickeln. Glaubt man dem Marktforschungsinstitut Millward Brown, war Google 2008 mit einem Wert von 86 Milliarden Dollar die teuerste Marke der Welt.[13] Die Erfolgsrezepte des wendigen Unternehmens, das inzwischen eine ganze Fülle von Tools und Diensten anbietet, erinnern an Gore: »Auch wenn Google immer schneller immer größer wird, bleibt die Atmosphäre eines Kleinunternehmens erhalten«, heißt es auf der Firmenhomepage unter »Googles Unternehmenskultur«. »Am Googleplex-Hauptsitz nimmt fast jeder seine Mahlzeiten im Google-Café ein. Es gibt keine feste Sitzordnung, und so ergeben sich immer wieder interessante Gespräche zwischen Googlern der unterschiedlichen Abteilungen. Dabei kann es um Belanglosigkeiten ebenso wie um schwierige technische Fragen gehen. (…) Zu den Bemühungen von Google in den Bereichen Innovation und Kostenbeschränkung zählt auch, dass jeder Mitarbeiter tatkräftig seinen Beitrag leistet. Die Hierarchie im Unternehmen ist eher flach und jeder Mitarbeiter hat mehrere Rollen inne. Der internationale Webmaster, der die Feiertagslogos von Google entwirft, saß eine Woche an der Übersetzung der gesamten Website ins Koreanische. (…) Und da jedem Mitarbeiter bewusst ist, dass er einen gleich wichtigen Anteil am Erfolg von Google hat, zögert auch niemand, beim Rollhockey gegebenenfalls ein Vorstandsmitglied umzufahren.«[14]

Kein Wunder, dass Managementvordenker Gary Hamel dem Unternehmen eine »Abneigung gegen die Autorität« bis in die Gründeretage attestiert. Wie bei Gore ist auch hier die Ablehnung traditioneller Hierarchien, zementierter Stellenbeschreibungen und langwieriger Entscheidungsprozesse kennzeichnend. Während bei Microsoft 4000 Ingenieure an einem neuen Betriebssystem arbeiten, setzt Google auf einen »Schwarm kleiner, autonomer Teams«[15]. Sie alle eint eine kühne Mission: »Das Ziel von Google besteht darin, die auf der Welt vorhandenen Informationen zu organisieren und allgemein zugänglich und nutzbar zu machen.« Und dabei gilt: »Niemals mit dem Besten zufrieden zu sein.« Dahinter steckt die Erkenntnis, dass, wer Engagement sichern will, eher Sinn bieten als Incentives ausloben sollte.

Doch nicht nur in rasant wachsenden Turnschuhfirmen werden Führung und Zusammenarbeit neu gedacht, auch global agierende Konzerne denken um. Ein Beispiel dafür ist Cisco, mit über 65000 Mitarbeitern weltweit und einem Umsatz von knapp 40 Milliarden Dollar im Jahr 2008 einer der wichtigsten Anbieter von Netzwerklösungen für das Internet. In diesem dynamischen Geschäftsfeld ist Schnelligkeit überlebenswichtig. »Ob arbeiten, leben, spielen oder lernen – die Gewohnheiten der Menschen verändern sich, überall«[16], so das Credo des Unternehmens. Um auf Trends zeitnah reagieren zu können und die Internetzukunft aktiv mitzugestalten, hat sich das 1984 gegründete Unternehmen von klassischen Managementprinzipien verabschiedet, so CEO John Chambers im Interview mit dem *Harvard Business Manager* im Januar 2009: »Im Hinblick auf Geschäftsmodelle und Unternehmensführung können wir (…) einen massiven Richtungswechsel von einem auf Befehl und Kontrolle basierenden Führungsstil hin zum Management durch Zusammenarbeit und Teamwork erkennen. Dieser Richtungswechsel ist (…) genauso revolutionär wie das Fließband. Geschäftsprozesse werden umgekrempelt, um in einem globalen Umfeld wettbewerbsfähiger zu sein.« Technische Innovationen würden beispielsweise nicht mehr einer Handvoll Ingenieuren überlassen, sondern zum Wettbewerb ausgeschrieben. Chambers ist der festen Überzeugung, dass in Zukunft »nur die Unternehmen Erfolg haben werden, in denen Zusammenarbeit ein fester Bestandteil der Unternehmensphilosophie ist und die das gesammelte

Wissen all ihrer Mitarbeiter nutzen und bei denen nicht nur einige wenige Topmanager an der Spitze die Entscheidungen treffen.«[17]

Der wirtschaftliche Erfolg gibt dem Unternehmen Recht, und auch die Mitarbeiter schätzen diese Unternehmensphilosophie offenbar: 2009 zählte Cisco zum dritten Mal in Folge zu den drei beliebtesten deutschen Arbeitgebern der Kategorie 501 bis 5 000 Mitarbeiter. Die Auszeichnung »A Great Place to Work« wird jährlich auf der Basis anonymer Mitarbeiterbefragungen vergeben. Cisco führt seinen Erfolg auf ganz ähnliche Faktoren wie Gore oder Google zurück: »Dank technologiegestützter ›Collaboration‹ erhalten Mitarbeiter bei Cisco umfassenden Einblick in relevante Geschäftsinformationen und können bereichsübergreifend arbeiten und ihr Wissen teilen. Flache Hierarchien, eine flexible Arbeitsorganisation und optimale Technikausstattung, als auch eine Kommunikation auf gleicher Augenhöhe zwischen Manager und Mitarbeiter sorgen zusätzlich dafür, dass die Kreativität der Mitarbeiter umfassend für greifbare Unternehmenserfolge ausgeschöpft wird«[18], heißt es in einer Pressemeldung des Unternehmens.

Dass sich die Bilder gleichen, dürfte kein Zufall sein. Die Beispiele deuten zumindest an, in welche Richtung sich Unternehmen entwickeln können, wenn sie den Glauben an das Individuum durch das Wissen um die Fähigkeiten des Kollektivs ersetzen. Wirtschaftlicher Erfolg benötigt offensichtlich vieles von dem gerade nicht, was die meisten Manager noch immer für unverzichtbar halten. Unternehmen wie Cisco, Google oder Gore bilden die Vorhut für eine Entwicklung, die heute schon aufzeigt, dass die Art und Weise, wie wir im Augenblick Unternehmen organisieren und führen, nur eine von vielen Möglichkeiten, vor allen Dingen jedoch nicht mehr die effizienteste Form der Unternehmenssteuerung für das 21. Jahrhundert sein wird.

Fazit: Wir benötigen ein neues Managementverständnis – ein Konzept, das überzogene Erwartungen an Leadership korrigiert und Unternehmen ermuntert, das Potenzial ihrer Mitarbeiter effizienter auszuschöpfen.

Kapitel 2
Ein anachronistisches Unternehmensmodell

Ein funktionierendes Unternehmen gleicht in der Vorstellung Vieler einem Uhrwerk, in dem alle Teile präzise aufeinander abgestimmt sind. Je exakter geplant und je effizienter organisiert wird, umso besser ist danach das Unternehmensergebnis. Und so arbeiten die meisten Manager, die ich kenne, jeden Tag daran, ihr Unternehmen noch besser aufzustellen, Prozesse noch perfekter zu takten, Strategien und Vorgaben noch differenzierter zu kommunizieren und die Arbeitsleistungen ihrer Beschäftigten noch detaillierter zu überwachen. Allerdings durchkreuzt die Unternehmenswirklichkeit immer wieder ambitionierte Planungen. Kunden verändern plötzlich ihre Anforderungen. Die Abstimmung zwischen Bereichen funktioniert nicht wie erwartet. Wichtige Projektmitarbeiter werden krank (Termine können nicht gehalten werden) oder verlassen zum ungünstigsten Zeitpunkt das Unternehmen (Termine können erst recht nicht gehalten werden!). Maschinen gehen kaputt, oder wichtige Zulieferer können die vereinbarten Mengen nicht zur Verfügung stellen. Kurzum: Die durchorganisierte Managementmaschinerie Unternehmen gerät laufend aus dem Tritt.

In Wirklichkeit scheinen Unternehmen eher Organismen zu gleichen, die ein Eigenleben entfalten, deren Leistungsfähigkeit nur begrenzt steuerbar ist und die sich allen rationalen Disziplinierungsversuchen immer wieder hartnäckig entziehen. Das wissen erfahrene Manager. Ihnen ist bewusst: Es dauert Jahre, bis man verstanden hat, wie eine Organisation *wirklich* tickt. Dieses Alltagswissen um die nicht sofort durchschaubaren und nicht immer rationalen Bedingungsfaktoren der Unternehmenswirklichkeit hat das mechanistische Unternehmensideal bislang allerdings nicht ernsthaft gefährden können. Was aber wäre, wenn man Unternehmen einmal ganz anders betrachtete – etwa als die komplexen sozialen Systeme, als die sie sich von Montagfrüh bis Freitagabend in schöner Regelmäßigkeit erweisen?

Das Unternehmen: Uhrwerk oder soziales System?

Wie wir die Welt sehen, ist (auch) eine Frage unserer mentalen Modelle. Die moderne Philosophie hat sich von der Vorstellung einer objektiv zugänglichen Realität weitgehend verabschiedet und spätestens seit Thomas S. Kuhns *Struktur wissenschaftlicher Revolutionen* aus dem Jahr 1962 ist uns bewusst, dass nicht einmal Naturwissenschaftler rein wertfrei und rational forschen. Das jeweils vorherrschende Weltbild – »Paradigma« – bestimmt, welche Fragen sie stellen und wie sie Forschungsergebnisse interpretieren. Erst wenn sich Beobachtungen häufen, die mit dem vorherrschenden Paradigma partout nicht erklärt werden können, wächst die Bereitschaft, neu zu denken und das Paradigma zu wechseln. Doch das ist ein langwieriger Prozess, in dem sich Traditionalisten und Neuerer nicht selten aufs Heftigste bekämpfen, wie die Wende vom geozentrischen zum heliozentrischen Weltbild oder die Revolutionierung der Physik durch Einsteins Relativitätstheorie zeigen. Selbst wenn ein aktuelles Modell der Wirklichkeit zahlreichen beobachtbaren Phänomenen nicht mehr gerecht wird, verteidigt die Orthodoxie es noch immer hartnäckig.

Das heute dominierende mechanistische Unternehmensparadigma ist fast 100 Jahre alt. »Arbeiter gehorchen ähnlichen Gesetzen wie Teile einer Maschine«, behauptete Frederick Winslow Taylor, der Begründer der wissenschaftlichen Betriebsführung in *The Principles of Scientific Management* von 1911. Taylor widmete sein Leben der systematischen Erforschung betrieblicher Abläufe und deren stetiger Optimierung. Die Zerlegung von Arbeitsprozessen in Einzeltätigkeiten, die Trennung von Planung und Ausführung, die Aufteilung des Unternehmens in Funktionsbereiche und deren Lenkung und Kontrolle durch das Management gehen auf den amerikanischen Arbeitswissenschaftler zurück. Hohe Arbeitsteilung, präzise Arbeitsanweisungen, leistungsorientierte finanzielle Anreize (zum Beispiel Akkordarbeit, Prämien) bewirkten nach dem Ersten Weltkrieg einen ungeheuren Produktivitätsschub und scheinen Taylor Recht zu geben, auch wenn sein Ansatz schon früh als wenig human kritisiert wurde. Für Eigenverantwortung und Abwechslung war in der gut geölten Unternehmensmaschine kein Platz, jedenfalls nicht auf den unteren Rängen. Taylors französischer Kollege Henri Fayol konzentrierte sich im gleichen Zeitraum auf die Aufgaben des Managements in einem Unternehmen und begründete 1916 in seinem Buch *Administration Industrielle et Générale*[19] jenen Fünfklang von Planung, Organisation, Leitung, Koordination und Kontrolle, den jeder BWL- oder MBA-Student bis heute vermittelt bekommt.

Taylor und Fayol sorgten mit ihren Ideen dafür, dass Unternehmen im Laufe der Zeit durchorganisierter, effizienter, produktiver, erfolgreicher arbeiten konnten. Der aktuelle Wohlstand in den Industrienationen beruht letztlich auf ihren Überlegungen. Sie begründeten das technomorphe Unternehmensparadigma, das bis heute unser Denken über Wirtschaftsorganisationen bestimmt. Beide waren übrigens Ingenieure – Fayol begann als 19-Jähriger bei einer Bergbaugesellschaft und brachte es bis zu deren Leitung; Taylor absolvierte eine Ausbildung als Werkzeugmacher und Maschinist, um nach einem Ingenieurstudium bei den Midvale Stahlwerken einzusteigen. So ist es sicher kein Zufall, dass beide Unternehmen als Maschinen betrachteten, die sich in ihre Einzelteile zerlegen und Schritt für Schritt optimieren ließen. Im Konzept des »Reengineering« scheint dieses Verständnis in den Neunzigerjahren des letzten Jahrhunderts immer noch ganz deutlich auf, nur werden hier nicht mehr, wie noch bei Taylor, einzelne Handgriffe der Arbeiter analysiert und optimiert, sondern komplexe Businessprozesse zerlegt und anschließend neu zusammengesetzt.

Manager und Mitarbeiter wissen also, wie ein traditioneller Industriebetrieb funktioniert. Aber eignet sich dieses Unternehmensmodell auch, um den Herausforderungen des 21. Jahrhunderts wirkungsvoll zu begegnen? In der Arbeitswelt der Zukunft wird es nicht ausreichen, Arbeitsprozesse kleinteilig auszudifferenzieren und immer detailliertere Planungs- und Controllinginstrumente zum Einsatz zu bringen. Auch haben weder Matrixorganisationen noch die Prozessoptimierungen des Reengineering dazu geführt, die heute im Unternehmen vorhandene Komplexität auf ein für alle Akteure problemlos zu bewältigendes Maß zu reduzieren. Was in einem US-Stahlwerk der 20er Jahre oder einer französischen Bergmine vor über 80 Jahren einen entscheidenden Produktivitätszuwachs garantierte, stößt in modernen, global operierenden Organisationen offenbar an Grenzen.

Ich bin sicher, dass die Zukunft nicht mehr diesen »Managementmaschinen« gehören wird, sondern situativ flexibel agierenden sozialen Expertensystemen, die in kurzer Zeit bestmögliche Lösungen zur Befriedigung konkreter Kundenbedürfnisse finden. Sicher ist allerdings auch, dass der Aufbau dieser intelligenten Expertensysteme einen Quantensprung in der Alltagsarchitektur der Unternehmen voraussetzt. Das Wissen solcher Expertensysteme entsteht nicht mehr primär in fachlich homogenen Gruppierungen, sondern vorrangig über die intelligente Kombination unterschiedlichster Kompetenzen. Wissen in Unternehmen intelligent zu kombinieren setzt jedoch eine Kooperationskultur voraus, die es ermöglicht, dieses Potenzial hierarchie- und bereichsübergreifend wirksam zusammenzuführen. Die Generierung der dafür notwendigen Routinen schafft die »Muster, die verbinden«, um ein geflügeltes Wort des Sozialphilosophen Gregory Bateson zu zitieren. Traditionelle Vorgabe- und weisungsorientierte Managementsysteme behindern die Entstehung spontaner Formen der Kooperation dagegen zumeist, da sie vor die spontane soziale Interaktion die Klärung von Zuständigkeiten und den Akt der Genehmigung setzen. Organisationen, die den hochkomplexen Anforderungen der Zukunft erfolgreich begegnen wollen, müssen dagegen nach den Bauprinzipien »natürlicher Systeme« konzipiert werden. Sie müssen »wachsen« können. Sonst funktionieren sie nicht.

Stellt man dem traditionellen Unternehmensverständnis eine systemische beziehungsweise evolutionäre Sicht gegenüber, wird unmittelbar einsichtig, dass weder einzelne Mitarbeiter noch die sozialen Systeme in einem Unternehmen »angeleitet«, »aufgezogen«, »in Gang gesetzt« oder beständig »repariert« werden müssen. Was Charlie Chaplin schon 1936 in *Moderne Zeiten* karikierte – die Knebelung des Einzelnen durch Vorschriften und Regeln bis hinunter zum letzten auszuführenden Handgriff

–, ist weder den heutigen Arbeitsprozessen noch den gestiegenen Selbstverwirklichungsansprüchen vieler Mitarbeiter angemessen. Ein innovatives, global agierendes Unternehmen im 21. Jahrhundert erfordert Flexibilität, Mitdenken, eigenverantwortliches Handeln. Schaut man sich Vorreiter wie Google oder Gore an (siehe Kapitel 1), wird erkennbar, dass und wie sich diese Systeme »von selbst« steuern können. Was diese beiden Auffassungen von Management im Kern unterscheidet ist die Vorstellung von Ordnung, die ihnen zugrunde gelegt wird.

Fredmund Malik hat die verschiedenen Auffassungen von »Ordnung« in seinem Buch *Systemisches Management, Evolution, Selbstorganisation* bildlich zugespitzt und für das technomorphe Unternehmensmodell die Uhr als Vorbild gewählt. Deren »in sämtlichen Details geplante und beabsichtigte Ordnung« setze auf rationale Steuerung und Kontrolle und bilde daher ein gänzlich anderes Ordnungssystem, als etwa bei einer Pflanze oder einem Kristall zu beobachten sei. Wachstum und Entwicklung seien hier Folge eines »natürlichen« Ordnungssystems, für das man günstige Voraussetzungen schaffen, das man aber nicht bis ins Letzte steuern könne. Je strikt hierarchischer eine Organisation aufgestellt ist, desto stärker folgt sie dem Uhrwerkmodell – dem Ideal einer klaren, bis ins Kleinste vorgedachten Ordnung. Armeen funktionieren nach diesem Prinzip, in abgeschwächter Form bis heute aber auch die meisten Unternehmen. Denn: »Dass es eine soziale Ordnung geben kann, die ohne Plan oder bewusste Vorgabe auskommt, erscheint den meisten Menschen als unwahrscheinlich, ist aber eine Tatsache.« [20]

Der Verzicht auf ein ausgeklügeltes System von Anweisung und Kontrolle muss nicht in Anarchie und Chaos münden, wie Unternehmensbeispiele beweisen, die auf Selbstorganisation und Eigenmotivation ihrer Mitarbeiter setzen. Und umgekehrt verbirgt sich hinter mancher wohlgeordneten hierarchischen Unternehmensfassade ein subtiles Geflecht aus »kurzen Dienstwegen«, »kollegialen Netzwerken« und »inoffiziellen Allianzen«, welche die Funktionsfähigkeit dieser Unternehmen in erster Linie aufrecht erhalten. Letztlich sind gerade soziale Systeme viel zu komplex, als dass sie als Ganzes geplant und in ihrem Verhalten vollständig kontrolliert werden könnten. In globalisierten, hochgradig wissensbasierten Unternehmen werden wir es mit immer vielschichtiger werdenden sozialen Gebilden zu tun haben, die in rascher Folge entstehen und vergehen und deren Qualität und Dynamik fundamental von Ordnungsstrukturen geprägt sein werden, die sich weitgehend selbst organisieren (müssen).

Warum mechanistische Modelle versagen: Ein Fallbeispiel

Wer ein funktionierendes Unternehmen als gut geölte Maschinerie betrachtet, kennt nur einen Weg zum Erfolg: Defekte Einzelteile müssen ausgetauscht werden, um das Gesamtsystem am Laufen zu halten. Gerät der Unternehmensmotor ins Stottern, werden neue Anweisungen erstellt und Regelungen getroffen, sofern nicht die kleine Lösung ausreicht und die Verantwortlichen zur Einhaltung bestehender Vorgaben »motiviert« werden. Das Problem ist nur, dass viele Prozesse im Unternehmensalltag inzwischen so kompliziert sind, dass eine präzise Regelung schwierig, wenn nicht gar kontraproduktiv ist. Längst existieren deshalb in zahlreichen Großunternehmen Parallelwelten jenseits der Flut formeller Vorgaben, Bestimmungen, ISO-Aktenordner und offiziellen Entscheidungswegen. Manche Dinge funktionieren hier eher trotz statt wegen vorhandener Verfahrensanweisungen und dicker Projektmanagementhandbücher. Und auch im Mittelstand stößt die Formalisierung von Abläufen mehr und mehr an Grenzen, wie das folgende Beispiel illustriert:

Die Kunden eines mittelständischen Unternehmens, das sich auf kleine Elektrobauteile im Bereich der Sicherheitstechnik spezialisiert hat, waren unzufrieden. 12 bis 15 Wochen Lieferzeit wollten viele von ihnen einfach nicht mehr akzeptieren. Vor diesem Hintergrund beauftragte die Geschäftsführung uns, gemeinsam mit der kaufmännischen Kundenbetreuung Maßnahmen zur Verbesserung der Situation zu ergreifen. Erste Analysen ergaben, dass an der schwerfälligen Auftragsabwicklung insgesamt vier Abteilungen sowie die Produktion beteiligt waren: die kaufmännische Kundenbetreuung, die technische Kundenbetreuung, der Einkauf und der Vertrieb. Der Vertrieb erhielt einen Auftrag und reichte die entsprechenden Unterlagen in die kaufmännische Kundenbetreuung ein. Sobald alle Unterlagen vorhanden waren, übergab die kaufmännische Kundenbetreuung das entsprechende Arbeitspaket an die technische Kundenbetreuung mit der Bitte, alle technischen Details zu prüfen. War dies geschehen, übergab die technische Kundenbetreuung die überprüften Unterlagen wieder an die kaufmännische Kundenbetreuung. Diese forderte auf dieser Basis den Einkauf auf, die entsprechenden Teile zu kaufen. Erst wenn alle Teile im Unternehmen vorrätig waren, wanderte der Auftrag in die Produktion. So etwas nennt man sequenzielle Auftragsabwicklung. Alle Mitarbeiter arbeiteten exakt nach Vorgabe. Das Ergebnis, zumindest in der Wahrnehmung der Kunden: Schneckentempo.

Woran lag das? Beispielsweise an so genannten »Langläufern« auf den Stücklisten, die von Beginn an erstellt wurden. Langläufer sind Teile, die auf dem Weltmarkt schwierig zu beschaffen sind. Da der Einkauf jedoch erst tätig wurde, wenn er den kompletten Auftrag von der kaufmännischen Kundenabteilung erhielt, ging ein Großteil der Lieferzeit für die Beschaffung eben dieser Langläufer drauf. Die Lösung lag auf der Hand: Ein besseres Projektmanagement musste her. Also wurde beschlossen, bei wichtigen Aufträgen Projektteams zu bilden, jeweils mit einem Mitarbeiter aus der kaufmännischen Kundenbetreuung, der technischen Kundenbetreuung sowie dem Einkauf. Ein Projektleiter wurde bestimmt und dessen Aufgabe: die Verkürzung der Lieferzeit. Doch die Lieferzeiten wurden nicht nur nicht kürzer, der Ärger zwischen den Beteiligten wuchs noch an. Es blieb der individuellen Findigkeit des Projektleiters überlassen, den Prozess zu beschleunigen, während die ausführenden Mitarbeiter sich der typischen Bremsfaktoren zwar bewusst waren, aufgrund der jahrelangen Praxis der »Abwicklung nach Vorschrift« jedoch wenig Eigeninitiative zeigten. Erst die Einbindung aller Akteure, das heißt der Führungskräfte wie Mitarbeiter jeder Abteilung, und die gemeinsame Entwicklung einer gemeinsam entwickelten, komplexeren Abstimmungspraxis führte dazu, dass die einzelnen Abteilungen ihre eingeschliffenen Gewohnheitsmuster aufgaben und sich schließlich alle am Ziel der Beschleunigung der jeweiligen Ablaufprozeduren beteiligten.

Daraus lässt sich folgendes Fazit ziehen: Mehr Effizienz lässt sich für viele komplexe Problemstellungen kaum mehr von oben regeln. In vielen Fällen setzt sie neue Kooperationsroutinen der Beteiligten voraus. Das kann nur funktionieren, wenn das Management akzeptiert, dass nicht allein die Führungskräfte, sondern das gesamte soziale System an der Lösungsentwicklung beteiligt wird. Denn: Wie in Unternehmen gearbeitet wird, hängt mindestens ebenso stark von etablierten Gewohnheitsmustern – kulturellen Faktoren – ab wie von den Anordnungen und Weisungen, die die Führungsetage im Vertrauen auf die Mechanik Taylors und Fayols ausgibt.

Eine neue Perspektive: Unternehmen als soziale Gebilde

5:47 Uhr, kurz vor Schichtbeginn. An den beiden Werkstoren bilden sich immer wieder kurze Schlangen aus Arbeitern, die, ihre Betriebsausweise hochhaltend, hinter den Schranken zügig auf eine der drei großen Produktionshallen zuströmen. Gegenüber dem Werksgelände beginnt sich der Parkplatz zu füllen. Gegen 7:45 Uhr gehen die ersten Lichter im großen Verwaltungsgebäude an, kurz nach acht Uhr sind alle vier Stockwerke hell erleuchtet. Büro für Büro werden Computer hochgefahren, Telefone umgestellt, E-Mails abgerufen und zugleich Hunderte von kleinen, die Tagesarbeit betreffenden Entscheidungen getroffen. Auf den Fluren grüßen sich Kollegen, tauschen scherzhafte Bemerkungen aus, rufen sich aktuelle Informationen zu, verabreden sich zu Meetings oder reihen sich einzeln oder in kleinen Gruppen in den Strom aus Akteuren und Bewegungen ein, der sich in und zwischen den einzelnen Gebäuden über das gesamte Areal auszubreiten beginnt.

In den Produktionshallen brummen die Maschinen. Arbeiter bewegen sich ruhig und gleichmäßig zwischen verschiedenen Arbeitsplätzen hin und her. Lautes Rufen unterbricht gelegentlich die monotone Geräuschkulisse, die sich wie ein Teppich über die gesamte Halle legt. Im einzigen Großraumbüro des Verwaltungsgebäudes kann man den Duft von frischem Kaffee riechen. Alle Besprechungsräume im dritten Stock sind inzwischen gefüllt. PowerPoint-Folien leuchten wie bizarre Lichtzeichen an der Wand; immer neue Folien, voll von Informationen, technischen Zeichnungen und Ergebniszusammenfassungen bilden einen bunten Bilderreigen, dem die Teilnehmer der jeweiligen Präsentationen aufmerksam folgen. Andere Beschäftigte bewegen sich zügig, jedoch scheinbar ziellos mit Stapeln von Papieren und Ordnern bewaffnet durch die langen Flure, um sich dann mit anderen Akteuren zu weiteren Begegnungen zusammenzufinden.

Was aus der Vogelperspektive wie das chaotische Treiben eines emsigen Bienenstocks erscheint, erzeugt in Wirklichkeit jene Prozesse und Muster, die für die Hervorbringung kollektiver Leistungen unabdingbar sind. Die Interaktionsmuster, die das Kooperationsverhalten der an diesen Prozessen beteiligten Mitarbeiter prägen, sind für die Produktivität des Unternehmens unverzichtbar. Sie entscheiden maßgeblich darüber, ob überhaupt und wenn ja, wie aus einer bloßen Ansammlung von Protagonisten ein leistungsfähiges Kollektiv werden kann.

Natürlich kann man Unternehmen auch auf ganz andere Art und Weise betrachten. Wie eingangs skizziert, werden Unternehmen traditionell hinsichtlich ihrer Organisationsformen unterschieden, betriebswirtschaftlich analysiert, oder es werden produktspezifische oder marktspezifische Faktoren in den Mittelpunkt der Beschreibung gestellt. Grundsätzlich aber gilt, dass sich Organisationstheoretiker, Betriebswirtschaftler, Wirtschaftswissenschaftler oder Manager zwar unendlich viele Organisationsformen und immer neue Ablaufprozeduren ausdenken können – entscheidend bleibt, dass ein Unternehmen erst in dem Augenblick zu »leben« beginnt, in dem Menschen einander begegnen und miteinander kooperieren.

Dass Unternehmen ihre Mitarbeiter in erster Linie mit der Absicht an einem Unternehmensstandort versammeln, um ihre Transaktionskosten möglichst gering zu halten oder auf diese Weise einfacher marktfähige Produkte beziehungsweise Dienstleistungen zu entwickeln, mag sein. Allerdings stellt dieser Schritt nur eine notwendige, jedoch noch keine hinreichende Voraussetzung für den Erfolg dar. Die Realität zeigt es immer wieder: Einige dieser »sozialen Ansammlungen« sind wirtschaftlich erfolgreich, andere nicht. Solange es zumindest einen direkten Wettbewerber gibt, der sich erfolgreich am Markt behauptet, muss das Scheitern eines Unternehmens als Indiz dafür gewertet werden, dass es jenseits des bloßen Aufbaus von Organisationsstrukturen, Produktionsprozessen oder Vertriebskanälen noch andere Faktoren geben muss, die für den erhofften Erfolg eines Unternehmens entscheidend positiv oder aber entscheidend negativ zu Buche schlagen. Meine These lautet, dass sich aus der spezifischen Art und Weise, wie ein Unternehmen Kooperationsroutinen aufbaut, diese reflektiert und optimiert, ablesen lässt, ob dieses Unternehmen in wettbewerbsbasierten Kontexten langfristig überleben wird.

Eine Behauptung, die Widerspruch hervorrufen dürfte. Zuallererst bei jenen Managern, die noch immer daran glauben, dass Faktoren wie die Qualität von Produkten, von Plänen, von Strukturen oder von Strategiepapieren, kurz: a-personale und a-soziale Faktoren, maßgeblich darüber entscheiden, ob ein Unternehmen erfolgreich ist oder nicht. Diese These dürfte aber auch viele Beschäftigte irritieren, insbesondere dann, wenn diese Beschäftigten noch immer davon ausgehen, dass die Art und Weise, wie sie ihren Arbeitsalltag gestalten, die Überlebensfähigkeit ihres Unternehmens kaum bis gar nicht beeinflusst. Die Annahmen, die beiden Reaktionen zugrunde liegen dürften, leiden jedoch an einem eklatanten Mangel – sie berücksichtigen nicht die Bedeutung kultureller Faktoren und damit die Bedeutung sozialer Praktiken und deren Einfluss auf alle wertschöpfungsrelevanten Aspekte eines Unternehmens.

Vereinfacht ausgedrückt: Schlechte Kooperation kostet bares Geld. Es mindert den Umsatz, wenn ein Unternehmen Kunden verliert, weil die Auftragsabwicklung erheblich länger dauert als beim Mitbewerber. Es kostet Geld, wenn die Marketingabteilung nicht weiß, was die Produktentwicklung tut, und Werbeetats in sinnlosen Maßnahmen verpuffen. Es verschwendet Arbeitszeit und damit Kapital, wenn die Kundenbetreuung regelmäßig nicht informiert ist, welches Produkt gerade aktiv beworben wird und auf entsprechende Kundenanfragen ratlos reagiert. Es kann teuer werden, wenn Entscheidungsprozesse im Unternehmen so lange dauern, dass die Konkurrenz am Markt bereits erste Umsätze verbucht, bevor eigene Angebote marktreif sind. Wenn Menschen nicht oder nur halbherzig kooperieren, sind Fehler, Missverständnisse, Zeitverzögerungen, Abstimmungsprobleme an der Tagesordnung. All diese Faktoren kosten Geld, sei es in Form von Doppelarbeit oder anderweitig vergeudeter Arbeitszeit, sei es in Form nicht ausgeschöpfter Umsatzpotenziale oder Kundenverlust.

So evident dies im Unternehmensalltag ist, so schwer ist es exakt zu quantifizieren. Erhebungen, die auf Euro und Cent ausrechnen, was internes Zuständigkeitsgerangel, die Verfolgung von Partikularinteressen, simple Abstimmungsprobleme oder auch lieb gewonnene, aber schwerfällige Routineabläufe ein Unternehmen kosten, sucht man vergeblich. Es wäre auch schwierig, die häufig mit diesen Problemen verbundenen sogenannten »weichen« Faktoren mit Kennzahlen zu versehen. Schon deshalb werden sie im klassischen Paradigma »wissenschaftlicher« Unternehmensführung systematisch ausgeblendet – jedes mentale Modell hat zwangsläufig seine blinden Flecken. Doch während das Management unverdrossen weiter an den Stellschrauben der »harten Fakten« dreht, entscheidet sich der Unternehmenserfolg möglicherweise auf einer ganz anderen Ebene.

Diskutiert wird die Bedeutung weicher Faktoren für den Unternehmenserfolg bislang vorwiegend auf der Ebene individueller Motivation. Hier führt der Gallup Engagement Index alljährlich vor Augen, dass lediglich eine Minderheit der Mitarbeiter in Deutschland (13 Prozent) ihre Aufgaben mit vollem Engagement erfüllen, über zwei Drittel (67 Prozent) eine »geringe Bindung« ans Unternehmen haben, also Dienst nach Vorschrift machen, und ein Fünftel innerlich gekündigt hat und dem Arbeitgeber womöglich sogar aktiv schadet.[21] Gallup beziffert die volkswirtschaftlichen Kosten allein für die zwei bis vier zusätzlichen Fehltage weniger engagierter Mitarbeiter auf zwischen 81,2 und 109 Milliarden Euro jährlich.[22] In anderen europäischen Staaten sieht es kaum besser aus. Die Lösung liegt für die Meinungsforscher auf der Hand: Die Führungskräfte müssen ihre Mitarbeiter besser »motivieren«. Das allerdings versucht man seit Jahrzehnten vergeblich. Es ist Zeit für einen Strategiewechsel: Warum schauen wir uns nicht die Kooperationsroutinen im Unternehmen an und arbeiten ganz praktisch an deren Veränderung?

Mitarbeiter kommen und gehen – die Unternehmenskultur bleibt

Dass soziale Routinen und eingeschliffene Interaktionsmuster ein zähes Beharrungsvermögen besitzen, obwohl immer wieder Mitarbeiter das Unternehmen verlassen und neue hinzukommen, wird kaum jemand bestreiten. Wer von außen dazu stößt, passt sich entweder an – und wird sozusagen von den sozialen Systemen im Unternehmen geschluckt – oder er bleibt ein Fremdkörper und verlässt das Unternehmen nicht selten rasch wieder. Die nur sehr begrenzt erfolgreichen Versuche, klassische Monopolbetriebe zu modernen Serviceunternehmen umzubauen, machen dieses Phänomen ebenfalls augenfällig. Die Umbenennung von Schaltern zu »Service Points«, von Bürgern in »Kunden« oder Appelle, mehr Dienstleistungsmentalität zu zeigen, änderten an den in Jahrzehnten eingeschliffenen Praktiken kaum etwas. Aber auch Wirtschaftsunternehmen sind sich der normierenden Wirkung kultureller Muster durchaus bewusst. Wenn die Angestellten einer großen Unternehmensberatung als typische »Meckis« tituliert werden, wenn man vom »Siemensianer« redet oder darüber diskutiert, wie es »beim Daimler« zugeht, wird dies offenbar. Zwar glauben wir in der Tradition des westlichen Individualismus gerne daran, dass Einzelne die Dinge bewegen und ihrer Umgebung ihren Stempel aufdrücken. Doch dabei blenden wir die sozialisierende Macht gruppendynamischer Prozesse, die das Alltagshandeln in Organisationen prägt, wider besseres Wissen geflissentlich aus.

Die normativen Einflüsse der Organisation als Einheit werden in der Literatur bisher vor allem unter dem Stichwort »Unternehmenskultur« diskutiert. Als relevanter Wettbewerbs- und Managementfaktor rückte die Kultur von Organisationen erstmals vor 30 Jahren ins Blickfeld: 1980 prägte William Ouchi in einem Artikel in der *Business Week* den Begriff der »Corporate Culture«. Ausgangspunkt seiner Überlegungen war ein Vergleich amerikanischer und japanischer Unternehmen, und zwar in einer Zeit, in der US-Unternehmen gegenüber der japanischen Konkurrenz mehr und mehr zurückfielen. Der in den USA lebende Japaner Ouchi führte dies auf Heterogenität, Mobilität und Individualismus als wesentliche Einflussfaktoren in amerikanischen Organisationen sowie auf die dort herrschenden expliziten Kontrollmechanismen zurück. Japanische Unternehmen hingegen seien durch Homogenität, Stabilität und Kollektivismus gekennzeichnet. Ouchi empfahl US-Unternehmen daher die Adaptation erfolgreicher Kulturmerkmale der japanischen Industrie.[23]

Wie schwierig dies in der Praxis ist, illustriert eine Begegnung, die Gary Hamel in seinem Buch über *Das Ende des Managements* schildert. Einer der Spitzenmanager der amerikanischen Automobilindustrie habe bei einem Branchentreffen erwähnt, dass man gerade die zwanzigste jährliche Benchmarking-Studie über Toyota abschließe. Auf Hamels Frage, was man denn dort lernen könne, was nicht schon in der siebzehnten, achtzehnten oder neunzehnten Studie klar geworden sei, habe sich verlegenes Schweigen über die Runde gelegt. Schließlich gab einer der Manager zu, es habe tatsächlich zwei Jahrzehnte gedauert, bis man begriffen habe, dass Toyotas Erfolg in der »einzigartigen japanischen Methode der Zusammenarbeit und der Konsultation« wurzele.[24] Dass Kooperationspraktiken tatsächlich den wirtschaftlichen Ausschlag geben könnten, passt nicht ins mechanistisch-rationale westliche Unternehmenskonzept und wurde daher lange Zeit ausgeblendet.

In den letzten Jahren hat das Thema der Unternehmenskultur insbesondere in der europäischen Managementliteratur wieder an Bedeutung gewonnen. Diese Aufmerksamkeit lässt sich wohl vor allem auf die zunehmenden Merger- und Aquisitionsaktivitäten in den 1990er Jahren in vielen Branchen und Unternehmen zurückführen, durch die oftmals schmerzhaft deutlich wurde, wie entscheidend die Verschmelzung von Unternehmenskulturen für den Erfolg beziehungsweise das Scheitern von Fusionen sein kann. Das Ende der transatlantischen »Autoehe« zwischen den Unternehmen Daimler und Chrysler nach nur einem knappen Jahrzehnt zeigt, wie teuer solche Experimente werden können, wenn sie misslingen. Warum das alles andere als unwahrscheinlich ist, wird uns im Abschnitt »Warum es keine Welt AG geben kann« beschäftigen.

Eine wesentliche Ursache für die vielen schlechten Erfahrungen, die zahlreiche Unternehmen bei Fusionen oder Übernahmen gesammelt haben, besteht darin, dass die meisten Manager trotz eines gestiegenen Problembewusstseins noch immer nicht wissen, wie man eine Unternehmenskultur gezielt analysiert, geschweige denn modifiziert. Vielen dieser

Manager ist zwar inzwischen bewusst, welche Bedeutung und welchen Einfluss der Habitus der Beschäftigten und deren Arbeitsgewohnheiten auf das Unternehmensergebnis haben. Sie wissen jedoch nicht, wie man die Einstellung von Beschäftigten verändert oder wie man kollektive Gewohnheitsmuster umstellt. Genau dies kann man ihnen nun allerdings kaum zum Vorwurf machen, denn die Typologien, auf die Arbeiten zum Thema Unternehmenskultur die Wirklichkeit üblicherweise reduzieren, helfen bei der Steuerung oder Veränderung kultureller Muster kaum weiter. So differenzieren beispielsweise Deal und Kennedy in ihrer bekannten Kulturtypologie Unternehmen nach dem wirtschaftlichen Risiko einerseits und der Geschwindigkeit, mit der Feedback erfolgt (Verhalten sanktioniert oder belohnt wird) andererseits. Ergebnis ist die Matrix, die Tabelle 1 zeigt.

Tabelle 1: Typen von Unternehmenskulturen (nach Terrence E. Deal, Allan A. Kennedy: Corporate Cultures, Jackson 2000)

		Risiko	
		niedrig	hoch
Feedback und Belohnung	schnell	*Work hard – Play hard* **Brot-und-Spiele-Kultur**	*Tough-Guy, Macho Culture* **Alles-oder-nichts-Kultur**
	langsam	*Process-Culture* **Prozess-Kultur** **(oder Bürokratie)**	*Bet-your-company* **Analytische Projekt-Kultur**

Zwar genügen derartige Matrizen, um festzustellen, dass in einer Finanzbehörde vermutlich eine gemächliche »Prozess-Kultur« herrscht, in einem Forschungsinstitut, dessen wirtschaftliches Überleben in größeren Zyklen immer wieder von der Bewilligung von Forschungsgeldern abhängt, eine »analytische Projekt-Kultur«, bei einem Strukturvertrieb, der Finanzprodukte handelt, eine »Alles-oder-nichts-Kultur« und in der kleinen PR-Agentur, die viele Aufträge mit überschaubarem Volumen ausführt, eine »Brot-und-Spiele-Kultur«. Es reicht aber nicht aus, um beispielsweise zu verstehen, wie ich in eben dieser Agentur für ähnlich effiziente Abläufe wie beim Mitbewerber drei Straßen weiter sorgen kann, an den ich schon etliche Kunden verloren habe. Und genauso wenig beantwortet es die Frage, warum der eine Strukturvertrieb sehr erfolgreich ist, während das eisige Klima beim anderen die Mitarbeiter nach kurzer Zeit in die Flucht schlägt.

Kulturtypologien beschränken sich auf die Vogelperspektive. Das Bild bleibt seltsam grobkörnig, ob nun bei Deal und Kennedy oder bei Hedwig Kellner, die entlang der Lebenszyklen von Unternehmen dynamisch-chaotische »Gründerkulturen«, von Konkurrenzkämpfen geprägte »Wachstums«- oder »Dschungelkulturen«, bürokratische »Konzernkulturen« und kaum noch beherrschbare globale »Megakulturen« differenzieren.[25] Hinweise für »kulturverändernde Maßnahmen« lassen sich aus diesen Modellen kaum ableiten. Hinzu kommt die schiere Macht des Faktischen: Weil sich die Führungsarbeit des Topmanagements zumeist auf die Bearbeitung von harten Fakten, also die Interpretation von Zahlen und das Erstellen von Strategiepapieren beschränkt, überlässt man es den mittleren Führungsebenen, die so genannten »weichen Faktoren« zu managen. Doch auch diese Führungsebenen haben häufig Wichtigeres zu tun. Denn sie müssen »Sachprobleme« lösen und dafür sorgen, dass »die Zahlen stimmen«. Jeder konzentriert sich auf seine primären Aufgaben. Niemand findet die Zeit, sich mit dem sozialen Kontext, der ihn umgibt, hinreichend zu beschäftigen. Paradoxerweise fußt jedoch genau auf dieser Unbewusstheit und Unbedarftheit letzten Endes der enorme Einfluss, den das soziale Umfeld auf das Denken und Handeln von Akteuren ausübt.

Wer einen Blick auf das soziale Innenleben von Wirtschaftsunternehmen wirft, erkennt zwei Dinge sehr rasch: zum einen, wie sehr es darin »menschelt«. Und zum anderen, wie wenig professionell mit diesen Aspekten umgegangen wird; ganz so, als hätten wir es nur mit der »privativen Seite« des Arbeitsalltags zu tun. Doch das genaue Gegenteil ist der Fall. Der einzige Weg, ein Unternehmen nachhaltig zu entwickeln, besteht meiner Ansicht nach darin, gerade jene sozialen Praktiken, die den Arbeitsalltag der Beschäftigten dominieren, konsequent zu professionalisieren. Denn eines steht fest: Mitarbeiter kommen und gehen. Die Kultur, insbesondere die Alltagskultur eines Unternehmens aber bleibt. Von dieser nach wie vor erstaunlich wenig beachteten Tatsache muss im Grunde jede Diskussion um Fragen der Unternehmensentwicklung ausgehen. Problematischerweise investieren viele Unternehmen Jahr für Jahr große Summen ausschließlich in die Qualifizierung einzelner Beschäftigter, in Führungskräftetrainings und Coachings, in Kommunikations-, Verhandlungs- oder Zeitmanagementseminare. Für die meisten Unternehmen bedeutet dies, dass diese Investitionen Gefahr laufen, wirkungslos zu verpuffen, da sie nicht an den zentralen sozialen Mechanismen ansetzen, die das Verhalten der Beschäftigten bewusst und unbewusst steuern (mehr dazu im Kapitel 3).

Warum es keine »Welt AG« geben kann: Der Fall DaimlerChrysler

»Etwa die Hälfte aller Fusionen scheitert. In 70 Prozent aller Fälle ist der Grund das Aufeinandertreffen verschiedener Kulturen«, meldete die Bertelsmann Stiftung im Dezember 2002 als Ergebnis einer internationalen Expertenrunde. Arbeitsstile und -gewohnheiten der Mitarbeiter seien unterschiedlich, auch die Auffassung hinsichtlich Führung und Entscheidungsbeteiligung differierten.[26] Wenn die erhofften Synergien ausbleiben und kalkulierte Einsparpotenziale regelmäßig nicht erreicht werden, ist dies häufig dem Umstand geschuldet, dass die Kooperation der vereinten Partner nicht so reibungslos funktioniert, wie vor Beginn einer Fusion erhofft – eine Tatsache, die angesichts des oben beschriebenen Beharrungsvermögens einmal etablierter kultureller Muster kaum überrascht.

Eines der spektakulärsten Beispiele der jüngsten Vergangenheit ist der gescheiterte Zusammenschluss des schwäbischen Autobauers Daimler mit dem US-Unternehmen Chrysler, 1998 von Jürgen Schrempp als »Hochzeit im Himmel« und Meilenstein auf den Weg zur »Welt AG« verkündet und neun Jahre später nach seinem Ausscheiden wieder aufgelöst. In dieser Zeit stürzte der Aktienkurs des Unternehmens dramatisch ab, Schrempp wurde auf Hauptversammlungen als »größter Kapitalvernichter aller Zeiten« beschimpft und 2004 von der US-Zeitschrift *Busi-*

ness Week zum »schlechtesten Manager des Jahres« gekürt.[27] Wer hohe Erwartungen weckt, kann umso tiefer fallen, denn der Leadership-Mythos projiziert eben nicht nur Erfolge, sondern auch die Misserfolge auf die einsamen Helden an der Spitze. Und wenn der Börsenwert eines Unternehmens allein durch die Rücktrittsankündigung seines Vorstandsvorsitzenden von 36 auf 40 Milliarden steigt, wie bei DaimlerChrysler im Sommer 2005, belegt dies erneut eindrucksvoll, wie fest dieser Mythos in vielen Köpfen verankert ist.

Es geht an dieser Stelle nicht darum, betriebswirtschaftliche Entscheidungen oder Fehlentscheidungen zu analysieren. Dass Fusionen zum Teil eher der Hybris einzelner Topmanager geschuldet sind, die ihr Imperium vergrößern möchten, als nüchternen betriebswirtschaftlichen Überlegungen, ist von anderer Seite schon betont worden – etwa vom früheren BDI-Präsident Hans-Olaf Henkel, der im März 2007 gegenüber der *Süddeutschen Zeitung* das Scheitern zahlreicher Unternehmenszusammenschlüsse auch auf das Machtstreben »egomanisch-machohafter« Manager und die unreflektierte Gleichsetzung von Größe und wirtschaftlichem Erfolg zurückführte. Hier interessiert weit eher die Frage, ob es DaimlerChrysler wenigstens in Ansätzen gelungen ist, aus zwei verschiedenen Unternehmenskulturen eine neue, von gemeinsamen Werten und sozialen Praktiken getragene Unternehmenskultur für jene »Welt AG« zu schaffen, die mit der Fusion angestrebt wurde. Denn in vielen Diskussionen zu diesem Thema wurde und wird noch immer unreflektiert vorausgesetzt, dass Unternehmenskulturen – sprich: die Wertvorstellungen und sozialen Praktiken der Partner – einander angenähert werden müssen, damit der neu formierte Unternehmenskosmos erfolgreich sein kann.

Anfang 2001, als die Aktienkurse von DaimlerChrysler längst bröckelten und kritische Stimmen immer lauter wurden, machten sich zwei *Spiegel*-Reporter auf zu einer Reise durch die »Welt AG«. Dietmar Hawranek und Dirk Kurbjuweit besuchten Standorte in Detroit, Sindelfingen und Tokio (gerade waren die Schwaben auch bei Mitsubishi eingestiegen). Die beiden Journalisten sprachen mit Arbeitern, Händlern, mittleren Managern und Vorständen. Was sie erlebten, beleuchtet schlaglichtartig, wie problematisch die Vorstellung einer einheitlichen globalen Unternehmenskultur ist. »Die Drei-Welten-AG« lautet die Überschrift ihres Reiseberichts. Was macht diese unterschiedlichen Welten aus? Einige Beispiele:

- »*Die Chrysler-Welt*«: »Wer einen Mercedes kauft, geht eine Liebesbeziehung ein«, sagt einer der größten Chrysler-Händler in einem Detroiter Vorort. »Bei unseren Fahrzeugen geht es um Transport.« Er betont die amerikanische »Deal-Kultur« und hofft, »dass Jürgen [Schrempp] versteht, wie man bei uns Autos verkauft«. Nächste Reisestation: Der Entwicklungsingenieur, der zuständig ist für den Minivan *Voyager* demonstriert stolz, wie »nützlich« der Wagen sei. Er verfügt beispielsweise über einen Dosenhalter neben den Sitzen, der beim Umklappen der Sitze nicht mitklappt. Seine Kunden machen sich wenig aus PS-Stärke und Geschwindigkeit, denn in den USA tuckert man gemächlich über die Highways. Überschwappende Cola ist dagegen ein Reizthema. Szenenwechsel: Eine Managerin hat in Kulturkursen gelernt, dass die Deutschen sehr ernst und konzentriert seien und es nicht mögen, wenn man bei der Arbeit lacht. Sie fragt sich: »Was ist falsch daran zu lachen? Ich weiß nicht.« Und die Arbeiter beim Bier nach Feierabend reden Klartext: »Das Auto, das wir bauen, ist kein amerikanisches Auto mehr.« Ihre Arbeitsmoral sei dahin; seitdem die Deutschen da seien, ginge es mit Chrysler bergab. Die Amerikaner sind es gewohnt, einen Autotyp pro Fabrik zu bauen. In Boomzeiten bedeutet das günstige Produktion im Dreischichtbetrieb, sinkt die Nachfrage nach einem Typ, kann man nicht einfach umrüsten und muss Arbeiter nach Hause schicken oder Fabriken schließen.
- »*Die Mitsubishi-Welt*«: Der Vizepräsident der Mitsubishi Motor Corporation, Yuhiko Kiyota, lächelt höflich und weicht allen Fragen mit einem optimistisch-freundlichen Vortrag über die Zusammenarbeit mit den Deutschen aus. Er ist stolz darauf, dass der neue *Pajero* im Design einem jagenden Puma nachempfunden wurde. Geschwindigkeit zählt auch in Japan wenig, wegen der ständigen Staus. In Mitsubishi-Fabriken werden bis zu sieben Autotypen auf einem Fließband hergestellt, bei den Arbeitern ist extreme Flexibilität gefragt, es soll ständig verbessert und optimiert werden. Währenddessen macht sich

ein japanischer Sachbearbeiter Sorgen, dass Schrempp die lebenslange Jobgarantie abschaffen könne. Und Daimler-Abgesandte treffen auf Manager, die Jahrzehnte im Unternehmen sind und trotz offensichtlicher Versäumnisse von Jüngeren ganz selbstverständlich Respekt und Unterordnung erwarten.

- *Die Mercedes-Welt«:* Der Daimler-Ingenieur präsentiert mit väterlichem Stolz ein Modell der S-Klasse. Sagen will er dazu nichts, man müsse den Wagen einfach fahren. Das Auto ist vollgestopft mit neuester Technologie und erreicht mühelos eine Geschwindigkeit von 250 Kilometern pro Stunde. Regensensor, Lichtsensor, ein schnurrender Dieselmotor, den man kaum hört. Manche Kunden reisen mit der ganzen Familie Hunderte von Kilometern an, um ihr neues Familienmitglied persönlich im Werk abzuholen. Der Gruppenmeister in der Produktion schreitet das Band ab und legt Wert auf höchste Perfektion. Wer hier dazugehört, tut das im Bewusstsein, am »besten Auto« mitzuarbeiten. Sorgen macht man sich allenfalls, weil die besten Manager immer wieder abgezogen werden, um in Detroit Entwicklungshilfe zu leisten, auch wenn man das so drastisch nicht formulieren würde.

Auch wenn ein solcher »Reisebericht«[28] natürlich nicht den Objektivitätsansprüchen einer wissenschaftlichen Analyse genügt, weckt er den Verdacht, dass die »Welt AG« womöglich ein Hirngespinst in den Köpfen weniger weltläufiger Topmanager gewesen sein könnte. Wenn Jürgen Schrempp beispielsweise betonte, DaimlerChrysler sei »eine großartige Familie«, »ein wirklich global agierendes Unternehmen« mit »jeder Menge Synergien«, drängt sich die Frage auf, wo genau dieser hehre Anspruch mit Leben gefüllt werden konnte. Gewiss, es gab ein »Alliance Council«, paritätisch besetzt mit Vertretern von Daimler, Chrysler und Mitsubishi, mit exakt verteilter Redezeit zwischen den Nationen. Doch dies wurde bald durch ein rein deutsches »Executive Automotive Committee« mit Jürgen Schrempp an der Spitze abgelöst. Gesteuert wurde die Welt AG durch ein elektronisches Kontrollzentrum (»War-Room«), in dem die weltweiten Daten des Unternehmens zusammenliefen. Dort war etwa der Stand der fast 1 300 gemeinsamen Projekte von Daimler und Chrysler für das Topmanagement jederzeit abrufbar. »Die ganze Größe des Unterfangens Welt AG wird einem erst im War-Room klar, in diesem nicht allzu großen Raum, der virtuell mit Millionen von Zahlen gefüllt ist, vielleicht mit Milliarden«, schreiben die Beobachter. »Und mitten in diesem Raum, quasi von Zahlen verschüttet, steht Rüdiger Grube, der mit lebhaftem Optimismus immer wieder versichert, dass dies zwar sehr komplex und kompliziert wirken möge, aber beherrschbar sei. Grube glaubt an Planung. Er hat massenweise Ordner und Festplatten voller Pläne, weshalb die Welt AG als gigantische Planwirtschaft manchmal ein bisschen an die Sowjetunion erinnert.« Das einzige Problem, das der Leiter des Kontrollzentrums sieht: »Das ist der Mensch.«[29]

Inzwischen hat auch der Fall DaimlerChrysler bewiesen, dass mehr Komplexität eben nicht einfach durch ein Mehr an Planung zu beherrschen ist und dass der Gedanke einer globalen »Firmenfamilie« illusionär bleibt. Wirtschaftliche Erfolge entscheiden sich an anderen Faktoren, zum Beispiel an möglichst reibungsarmer Zusammenarbeit und marktorientierter Ausrichtung vor Ort, nicht am Zugehörigkeitsgefühl zu einer fernen, abstrakten Globalkultur. Was wäre auch der Vorteil einer solchen Vereinheitlichung? Die Menschen sind unterschiedlich, ihre Wertvorstellungen und Arbeitsgewohnheiten sind es, die Kundenvorlieben auch. Ein Autohändler in der amerikanischen Provinz versteht seine Kunden vermutlich weit besser als ein Vertriebsvorstand jenseits des Atlantiks, und der Stolz auf technische Innovationen, der Mitarbeiter in der Mercedesproduktion eint und motiviert, löst bei Chrysler-Arbeitern eher Befremden aus. Welcher Mehrwert sollte also daraus resultieren, sie alle in eine fiktive kulturelle Zwangsgemeinschaft zu »integrieren«? Das gleicht einem fruchtlosen Kolonialisierungsversuch, etwa wenn die deutschen Manager hofften, dass irgendwann endlich auch die amerikanischen Manager (und Kunden!) den Reiz von PS-starken High-Tech-Karossen verstehen würden und dafür markentreu viel Geld auszugeben bereit sein würden.

Ähnlich ernüchternde Erfahrungen wie Daimler in den USA machte umgekehrt die US-Einzelhandelskette Wal-Mart in Deutschland, die Angestellten hierzulande typisch amerikanische Motivationsappelle verordnete und vergeblich versuchte, ihre Mitarbeiter »nach US-Vorbild auf

Kundenfreundlichkeit durch Zusammenhalt und Spaß an der Arbeit« zu trimmen. Auch das Ansinnen, die amerikanische »Ethik-Richtlinie« des Unternehmens in Deutschland durchzusetzen und Liebesbeziehungen am Arbeitsplatz zu untersagen, brachte nichts als Ärger mit den Gewerkschaften und negative Presse und wurde schließlich gerichtlich unterbunden. 2006 zog sich Wal-Mart nach neun Jahren, vier Geschäftsführerwechseln und Hunderten von Millionen Verlust vom deutschen Markt zurück.[30]

Der Tendenz vieler weltweit agierender Unternehmen, global einheitliche Standards, eine weltweit einheitliche Führungsphilosophie oder Kollektivkulturen aufzubauen, und sei es über noch so viele Standorte hinweg, liegt ein entscheidender Denkfehler zugrunde: die Gleichsetzung technologischer und sozialer Phänomene. Die Vereinheitlichung technischer Prozesse mag Vorteile bringen, die kultureller Standards tut das nicht: Sie provoziert bei den Betroffenen Abwehr, Distanzierung, im besten Fall Gleichgültigkeit. Ich habe in den letzten 13 Jahren kein Unternehmen kennen gelernt, das mit den gängigen Strategien zum Aufbau einer einheitlichen Corporate Identity tatsächlich erfolgreich war.

Standardisierung und Homogenisierung steigern immer wirtschaftliche Effizienz – allerdings nur im Rahmen der Steuerung vollkommen kontrollierbarer Systeme. Je komplexer ein System, desto kritischer, ja bisweilen geradezu kontraproduktiv werden derartige Managementstrategien. Ich bin überzeugt, dass Unternehmen auch und gerade im Rahmen der Globalisierung lernen müssen, die Vielfalt regionaler, standortspezifischer »Subkulturen« nicht als ein zu beseitigendes Internationalisiserungsdefizit, sondern als eine besondere Stärke ihrer spezifischen Konstruktion zu sehen. Allerdings bedarf dieser Schritt der Einsicht, dass heterogene Zustände im Unternehmen nicht in erster Linie Ausdruck fehlender Standards sind, sondern einen Wettbewerbsvorteil beim Aufbau wirksamer Strategien zur Bewältigung komplexer Markt- und Arbeitsverhältnisse bieten. Nicht Zentralisierung und Homogenisierung, sondern Regionalisierung und Patchwork sind die Prinzipien, die den Aufbau erfolgreicher Unternehmenseinheiten der Zukunft leiten werden.

Die Gründe dafür liegen in der Natur des Menschen. Der wird tatsächlich zum »Problem«, wie DaimlerChrysler-Chefcontroller Grube es formuliert – zumindest dann, wenn man Unternehmen nicht als soziale Gebilde, sondern als aus Zahlen zusammengesetzte virtuelle Objekte betrachtet. Dass das zu kurz greift, zeigt die Mehrheit der Fusionen, die trotz perfekter Planung und einer Flut von Zahlen, Tabellen und Kalkulationen spektakulär misslingen. Ohne der theoretischen Fundierung im nächsten Teil des Buches vorgreifen zu wollen: Menschen sind soziale »Nah-Wesen«. Sie richten ihr Verhalten an jenen sozialen Praktiken aus, die dort gelten, wo sie leben und arbeiten. Diese können effizient oder weniger effizient, destruktiv oder konstruktiv sein, und sie können *gemeinsam* mit den Beteiligten analysiert und verändert werden. Wie das gelingen kann, ist Thema von Teil III des Buches. Nicht die Entwicklung einer homogenen Corporate Identity, sondern die Sicherung der Anschlussfähigkeit an soziale Nachbarsysteme im Sinne einer »guten Nachbarschaft« rückt damit in den Fokus der Unternehmensentwicklung. Und nicht das vergebliche Einschwören der Mitarbeiter in Detroit und Sindelfingen, Tokio und Zuffenhausen oder Arkansas und Nordrhein-Westfalen auf einheitliche Verhaltensstandards sichert den wirtschaftlichen Erfolg regionaler Unternehmenseinheiten, sondern eine perfekte Binnenkooperation vor Ort.

Fazit: Wir benötigen ein anderes Unternehmensmodell – ein Modell, das die Mechanik von Planung und Kontrolle transzendiert und die Lebendigkeit und Dynamik sozialer Systeme berücksichtigt.

Kapitel 3
Die Welt der Weiterbildung ist eine Scheibe ...

Jahr für Jahr fließen allein in Deutschland fast 30 Milliarden Euro in die betriebliche Weiterbildung, insbesondere in die Qualifikation von Führungskräften.[31] Zahlt sich diese beachtliche Investition für die Unternehmen wirklich aus? Oder finanziert man hier womöglich einen für den Arbeitsalltag nur begrenzt wirksamen Seminartourismus? Wer die Unternehmenspraxis kennt, kann Zweifel am aktuellen Prozedere in der Personalentwicklung bekommen. Kritik an realitätsfernen Seminaren; überlastete Mitarbeiter, die sich nur widerstrebend in Maßnahmen abordnen lassen, oder Führungskräfte, die aufwändig »entwickelt« werden und die dennoch von der Last der täglichen Anforderungen langsam, aber sicher zermürbt werden – all das schürt den Verdacht, dass hier irgendetwas falsch läuft.

Wer nach den Ursachen forscht, stößt auf einen unhinterfragten Individualismus, der in der Perfektionierung des Einzelnen die Lösung für eine Steigerung kollektiv erbrachter Leistungen vermutet, auf einen Bildungsbegriff, der in den emanzipatorischen Ideen der Aufklärung wurzelt und unreflektiert in die betriebliche Praxis von heute übertragen wird, und auf Personalentwickler, die ohne eine erkennbare theoretische Fundierung ihrer Bildungsmaßnahmen auf modische Trends oder vermeintlich notwendige Qualifikationsinhalte setzen. All das funktioniert zwar nicht wirklich gut, aber in Ermangelung einer Alternative bleibt man beim gewohnten Paradigma. Es ist an der Zeit, nicht länger so zu tun, als sei die Welt der Weiterbildung eine Scheibe. Unternehmen benötigen Weiterbildungskonzepte, die den komplexen Anforderungen der Unternehmenspraxis von heute standhalten.

Das Konzept: Wir »entwickeln« Führungskräfte und Persönlichkeit

Keine Frage ist in der Managementlehre in den letzten Jahrzehnten gründlicher erforscht worden als die nach den spezifischen Persönlichkeitsmerkmalen, die gute von schlechten Führungskräften unterscheiden. So konkurrieren beispielsweise zahlreiche Testverfahren miteinander, wenn es darum geht, individuelle »Potenziale« zu ermitteln und mit den fiktiven Idealprofilen perfekter Vorgesetzter abzugleichen. Es gibt wohl kaum jemanden mit Führungsambitionen, der nicht wüsste, was sich hinter Kürzeln wie »MBTI«, »BIP« oder »16-PF« verbirgt. In Auswahlverfahren wie Assessment-Centern oder in »Führungskräfteprogrammen« lernen die Teilnehmer schnell, welche Eigenschaften erwünscht sind (etwa »Selbstsicherheit« und »Durchsetzungsfähigkeit«), und welche Praktiken von ihnen gefordert werden (etwa »über Ziele zu führen« oder »Feedback zu geben«).[32] Personalentwickler, die auf der Höhe der Zeit sein wollen, arbeiten mit ausgeklügelten »Kompetenzmanagement-Systemen«, die in Leitbild und Unternehmensstrategie verankerte positionsbezogene Kompetenzen definieren und in aufwändigen Soll/Ist-Abgleichen den Weiterbildungsbedarf von Mitarbeitern ausloten.[33] Seminare oder individuelle Coachings dienen der Perfektionierung des Einzelnen, und 360-Grad-Umfragen prüfen Rollenanpassungen durch die Konfrontation des Selbstbilds mit den Fremdeinschätzungen von Mitarbeitern, Kollegen, Kunden und Vorgesetzten.

Wer den Blick auf die realen Verhältnisse in Unternehmen nicht scheut, wird jedoch feststellen, dass kaum jemand der darin arbeitenden Führungskräfte den sorgsam definierten Rollenerwartungen entspricht. Eher ernüchternde Studien zum Grad der Mitarbeitermotivation deuten darauf hin, dass der überdurchschnittliche Führungserfolg in der Praxis allen komplexen Weiterbildungsinstrumenten zum Trotz eher die Ausnahme ist. In dieselbe Richtung weist eine Flut von Büchern zu tatsächlichen oder vermeintlichen Versäumnissen der Vorgesetzten: Von »Nieten in Nadelstreifen« über »Menschenschinder oder Manager« bis zu »Narzissten, Egomanen, Psychopathen in der Führungsetage« – solche Entlastungsliteratur für Mitarbeiter garantiert offenbar hohe Auflagen.³⁴ Und wer mit Führungskräften offen über ihren Alltag spricht, bekommt nicht selten den Eindruck eines permanenten Krisenmanagements angesichts hoher Arbeitsbelastung, ambitionierter Umsatzziele, gestiegener Kundenansprüche und widerstreitender Erwartungen von Mitarbeitern und Geschäftsleitung.

Wie kommt dieser offenbare Widerspruch von Anspruch und Wirklichkeit zustande und – wichtiger noch – wie ist damit umzugehen? Löst die Professionalisierung von Führungskräften tatsächlich das Problem der Bewältigung einer immer komplexer werdenden Arbeitswelt? Für diese Option votiert die Mehrheit der Managementtheoretiker: Gefordert sind eben »bessere« Manager, sollten die vorhandenen Führungskräfte die hohen Erwartungen nicht einlösen. Und da Ausnahmetalente selten sind, perfektioniert man die Recruiting-Verfahren und delegiert die Beseitigung vermeintlicher Kompetenzdefizite an Personalentwickler und Weiterbildung. Mit einiger Berechtigung kann allerdings die Frage gestellt werden, ob angesichts der offensichtlichen Führungsprobleme in den Unternehmen ein solcher Ansatz noch angemessen ist. Worauf basiert der unerschütterliche Glaube, die Professionalisierung einer Minderheit von nur 10 Prozent aller Beschäftigten (den Führungskräften) löse die Probleme komplexer sozialer Systeme? Welchen kulturhistorisch verankerten Mustern folgt dieses immer noch erstaunlich konsensfähige Konzept vom Manager als dem primären Problemlöser? Dass bislang kaum reflektiert wird, was in dieser Vorstellung stillschweigend impliziert wird, ist so erstaunlich wie problematisch.

Das an vielen Unternehmen noch immer vorherrschende Weiterbildungsparadigma ist fest verwurzelt in der europäischen Geistesgeschichte. »Seit im 20. Jahrhundert der Individualismus in Europa zur dominierenden Ideologie wurde, stellt in vollständiger Umkehr zu antiken und mittelalterlichen Vorstellungen nicht mehr das Modell der idealen Gemeinschaft, sondern das Individuum und seine Bedürfnisse das Maß der Dinge dar«, unterstreichen etwa die Sozialwissenschaftler Meinhard Miegel und Stefanie Wahl. Der freien Entfaltung des Einzelnen werde absoluter Vorrang eingeräumt; sie bilde auch den »kulturellen Boden der heutigen Arbeits- und Leistungskultur in den Unternehmen«.³⁵ Meine These ist, dass das kulturelle Konstrukt des Individualismus als

Grundlage für die Unternehmensentwicklung in der gegenwärtig praktizierten Form nicht mehr trägt. So attraktiv das Bild des charismatischen Managers an der Spitze, des überdurchschnittlich leistungsstarken Führungstalents auf den mittleren Managementebenen auch sein mag, so wenig trifft es die Realität. Denn nüchtern betrachtet müssen wir konstatieren, dass die Probleme postmoderner Gesellschaften weder vom Einzelnen als Bürger noch vom Einzelnen als Manager im Alleingang gelöst werden können. Das wissen wir zwar; an den Erwartungen, die wir an die Leistungen des Einzelnen adressieren, ändert diese Erkenntnis allerdings (noch) nichts.

Die seit Jahren andauernde Diskussion um die Professionalisierung des Managements wirkt sich deshalb so fatal aus, weil sie den Führungskräften auch weiterhin suggeriert, dass die anstehenden Herausforderungen nur durch eine Steigerung ihrer individuellen Führungsleistung gemeistert werden können. Und viele Führungskräfte akzeptieren diese Erwartung, denn sie teilen den Glauben an die besondere Bedeutung ihrer Position. Dieser »Heroismus« hat seinen Preis. Manager brennen innerlich aus, sind chronisch überlastet und auf Dauer kaum in der Lage, den Ansprüchen zu genügen, die von »oben«, von »unten« und von »außen« an sie herangetragen werden.

Die Folgen für die Unternehmen: Sowohl die Pose des »bedeutungsvollen« Vorgesetzten im Sinne: »Keine Entscheidung ohne mich!« als auch das dominierende Managementparadigma einer an Vorgaben und Kontrollen ausgerichteten Führungspraxis des »Alles muss über meinen Tisch!« führen zunehmend zu einer problematischen Entschleunigung von Informations- und Entscheidungsprozessen und damit zu einer kritischen Bremswirkung. Außerdem verstellt die Konzentration auf die Professionalisierung der Managementebenen gerade der Personalentwicklung den Blick für die längst überfällige Professionalisierung aller anderen Akteure im Unternehmen. »Da Führungskräfte in der Regel mehr Verantwortung tragen als Nicht-Führungskräfte, ist deren Förderung für das Unternehmen ohnehin lohnender als die Förderung anderer Mitarbeiter«, heißt es etwa lapidar in einem Fachbuch zum Thema »Mitarbeiter fördern«.[36] Eine Einschätzung, die einer aktuellen Studie zufolge von der Mehrheit der Personal- und Linienmanager geteilt wird: Auch für knapp 300 zum Thema »Potenziale im Unternehmen heben« Befragte rangierten »Qualifizierungsprogramme für Führungskräfte/Coaching« auf Platz 1 der Maßnahmen, dicht gefolgt von der Vorbildfunktion der Führenden, von der man sich offenbar einen prägenden Automatismus erhofft.[37]

Nach wie vor wird klar geschieden: Führungskräfte führen, Nicht-Führungskräfte werden geführt; Führungskräfte übernehmen Verantwortung, Nicht-Führungskräfte lassen sich Verantwortung abnehmen. Klares Bild – unklare Realität. Denn wo genau verlaufen in komplexen Arbeitsprozessen die Grenzen zwischen Verantwortung und bloßer Ausführung, zwischen »oben« und »unten«, zwischen Initiative und Anordnung et cetera? Auch ignoriert der einseitige Fokus auf die Vorgesetzten die wechselseitige Einflussnahme von Führenden und Geführten. Denn wenn die Geführten nicht kooperieren, wankt die Autorität der Führungskraft – Führung und »sich führen lassen« bedingen einander zwangsläufig. Dass das mehr ist als eine akademische Spitzfindigkeit, wird jeder bestätigen, der im Arbeitsalltag schon einmal die subtilen Methoden des Ausbremsens oder Unterlaufens von Führungsanstrengungen beobachten konnte. »Leadership is more than leaders«, betonen daher auch die Personalexperten Regina H. Eckert und William A. Drath. Sie fordern dazu auf, Führung als »sozialen Prozess« zu verstehen, der »auf der Interaktion von mehreren Personen« beruhe. Mitarbeitern die Rolle weitgehend formbarer, passiver Objekte des Führungshandelns zuzuweisen ignoriere, wie Kernaufgaben des Managements – Ausrichtung auf konkrete Ziele (»direction«), Organisation und Koordination (»alignment«) und Engagement für die Sache (»commitment«) – im Unternehmen tatsächlich erfüllt würden: nämlich nicht ausschließlich durch Anordnung von oben, sondern auch durch die konzertierte Aktion der Beschäftigten, die sich abstimmen, Spielregeln aushandeln, Aufgaben gemeinsam erfüllen. Statt einzelne Führungskräfte zu »entwickeln« sei es daher weit sinnvoller, auf eine verbindende Führungskultur zu setzen, die das Führungskonzept aller Beteiligten, Führender wie Mitarbeiter, reflektiere und zu beeinflussen suche.[38]

Auch diese These hält dem Praxistest problemlos stand: Nicht jede Führungskraft »funktioniert« in jedem Kontext, wissen erfahrene Personalexperten. In einer straff-patriarchalisch geführten Abteilung löst der Wechsel zu einem jüngeren und »kooperativeren« Chef vorhersagbar Irritationen aus, ebenso wie ein entschieden auftretender Vorgesetzter in einem Laisser-faire-Umfeld auf Ablehnung und Rückzug seiner »Untergebenen« gefasst sein muss. Unterschiedliche Führungskulturen wirken nicht nur bezogen auf Branchen, Unternehmensgrößen oder Inhaberstrukturen: Letztlich bildet jede Organisation einen eigenen Mikrokosmos, in dem sich im Laufe der Zeit Spielregeln der Zusammenarbeit etabliert haben, nicht nur zwischen Kollegen, sondern auch zwischen Mitarbeitern und Führenden. Wer neu hinzukommt, passt sich an oder riskiert, die Abwehrkräfte des sozialen Organismus zu aktivieren.

»Eigentlich« wissen wir also, dass alle Anstrengungen der Vergangenheit, perfekte Führungskräfte heranzubilden, nur sehr begrenzt von Erfolg gekrönt waren. Und wir wissen auch, dass einzelne Führungskräfte wenig ausrichten können, wenn die Mitarbeiter »nicht mitziehen«. Und schließlich wissen wir, dass angesichts wachsender Anforderungen an die Flexibilität, Kreativität und Wendigkeit der Unternehmen die alten Steuerungsinstrumente immer weniger ausreichen. Umso mehr erstaunt daher, dass weiterhin primär die Professionalisierung der Führungsseite thematisiert wird, die systematische Professionalisierung aller anderen Beschäftigten und ihrer Kooperationsroutinen aber weitgehend unbeachtet bleibt. Erklären lässt es sich nur vor dem erwähnten Hintergrund der spezifischen kulturellen Blickwinkel und den damit einhergehenden Wertesystemen einer unangefochtenen Individualismus-Ideologie. Es ist Zeit für einen Paradigmenwechsel.

Die Praxis: Unreflektierter Methodenpluralismus

Die Kritik an der unreflektierten Aufrechterhaltung ineffizienter Steuerungspraktiken im Management zielt also nicht zuletzt auf die Arbeit der Personal- und Organisationsentwicklungsexperten: Warum entwickelt die Personalentwicklung das Personal nicht, obwohl die Defizite bisheriger Weiterbildungsansätze kaum zu leugnen sind? Der Katalog an Qualifizierungsmaßnahmen hat sich seit Jahren kaum verändert: Man setzt auf die »bewährten« Bausteine von »*Mitarbeitergespräche führen*« bis »*Effektives Zeit- und Selbstmanagement*«, gelegentlich ergänzt um modische Trends à la »*Führen mit Pferden*« oder »*Work-Life-Balance*«. Dahinter steckt offenbar die fatale Überzeugung, über die richtigen Inhalte und die Möglichkeiten der Gestaltung von Lernprozessen schon genügend zu wissen. Tatsächlich aber zeigt gerade der Blick in die Praxis, dass nur selten Klarheit darüber besteht, woran und woraufhin man langfristig »entwickeln« soll. In der Regel fehlt es nicht nur an einem einheitlichen Verständnis so elementarer Begriffe wie Lernen, Bildung, Entwicklung, Organisation et cetera. Auch ist sich kaum ein Personal- oder Organisationsentwickler darüber im Klaren, auf welchen anthropologischen, ethischen, religiösen oder politischen Vorannahmen (Vorurteilen) er seine Arbeit betreibt. Stattdessen werden Seminare eingekauft, die einfache Lösungen für komplizierte Fragen versprechen: »*Incentive Systeme: Wie Anreize ausgestaltet werden sollten, damit sie richtig wirken*«; »*Wie erkennt man wirkliche High Potentials und macht aus Ihnen Weltklassemitarbeiter?*«; »*Managing Managers: Führungskräfte fordern und fördern*«, um aus einem beliebigen Weiterbildungsangebot zu zitieren.[39]

Manchmal kann man sich des fatalen Eindrucks nicht erwehren, dass man hartnäckig nach den richtigen Knöpfen sucht, die es zu drücken gilt, um einzelne Mitarbeiter möglichst reibungslos zu den jeweils gewünschten Verhaltensänderungen zu bewegen. Der naive Erziehungsoptimismus, der hinter dieser Hoffnung steckt und der alle Erkenntnisse der Psychologie hinsichtlich der Veränderbarkeit von Einstellungen, Gewohnheiten oder gar Charaktereigenschaften im Erwachsenenalter ignoriert, ist jüngst von einem Insider der Weiterbildungsbranche polemisch attackiert worden. Eine wirkliche Alternative zur vorherrschenden Praxis hat der wohlweislich unter Pseudonym publizierende Trainer allerdings nicht anzubieten. Gris (2008) moniert zwar, dass die Personalentwickler und Trainingsanbieter gemeinsam so tun, als sei die Weiterbildungswelt eine Scheibe. Welches Paradigma aus dieser Sackgasse herausführen könnte, lässt er jedoch offen.

Personalentwickler, die kein elaboriertes Verständnis von Führung besitzen und zudem auf der Basis allzu naiver Vorstellungen von der Entwicklungsfähigkeit von Personen und Gruppen ihr Geschäft betreiben, reproduzieren dadurch geradezu zwangsläufig jenen »kulturellen Zement«, der Unternehmen systematisch daran hindert, überkommene Führungs- und Kooperationspraktiken zu transformieren. Das größte Defizit besteht dabei noch nicht einmal in der meist nur mäßig entwickelten Bereitschaft zur kritischen Reflexion der Konsistenz und Wirksamkeit der eigenen Konzepte. Der auffälligste konzeptionelle Mangel zeigt sich zum Beispiel darin, dass kaum ein Praktiker auf diesem Arbeitsgebiet in der Lage ist, zu sagen, welche Entwicklungsoptionen er durch die Bevorzugung bestimmter Qualifikations- und Entwicklungspraktiken ausschließt.

In summa führt die Allianz von konzeptioneller Ratlosigkeit und praktischem Weiterbildungsaktionismus zu einer fast schizophrenen Situation: In guten Zeiten investieren Unternehmen in mehr oder weniger gut aufeinander abgestimmte Führungsseminare; in schlechten Zeiten kürzt man als Erstes den Weiterbildungsetat. So groß ist die Erwartung, dass Trainings zum Unternehmenserfolg beitragen könnten, dann offensichtlich doch nicht. Und so mutiert die Einsicht, dass Investitionen in das »Humankapital« des Unternehmens zu einem immer wichtiger werdenden Wettbewerbsfaktor werden[40], immer dann zum Lippenbekenntnis, wenn gemeinschaftliches Engagement besonders wichtig wäre. Viele Topmanager sehen als Folge der Veränderungen der modernen Arbeitswelt zwar relativ klar, dass das Wissen ihrer Beschäftigten zu einer, wenn nicht gar zu *der* zentralen Ressource im globalen Wettbewerb geworden ist. Gleichzeitig machen sie jedoch die Erfahrung, dass sie auch nach kostenintensiven Trainingsmaßnahmen keine »neuen« Führungskräfte zurückbekommen, sondern eben die alten, die sich im schlimmsten Fall nur über die liegengebliebene Arbeit beklagen. Meine These lautet schlicht, dass es längst überfällig ist, die herkömmliche Praxis mäßig erfolgreicher Einzeltrainings durch systematische und konzeptionell fundierte Entwicklung von Kooperationspraktiken im Arbeitsalltag zu ersetzen.

Doch den drängenden Praxisproblemen zum Trotz hat die Personal- und Organisationsentwicklung in den letzten Jahrzehnten ihre konzeptionelle Basis nicht weiterentwickelt. Die Unternehmen wandeln sich radikal, doch die Weiterbildungsexperten halten nicht Schritt, sondern passen nur hier und da ein wenig an. Standen vor 20 Jahren noch sehr deutlich fachliche Qualifikationsaspekte, insbesondere im Umgang mit neuen Informationstechnologien, im Vordergrund, so konzentriert sich die Personalentwicklung inzwischen zunehmend auf den Aufbau von so genannten Schlüsselqualifikationen wie »Lernen lernen«, »emotionale Intelligenz« und Ähnliches mehr. In der Fachliteratur besteht weitgehend Konsens, dass der Auf- und Ausbau nicht-fachlicher Fähigkeiten in Unternehmen in den letzten Jahren an Bedeutung gewonnen hat und weiter gewinnen wird. Zu dieser Veränderung beigetragen hat sicherlich die Tatsache, dass für viele Unternehmen die Altersentwicklung ihrer Belegschaft und der zu erwartende Fachkräfte- und Nachwuchsmangel ein zunehmend ernsthaftes Problem darstellt. Auch vor diesem Hintergrund wandeln sich die Erwartungen des Topmanagements an die Personal- und Organisationsentwicklung. Waren viele Vorstände und Geschäftsführer vor zehn Jahren noch damit zufrieden, wenn ihre Personalentwicklungsabteilung in der Lage war, ein halbwegs systematisch angelegtes und abwechslungsreiches Weiterbildungsangebot für ihre Führungskräfte zu organisieren, so erwarten sie gegenwärtig nicht nur kurzfristig realisierte, eng am konkreten Bedarf orientierte Unterstützungsmaßnahmen, die in Form punktueller und passgenauer Interventionen Führungskräfte wie Mitarbeiter dabei unterstützen, neu auftauchende Probleme schnellstmöglich zu beheben. Der Anspruch wächst, dass gerade die interne Personal- und Organisationsentwicklung willens und in der Lage ist, unternehmensspezifische Entwicklungs- und Veränderungsprozesse selbst zu initiieren und diese Prozesse auch kompetent zu begleiten.

Doch viele Personal- und Organisationsentwickler tun sich schwer damit, als strategischer Partner der Geschäftsführung aufzutreten. Häufig spielen sie eher »Feuerwehr« und beschränken sich im Wesentlichen darauf, dort Brände zu löschen, wo Defizite offenbar und entsprechende Wünsche der Fachabteilungen angemeldet werden. Dieses unzureichende Rollenselbstverständnis ist auch Ausdruck der mangelhaften Professionalisierung des gesamten Berufsstandes an sich. Denn bis heute existiert für den gesamten Bereich der Erwachsenenbildung kein einheitliches Theoriegebäude, auf das sich Personalentwicklung in Unternehmen stützen könnte.⁴¹ Zwar gibt es eine ganze Reihe von Ansätzen zur Personal- und Organisationsentwicklung, die aber widersprechen sich einander teilweise fundamental und bieten weder hinsichtlich ihrer Qualität noch hinsichtlich ihres Detaillierungsgrades eine in sich konsistente Plattform für den Aufbau wirksamer Qualifikations- oder Entwicklungsansätze. Der vorherrschende »Beschreibungs- und Erklärungspluralismus« demonstriert nicht viel mehr als den Versuch der verschiedensten wissenschaftlichen Disziplinen, die Deutungshoheit über dieses Feld zu erringen.⁴² Ob nun die Betriebswirtschaftslehre, die Soziologie, die Psychologie oder die berufliche Erwachsenenpädagogik letzten Endes in der Lage ist, den geeigneten Zugang beziehungsweise die richtigen Werkzeuge für den Kompetenzaufbau im Unternehmen bereitzustellen, ist nicht abzusehen.

Für die Praxis bedeutet die bestehende Methodenvielfalt, dass die meisten Konzepte und Strategien der Personal- und Organisationsentwicklung, wenn man es positiv formulieren möchte, mehr oder weniger gut improvisierte Feldversuche darstellen, deren primäres Anliegen darin besteht, ihre internen Auftraggeber zufrieden beziehungsweise ruhig zu stellen. Kaum ein Personalentwickler interessiert sich unter dem Druck seines eigenen Tagesgeschäftes dafür, ob seine Maßnahmen tatsächlich wirksam sind, ob Lernen stattgefunden hat und ein nachhaltiger Einfluss auf die Verbesserung von Arbeitsleistungen gegeben ist. Letztlich stellt die gegenwärtige Personal- und Organisationsentwicklungslandschaft gerade in großen Unternehmen nicht viel mehr als einen unternehmensinternen Dienstleistungsmarkt dar, der von beliebig wechselnden Trends und Moden in Gang gehalten wird.

Die Mängel: Relevanz – Transfer – Nachhaltigkeit

Die derzeitige Praxis der Personalentwicklung wirft also etliche Probleme auf – viele davon hausgemacht und nicht wenige von diesen Problemen noch nicht einmal erkannt. Ich möchte an dieser Stelle drei zentrale Aspekte hervorheben: die Relevanz vieler Qualifikationsinhalte für den Arbeitsalltag, die Frage des Transfers vor dem Hintergrund des üblichen

Qualifikationsprozedere sowie das Nachhaltigkeitsproblem. Über weitere Schwachstellen und Defizite, insbesondere einige Fehlentwicklungen wie den zum Teil vollkommen unsinnigen Umgang mit systemischen Beratungsansätzen, die häufig einseitige Orientierung an den so genannten High Potentials oder auch die Überbewertung pseudo-präziser Messverfahren im Sinne einer »Zollstock-Personalentwicklung« finden sich andernorts schon hinreichend gründliche Darstellungen[43].

Wer sich mit Führungskräften am Ende eines Seminars unterhält, bekommt nicht selten zu hören, die vermittelten Inhalte seien zwar durchaus interessant – aber ob das alles in der Praxis auch funktioniere …? Hinter dieser Skepsis hinsichtlich der praktischen Relevanz vermittelter Inhalte mögen im Einzelfall Trägheit und Veränderungsresistenz stecken. Dennoch offenbart sich bereits hier eine empfindliche Schwachstelle der meisten gängigen Weiterbildungsmaßnahmen: Natürlich ist es nicht in das Belieben einzelner Mitarbeiter gestellt, die in sie getätigten »Bildungsinvestitionen« zu nutzen oder zu ignorieren. Sie können aber nur nutzen und umsetzen, was in konkretem Bezug zu ihrem Arbeitsalltag steht. Und genau diese Koppelung gelingt vielen Qualifikationsprogrammen nicht. So fesselnd die Bewährungsprobe im Hochseilgarten oder die Begegnung mit einem tierischen »Coach« in Pferdegestalt gewesen sein mag, bei der Rückkehr ins Unternehmen, angesichts eines überquellenden Schreibtisches, Hunderter »dringender« E-Mails und diverser Katastrophenmeldungen verblassen diese Eindrücke rasch.

Ein Teil dieser Misere ist »systembedingt«. Denn häufig lässt man Qualifikationsprogramme von externen Trainern entwickeln. Diese externen Experten legen ihren Konzepten verständlicherweise jenes Wissen zugrunde, das sie sich in ihren jeweiligen Kompetenzfeldern angeeignet haben. Insbesondere psychologisch ausgebildete Berater neigen dabei dazu, auf populär-psychologische Konzepte von der »Work-Life-Balance« über die Familientherapie (»Unternehmensaufstellungen«) bis hin zur Kinder-Pädagogik (Outdoor-Trainings und Unternehmenstheater) zurückzugreifen, wenn diese Konzepte auf ihrem Fachgebiet gerade en vogue sind. Was für andere Zielgruppen und spezifische Problemstellungen angemessen sein mag, wird auf diese Weise in den Unternehmenskontext importiert, ohne den Sinn einer solchen Übertragung zu hinterfragen. Ich kenne eine ganze Reihe von Trainern mit vorwiegend betriebswirtschaftlichem Hintergrund, die bei Themen wie Teamentwicklung, Konfliktmanagement, kommunikative Kompetenzen (den sogenannten »Soft Skills« also) noch immer auf Konzepte aus der humanistischen Psychologie oder auf Forschungsergebnisse aus der Blütezeit der Gruppendynamik aus den 1970er Jahren zurückgreifen – wohl in der irrigen Annahme, dass es sich mit diesen Erkenntnissen wie mit einem guten Wein verhalte: je älter, desto besser.

Betrachtet man die praktische Organisation vieler Workshops und Trainingsmaßnahmen, stößt man auf ein weiteres hausgemachtes Problem: Was im Berufsalltag eingesetzt werden soll, wird in mehr oder weniger idyllisch gelegenen Seminarhotels vermittelt und geübt. Doch Transferprobleme in Qualifikationsprozessen entstehen immer dann, wenn Wissen in einem Kontext vermittelt wird, der sich gänzlich von den späteren Anwendungsbedingungen unterscheidet. Zwar ist die Tendenz, Trainingseinheiten in Seminarhotels »auszulagern«, in den meisten Unternehmen rückläufig, aber noch längst nicht überwunden. Da externe Trainer bei dieser Praxis die »Realbedingungen« im Unternehmen (wenn überhaupt) nur oberflächlich kennen, bleibt der konkrete Arbeitsalltag ausgeblendet. Dass Teilnehmer dann Probleme haben, Gelerntes ins Tagesgeschäft zu übertragen, muss im Prinzip nicht verwundern. Im Gegenteil: Erstaunlich ist anzunehmen, dass solche Qualifikationsformen von Erfolg gekrönt sein können.

Die Vorteile dieser Auslagerungspraxis liegen allesamt auf Seiten der Planer und der externen Trainer. Den Trainern bietet sie optimale Arbeitsbedingungen, da ihre Vermittlungspraktiken nicht dem Druck und den Überraschungen des Arbeitsalltages ausgesetzt werden. Und die Personalentwickler der Unternehmen können auf einen Komplettservice der Hotelbranche zurückgreifen, die mittlerweile ein weitgehend standardisiertes Umfeld aufgebaut und eine Atmosphäre geschaffen hat, in der Lernen und Erholung möglichst nahe zueinander gebracht wurden. Ob allerdings das Unternehmen, das hierfür bezahlt, auch von diesen »Arbeitserleichterungen« profitiert, mag man mit Fug und Recht bezweifeln.

Dass bei einer derartigen Praxis die Nachhaltigkeit auf der Strecke bleibt, liegt auf der Hand. Nachhaltigkeit in Bildungsprozessen ist in

Zeiten von Wissensexplosion, Informationsvielfalt und Komplexität in erster Linie über den Aufbau so genannter Meta-Kompetenzen (etwa »Lernen lernen«, »Problemlöseverhalten« oder »kommunikative Kompetenzen«) zu erreichen. Doch gerade für solche Lernergebnisse gilt, dass nur das nachhaltige Wirkung entfaltet, was relevanter Bestandteil des Arbeitsalltags möglichst vieler Beschäftigter wird. Grundsätzlich entsteht Nachhaltigkeit erst in dem Moment, in dem ein Unternehmen lernt, die spezifischen Fähigkeiten seiner Mitarbeiter nicht nur zu erkennen und zu fördern, sondern diese Fähigkeiten in jene Routinemuster einzubauen, welche die Zusammenarbeit im Arbeitsalltag dominieren. Erst mit diesem Schritt wird sichergestellt, dass individuell erworbenes Wissen kollektiv zugänglich und kollektiv gespeichert wird. Und nur diese kollektive Speicherung gewährleistet, dass Wissen auch dann noch im Unternehmen zur Verfügung steht, wenn Einzelne das Unternehmen wieder verlassen. Echte Nachhaltigkeit bedarf primär kultureller, nicht nur personeller Verankerung.

Das Ergebnis: Tennisspieler, die schlecht Fußball spielen

Auf eine bunte Mischung kaum reflektierter Maßnahmen zu setzen ist an sich schon eine riskante Strategie. Sie wird schlicht ineffizient, wenn hohe Summen in Weiterbildungsbudgets fließen, ohne ernsthaft zu prüfen, ob die damit verbundenen Zielsetzungen erreichbar sind. Und sie wird kontraproduktiv, wenn offen bleibt, ob die Vorannahmen und Praktiken, mit denen diese Ziele erreicht werden sollen, überhaupt geeignet sind, um Unternehmen besser und leistungsfähiger zu machen.

Unser gegenwärtiges Bildungsverständnis tradiert nicht nur den Individualismus des 20. Jahrhunderts; es weist auch bis in die Zeit der Aufklärung zurück. Ihr verdanken wir die Auffassung, dass der einzelne Mensch nicht nur entwicklungs*fähig* und bildungs*fähig*, sondern grundsätzlich auch bildungs*bedürftig* ist. Programmatisch deutlich wird dies in Kants bekannter Definition von Aufklärung als »Ausgang des Menschen aus seiner selbstverschuldeten Unmündigkeit« und seiner energischen

Aufforderung des *Sapere aude!*, des Mutes, sich »seines eigenen Verstandes zu bedienen«. Bildung wird im 18. Jahrhundert erstmals als notwendiges Mittel der persönlichen Entfaltung begriffen. Dieses Konzept wurde nicht nur in der Literatur propagiert (»Bildungsroman«); im gleichen Geist entstanden auch eine didaktisch orientierte Kinder- und Jugendliteratur und vermehrte Anstrengungen zur Durchsetzung einer allgemeinen Schulpflicht. Bei all dem gilt es aus heutiger Sicht jedoch im Auge zu behalten, wofür die Aufklärung stand und wogegen sie sich wandte. So weist Olbrich (2001) darauf hin, dass die Aufklärung *das* politische Projekt des entstehenden Bürgertums war – eine Bewegung gegen den Absolutismus, gegen die klerikale Bevormundung und gegen eine mittelalterliche Ständegesellschaft, die dem Einzelnen das Recht absprach, von Geburt an frei und gleich zu sein.

Mit dem für dieses Ziel entwickelten Bildungsbegriff arbeitet die Personal- und Organisationsentwicklung bis heute. Das heißt, sie orientiert sich stillschweigend an Vorstellungen, die sich in erster Linie auf die Entwicklung und Erziehung des jungen Menschen bezogen haben und auf den Gedanken der Emanzipation des Einzelnen. Wohlgemerkt: Inzwischen sprechen wir nicht mehr über die Befreiung des Individuums aus der mittelalterlichen Ständeordnung. Es geht um die Entwicklung und um die Wettbewerbsfähigkeit von Wirtschaftsunternehmen im 21. Jahrhundert. Hierbei wird ein Bildungsbegriff, der die Persönlichkeitsentwicklung jedes einzelnen Akteurs im Fokus hat, kaum mehr helfen. Was heute fehlt ist ein Bildungsbegriff, der sich an der Effizienz und Leistungsfähigkeit sozialer Hochleistungssysteme orientiert und damit theoretische Grundlagen schafft, welche die Leistungsfähigkeit kollektiver wissensbasierter Expertensysteme zum Ausgangspunkt hat.

Jede x-beliebige Profi-Sportart kann heutzutage auf Konzepte und Trainingsmethoden zurückgreifen, die ausschließlich dafür entwickelt wurden, die spezifischen Anforderungen ihrer Athleten zu optimieren. Die freie Wirtschaft hingegen »trainiert« ihre Beschäftigten noch immer vor dem Hintergrund eines politisch motivierten emanzipatorischen Bildungsbegriffs und auf dem Niveau pädagogischer Prämissen und Konzepte, die aus der Kinderpädagogik und dem Umgang mit psychisch kranken Menschen stammt.

Der Coaching-Boom der letzten Jahre führt uns nachdrücklich vor Augen, wie sehr die Qualifikationsarbeit in Unternehmen an der Vorstellung haftet, die Leistungsfähigkeit des Unternehmens hänge nahezu ausschließlich am Individuum. Wer den Begriff »Coaching« bei Google eingibt, wird mit über 67 Millionen Treffern belohnt (und bis zum Erscheinen dieses Buches dürften noch ein paar Tausend hinzugekommen sein), rund 35 000 Berater bieten nach Branchenschätzungen allein in der Bundesrepublik (auch) Coaching an. Der latente Widerspruch zwischen individueller Förderung und kollektiver Unternehmensleistung wird dabei souverän überspielt, etwa auf der Homepage des Deutschen Bundesverbandes Coaching e.V. (DBVC): »Als ein auf *individuelle* Bedürfnisse abgestimmter Beratungsprozess unterstützt ein Coaching die Verbesserung der beruflichen Situation und das Gestalten von Rollen unter anspruchsvollen Bedingungen«, heißt es dort, um nahtlos fortzufahren: »Durch die Optimierung der menschlichen Potenziale soll die wertschöpfende und zukunftsgerichtete Entwicklung *des Unternehmens/der Organisation* gefördert werden.«[44] Dass mit solchen Qualifikationsstrategien insbesondere Führungskräfte bildlich gesprochen zu Tennisspielern ausgebildet werden und sich anschließend alle darüber wundern, dass diese Tennisspieler so schlecht Fußball spielen, zeigt meiner Ansicht nach den konzeptionellen Unfug, der entsteht, wenn man weder klärt, was man will, noch erklären kann, wozu man es eigentlich benötigt, wenn man es denn schließlich hat.

Fazit: Wir benötigen eine radikal andere Form der Personal- und Organisationsentwicklung – Ansätze, die in der Unternehmenspraxis verankert sind und kollektive Praktiken der Leistungserbringung nachhaltig verändern.

Teil II

Das Ziel:
Eine effiziente Kooperationskultur

Kapitel 4

Kooperation im Unternehmen: So beeinflussbar wie das Wetter?

Entscheidend für den Erfolg eines Unternehmens ist die Güte der Kooperation aller Mitarbeiter – so meine These. Die Qualität der Zusammenarbeit bestimmt, wie flexibel, innovativ, produktiv eine Organisation ist. Einzelne, und seien sie noch so engagiert, können wenig bewegen, wenn die Kultur nicht stimmt. Im Kern ist diese These weder gänzlich neu noch völlig revolutionär. Neu und revolutionär ist jedoch die Überzeugung, dass man die Art, wie Menschen in Unternehmen kooperieren, systematisch beeinflussen und gezielt verbessern kann. Wenn bislang die Unternehmenskultur oder das »Abteilungsklima« ins Blickfeld rücken, beschränken sich konkrete Maßnahmen häufig auf allgemeine Versuche, für eine bessere Arbeitsatmosphäre zu sorgen – etwa durch Teamtrainings, durch Incentives (zum Beispiel spektakuläre Seminarreisen), durch die betriebsüblichen Feiern. Doch die Hoffnung, Gemeinschaftserlebnisse würden sich schon »irgendwie« positiv auf die Zusammenarbeit auswirken, erfüllt sich selten. In anderen Fällen setzt man auf zeitraubende Leitbild-Diskussionen abseits des Arbeitsalltags, mit dem Risiko, dass die vereinbarten Grundsätze die Praxis kaum verändern.

Wird Kooperation nicht als atmosphärisches Thema begriffen, wird sie als Regelungsthema gehandhabt und – im Einklang mit dem technomorphen Unternehmensverständnis – zum Beispiel unter dem Stichwort »Prozessoptimierung« diskutiert. Die Hoffnung hier: (Noch) mehr Regelungen, Vorschriften, Checklisten und Formulare werden es schon richten und die Zusammenarbeit verbessern. Doch neue Vorschriften und Checklisten ändern nichts an Bereichsegoismen und Partikularinteressen. Kein Wunder, dass die meisten Unternehmensangehörigen sich mit der Kultur und ihren jeweiligen Praktiken arrangieren wie mit dem Wetter. Dabei wissen wir aus der Soziologie, insbesondere aus der Systemtheorie und Raumsoziologie längst, dass Gruppenprozesse kein Naturereignis sind. Man kann erklären, auf welcher Basis sie fußen. Kennt man diese Grundlagen und Prinzipien, kann man sie auch gezielt beeinflussen. Es lohnt sich also, einmal hinter die Kulissen unseres sozialen Handelns zu blicken: Welchen Regeln folgt man eigentlich, was wir im Alltag ganz selbstverständlich tun – mehr oder weniger gut mit anderen kooperieren?

Der Alltagsbefund: Gute versus schlechte Kooperation

Menschen sind auf Kooperation angewiesen. Als isolierte Einzelwesen haben wir in modernen arbeitsteiligen Gesellschaften keine Überlebenschance. Sich mit anderen abstimmen, sich auf Termine, Orte oder Verfahrensweisen einigen und sich an Vereinbarungen halten, Verantwortung übernehmen und Feedback geben, Konflikte austragen oder Kompromisse aushandeln: Solche Handlungsmuster lernen wir schon im Kindesalter. Und schon früh machen wir die Erfahrung, dass es Kontexte gibt, in denen die Zusammenarbeit besser klappt und solche, in denen ständig Sand im Getriebe ist. Dies setzt sich am Arbeitsplatz fort. Es gibt Unternehmen und Abteilungen, in denen überwiegend ergebnisorientiert, effizient und mit hohem Verantwortungsbewusstsein zusammengearbeitet wird, und solche, in denen das Pochen auf Zuständigkeiten und Stellenprofile, Dienstwegmentalität und Freizeitorientierung oder auch Konkurrenzkämpfe, Missgunst und Ellenbogenmentalität dominieren. Im angelsächsischen Sprachraum spricht man im zweiten Fall auch von »vergifteten« (poisoned) Organisationen, verbunden mit dem Tipp, möglichst rasch das Weite zu suchen, wenn man sich mit diesem unguten Klima nicht arrangieren könne.

Wir alle haben also eine intuitive Vorstellung davon, was »gute« und was weniger gute Kooperation ist, und können diese Einschätzung im Blick auf Arbeitskontexte zumeist auch anekdotisch belegen. Jenseits solcher Einzelbelege lassen sich gute und schlechte Kooperationsmuster in erster Annäherung so voneinander abgrenzen wie in Abbildung 1 dargestellt.

Abbildung 1: Kooperationsmuster im Unternehmen

Kooperationsmuster im Unternehmen

Gute Kooperationsmuster im Unternehmen

- Zwischen den Akteuren findet ein intensiver Austausch statt. Die Kommunikation kreist vorwiegend um Fachthemen und die Lösung von Aufgaben und Problemen.

- Zwischen den Akteuren wird überwiegend direkt kommuniziert. Medien wie Videokonferenzen, Telefon und E-Mail werden nur eingesetzt, um die direkte Kommunikation zu ergänzen. Das persönliche Gespräch wird durch Schriftverkehr ergänzt.

- Die Akteure organisieren ihr Tagesgeschäft untereinander auch über Zuständigkeitsgrenzen hinweg weitgehend selbst.

- Bei Arbeitsproblemen wird rasch der Kontakt mit möglichst vielen Kollegen gesucht. Unterschiedliche Blickwinkel, Erfahrungen und Fachexpertisen werden genutzt, um zügig zu einer Lösung zu gelangen.

- Schwierigkeiten in der Zusammenarbeit werden offen und direkt unter den Beteiligten, auch ohne die Einbindung der direkten Vorgesetzten, angesprochen und zeitnah aus der Welt geräumt.

- Die Akteure denken für andere mit. Sie wissen nicht nur um die Kernarbeitsprozesse in ihrem direkten Zuständigkeitsbereich, sondern auch um die Kernarbeitsprozesse in den Bereichen, die in ihrem Umfeld vorgelagerte oder nachgelagerte Arbeitsprozesse betreuen. Ein regelmäßiger Austausch findet über Zuständigkeitsgrenzen hinweg statt.

- Diskussionen um die Qualität von Kooperationsprozessen haben einen festen Platz in der alltäglichen Abstimmungsarbeit. Die Akteure wissen um die Erwartungen von Kollegen und sind in der Lage, ihre eigenen Erwartungen an das Kooperationsverhalten anderer konstruktiv zu kommunizieren.

- Der spontane, situative Austausch über Hierarchieebenen und Bereichszuständigkeiten hinweg stellt eine Selbstverständlichkeit dar.

- Die Arbeitsatmosphäre im gesamten Unternehmen wird von einem freundlichen Umgangston und aktiven und ergebnisorientierten Umgangsformen geprägt. Cliquenbildung ist kaum auszumachen.

Schlechte Kooperationsmuster im Unternehmen

- Zwischen den Akteuren findet Austausch statt. Die Kommunikation kreist jedoch vorwiegend um Personen und Persönliches. Tratsch steht im Mittelpunkt.

- Zwischen den Akteuren wird überwiegend über Medien, insbesondere über E-Mail, kommuniziert. Schriftverkehr ersetzt weitgehend das persönliche Gespräch.

- Die Akteure organisieren ihr Tagesgeschäft untereinander kaum ohne die Anweisung von Vorgesetzten.

- Bei Arbeitsproblemen „wurstelt" jeder vor sich hin und versucht, das Problem alleine zu lösen. Kollegialer Austausch und die Bitte um Unterstützung wird eher als Kompetenzdefizit und Schwäche denn als Kooperationsinitiative betrachtet.

- Schwierigkeiten in der Zusammenarbeit werden selten offen angesprochen. Vorgesetzte werden in der Regel benötigt, um zwischen Kollegen oder zwischen Bereichen/Abteilungen zu vermitteln.

- Die Akteure denken nicht für andere mit. Sie orientieren ihr Informations-, Entscheidungs- und Planungsverhalten ausschließlich an ihren eigenen Kernarbeitsprozessen. Ein Austausch über Zuständigkeitsgrenzen hinweg findet kaum statt.

- Diskussionen um die Qualität von Kooperationsprozessen finden kaum statt. Die Akteure wissen nichts über die Kooperationserwartungen anderer Kollegen und sind auch kaum in der Lage, ihre eigenen Erwartungen an das Kooperationsverhalten anderer konstruktiv zu kommunizieren.

- Der Austausch über Hierarchieebenen hinweg ist streng formalisiert. Kommuniziert wird vorrangig über strukturell stark verankerte Gremien, in denen sich die Teilnehmer zumeist in hierarchisch oder fachlich homogenen Gruppierungen austauschen.

- Die Arbeitsatmosphäre im Unternehmen ist sehr heterogen; Cliquenbildung und soziales Abschottungsverhalten dominieren das Klima und den Umgang untereinander.

Gute Kooperationsmuster im Unternehmen	Schlechte Kooperationsmuster im Unternehmen
- Führungskräfte gehen offen mit Interessengegensätzen zwischen Zuständigkeitsbereichen um. Lösungen werden auf allen Ebenen auf dem Verhandlungsweg gesucht.	- Führungskräfte gehen nicht offen mit Interessengegensätzen zwischen Zuständigkeitsbereichen um. Lösungen werden vorrangig über die formalen Entscheidungswege und hierarchischen Strukturen gesucht.
- Die Entscheidungswege und -prozesse im Unternehmen sind weitgehend transparent. Von Entscheidungen betroffene Akteure werden häufig in den Entscheidungsprozess eingebunden. Getroffene Entscheidungen werden in der Regel begründet.	- Entscheidungswege und -prozesse im Unternehmen sind weitgehend intransparent. Die von Entscheidungen betroffenen Akteure wissen häufig weder, dass Entscheidungen getroffen werden, noch von wem und warum sie so und nicht anders getroffen werden.

Wo würden Sie Ihr Unternehmen, Ihre Abteilung ansiedeln? Die meisten Organisationseinheiten werden sich vermutlich irgendwo auf einem Kontinuum zwischen diesen beiden Extremen wiederfinden. Die exzellenten Kooperationsmuster, die die linke Tabellenspalte skizziert, sind zweifellos ein Idealzustand, für den man etwas tun und die richtigen Rahmenbedingungen schaffen muss. Und um es gleich vorwegzunehmen: Dies ist exakt die Form der Zusammenarbeit, die »soziale Hochleistungssysteme« auszeichnet – Arbeitseinheiten, deren Überlegenheit im Wettbewerb gesichert ist und die das Ziel jeder Veränderung von Kooperationspraktiken sind.

Das Dilemma: Mitarbeiter, die sich als passive Umsetzer verstehen

Gute Kooperationsmuster zeichnen sich durch ein hohes Maß an Eigeninitiative und Eigenverantwortung der Beteiligten auf allen Hierarchieebenen aus, ferner durch Sachorientierung und Flexibilität, wie die obige Übersicht zeigt. Diese Grundtendenz trifft man in der Praxis heute am ehesten in überschaubaren mittelständischen Einheiten an. In Konzernstrukturen und Großbürokratien dominieren dagegen nicht selten Zuständigkeitsdenken und Absicherungsmentalität. Wer wie wir als Beratungsunternehmen antritt, um vor Ort Kooperationspraktiken zu analysieren und gemeinsam mit den Akteuren zu verändern, stößt in den ersten Meetings daher auf deutliche Irritation. Er sieht sich häufig mit Beschäftigten konfrontiert, die auf die Ankündigung eines Veränderungsprozesses reserviert und auf die Frage nach eigenen »Anregungen« oder »Vorstellungen« mit Unverständnis reagieren. Die Zusammenarbeit zu optimieren, Überlegungen zur Steigerung der Unternehmensproduktivität anzustellen, sei nicht Aufgabe der Mitarbeiter, so die Grundhaltung: »Dafür werden unsere Führungskräfte schließlich bezahlt!« Auch wenn beklagt wird, dass die aktuelle Arbeitssituation unbefriedigend sei, verlagert man die Verantwortung dafür auf andere, die Vorgesetzten eben, Nachbarabteilungen, Kollegen: »Dafür bin ich nicht zuständig!« Auch das Denken in hierarchischen Strukturen bremst eigene Vorstöße aus: »Wir können doch nicht die Vorgaben unseres Abteilungsleiters infrage stellen!« Dies führt im Extremfall dazu, dass die Mitarbeiter an der Basis wissen, dass bestimmte Managementdirektiven so nicht umsetzbar sind oder nicht die gewünschten Ergebnisse erzielen werden, sich aber dennoch in gleichgültiges bis resigniertes Schweigen hüllen. Einen Vorwurf kann man ihnen schwerlich machen: Sie halten sich nur an die Spielregeln, nach denen das Unternehmen bislang funktioniert hat.

Diese Regeln sind einfach: Wer Führungskraft ist, der ergreift die Initiative und gestaltet. Wer Nicht-Führungskraft ist, der reduziert seine Funktion in der Regel auf die Rolle des passiven Empfängers von Vorgaben und Anweisungen. Natürlich werden hier viele widersprechen. Schließlich arbeiten Mitarbeiter heute nicht nur hart, sondern in ihren jeweiligen Zuständigkeitsbereichen auch weitgehend eigenständig an einer Vielzahl von Aufgaben, ohne kontinuierlich auf die Anweisung irgendeines Vorgesetzten zu warten. Lenkt man den Blick allerdings aufs Ganze, auf die Gestaltung von Aufgabenbereichen und die Steuerung des Unternehmens insgesamt, so wird diese Differenz sehr wohl deutlich. Denn die Mehrheit der Beschäftigten (inklusive ihrer Vorgesetzten auf den mittleren Führungsebenen!) geht noch immer von der Vorstellung aus, dass für die Vorgabe von Zielen, die Festlegung von Strategien, das Setzen von Prioritäten, kurz, für fast alle steuerungsrelevanten Aspekte der Gestaltung der »Unternehmensperformance« einige wenige Manager an der Spitze verantwortlich sind, während allen anderen noch immer traditionellerweise die Rolle der Ausführenden zufällt.

Dass diese Aufgabenverteilung zunehmend weniger funktioniert, liegt meiner Ansicht nach weniger an einem Mangel an Kunstfertigkeit auf Seiten des Topmanagements. Vielmehr zeigt sich daran, dass die Komplexität einer modernen Arbeitswelt nicht mehr bewältigt werden kann, wenn ausgerechnet jene Akteure, die direkt am Markt, direkt am Kunden oder direkt an den konkreten Problemstellungen arbeiten, der Klärung steuerungsrelevanter Prozesse im Unternehmen weitgehend passiv zuschauen. Es ist diese Passivität, die noch immer tief in den kulturellen Praktiken der Unternehmen verwurzelte Trennung von Planung und Ausführung, diese kollektive Selbstbeschränkung der Beschäftigten auf die Rolle des Befehlsempfängers, die den eigentlichen Professionalisierungsstau in vielen Unternehmen darstellt.

Die Professionalisierung der Rolle aller Beschäftigten im Unternehmen macht den Manager so wenig überflüssig, wie die aktive Gestaltung eines Fußballspieles durch die Spieler auf dem Platz den Fußballtrainer überflüssig macht. Allerdings werden sich die Aufgaben und die Funktionen des Managements in den kommenden Jahrzehnten ebenso verändern, wie sich die Trainingsmethoden und die Spielweise im Profifußball in den letzten Jahrzehnten gewandelt haben. Wer sich heute ein Spiel der Fünfzigerjahre ansieht, empfindet es unweigerlich als langsam und statisch. Mit dem temporeichen und taktisch komplexeren Spiel von heute hat das nur noch wenig zu tun. Zementierte »Aufgabenteilungen« gehören im modernen Mannschaftssport längst der Vergangenheit an. Welche Mannschaft in der Champions League spielt heute noch »Manndeckung«? Was im Bild des Sports spontan plausibel erscheint – das eigenverantwortliche flexible Zusammenspiel der Beteiligten als maßgeblicher Erfolgsgarant – irritiert viele Manager (und ihre Mitarbeiter!), wenn es um Unternehmensführung geht. Doch gibt es bereits erste Unternehmen von Google bis Gore, die einen neuen Weg gehen (siehe Kapitel 1). Und es werden immer mehr. Zu ihnen gehört beispielsweise auch die Freudenberg-Gruppe, mit 34 000 Mitarbeitern in über 50 Ländern und über 5 Milliarden Euro Jahresumsatz eines der größten Familienunternehmen Deutschlands. Das Unternehmen setzt auf dezentrale Strukturen, Eigenständigkeit und Eigenverantwortung. »Es ist der kulturelle Klebstoff, der den diversifizierten Konzern zu einem Ganzen verknüpft. Wir operieren wenig mit Anweisungen von oben. Vielmehr wollen wir Netzwerke. Die Leute müssen sich treffen und austauschen können. Den Rest organisieren sie dann schon selbst«, so Martin Stark, Mitglied der Unternehmensleitung 2008 im Gespräch mit dem Wirtschaftsmagazin *Brand eins*.

Dass kollektive Strukturen hierarchisch organisierten Prozessen überlegen sein können, sickert spätestens seit James Surowieckis Bestseller *Die Weisheit der Vielen* stärker ins Alltagsbewusstsein durch. Anhand zahlreicher Beispiele belegt der Autor, dass Gruppen tatsächlich »klüger« sein können als einzelne Experten.[45] Ein gutes Beispiel für Surowieckis These ist die Internet-Enzyklopädie Wikipedia, die mangels einer zentralen Steuerungsinstanz gerne als unzuverlässig und hochgradig fehlerhaft kritisiert wird. Doch bereits 2005 wies das angesehene Wissenschaftsmagazin *Nature* mithilfe unabhängiger Gutachter nach, dass Wikipedia es hinsichtlich der Fehlerquote durchaus mit der ehrwürdigen *Encyclopedia Britannica* aufnehmen kann. Bei Wikipedia fanden die Experten pro Artikel im Schnitt vier Ungenauigkeiten, in der Britannica im Schnitt drei.[46] Ich wage die Prognose, dass das Weblexikon inzwischen weiter aufgeholt hat.

Kaum ein Unternehmen wird in Zukunft mehr tolerieren können, dass sich 90 Prozent seiner Beschäftigten auf die Rolle des passiven Empfängers von Anweisungen und Vorgaben zurückziehen. Kaum ein Unternehmen wird tolerieren können, dass Fragen der Steuerung und Kontrolle, der Entwicklung von Strategien oder der Einführung neuer, effizienter Formen der Zusammenarbeit nicht von den Betroffenen selbst erarbeitet werden, sondern alleinige Aufgabe einiger weniger Manager bleibt. Komplexe Systeme erfordern die Entwicklung komplexer Rollenkompetenzen. Und zwar auf allen Seiten. Das heißt, die sozialen Verhältnisse, sozialen Erwartungen sowie alle rollenspezifischen Selbst- und Fremdzuschreibungen, die das Verhältnis zwischen Führungskräften und Beschäftigten weiterhin auf das »Herr-Knecht-Niveau« herunterregulieren, müssen aufgelöst werden. Vielmehr müssen alle Akteure im Unternehmen daran beteiligt werden, eine leistungsorientierte Kooperationsgemeinschaft aufzubauen, die das System als Ganzes in die Lage versetzt, sich im Wettbewerb mit anderen erfolgreich zu behaupten. Auf dieser Erkenntnis basiert die Entwicklung von Unternehmen zu kollektiven Hochleistungssystemen. Denn eines ist gewiss – wer in den Märkten der Zukunft erfolgreich sein will, der muss alle seine Kräfte bündeln.

Die wissenschaftliche Perspektive: Merkmale sozialer Systeme

Das soziale Handeln der Menschen ist Gegenstand zahlreicher Disziplinen von der Rollentheorie über die Forschung zu Gruppen und systemtheoretischen Ansätzen bis zur Raumsoziologie. Sie alle verbindet der nüchtern-sezierende Blick auf unser selbstverständliches Tun im Alltag. Um einen ersten Einstieg in die Thematik zu finden, bietet sich die Beschäftigung mit einigen Konzepten an, die aus der modernen Systemtheorie stammen.

So heterogen die Ansätze der Systemtheorie im Detail sein mögen, es eint sie das Grundaxiom, dass der Blick auf die Wechselwirkungen vernetzter Phänomene der künstlichen Isolierung von Einzelphänomenen vorzuziehen ist. Erst die Konzentration auf die systemischen Zusammenhänge wird der realen Vielfalt und Komplexität gerecht. »Systeme« lassen sich dabei grob als dynamische Einheiten charakterisieren, deren Komponenten aufeinander einwirken und die so ein komplexes Ganzes erzeugen, das über Eigenschaften einzelner Bestandteile des Systems hinausgeht. Systeme bilden ferner Einheiten, die von ihrer Umgebung abgrenzbar sind, die jedoch – im Falle offener Systeme – von außen beeinflussbar sind. Der menschliche Organismus lässt sich ebenso als »System« analysieren wie soziale Gruppen oder übergeordnete Gesellschaftsordnungen.

Was hat all das mit der Kooperation im Unternehmen zu tun? Der intuitive Befund, dass Unternehmenskulturen unabhängig von einzelnen Akteuren ein »Eigenleben« zu führen scheinen, wird erklärbar, wenn man Unternehmen als soziale Systeme versteht. Kultur ist das, was sich im Arbeitsalltag sozialer Systeme im Unternehmen manifestiert. Sie wird greifbar in den sozialen Praktiken, den Kooperationsmustern, die typisch sind für die Art und Weise, wie Menschen in eben diesem System zusammenarbeiten. So wird in einer auf Standardisierung und Archivierung ausgerichteten bürokratischen Unternehmenskultur beispielsweise anders kooperiert als in einem Unternehmen, das auf Flexibilität, Kundenorientierung, dezentrale Organisation und Eigenverantwortung setzt. Das betrifft die Direktheit der Kommunikationswege ebenso wie zum Beispiel die Praktiken der schriftlichen und mündlichen Mitteilungen oder die Geschwindigkeit, mit der Entscheidungen getroffen werden. Solche Praktiken sind zwar relativ stabil und zählebig, jedoch nicht völlig unveränderbar. Allerdings setzt eine Modifikation die Umstellung jener Routinemuster im System voraus, die diese Praktiken kontinuierlich rekonstruieren. Die Modifikation der kulturellen Verhältnisse im Unternehmen kann nicht von einzelnen Akteuren, sondern ausschließlich in und zwischen sozialen Systemen erfolgen. Um hier richtig anzusetzen, muss man verstehen, wie ein soziales System »tickt«.

Kennzeichnend für die moderne Systemtheorie ist, dass sie Gruppen einen »ontologischen« Status zuspricht, das heißt von einer eigenen Seinsweise von Gruppen als Ganzheiten (»Systemen«) ausgeht, die es als kollektive Phänomene zu analysieren gilt.[47] Daraus ergibt sich, dass es legitim ist, nach dem »Handeln« oder dem »Gedächtnis« einer Gruppe zu fragen. Derartige Fragen waren in der klassischen Sozialpsychologie tabu. Dort galt der Grundsatz, dass man das Verhalten von Gruppen aus dem Verhalten einzelner Mitglieder ableiten müsse. Denn Gruppen können danach weder denken, noch fühlen, noch handeln – das könne nur ein Individuum.[48] Ein Irrtum, wie die Systemtheorie zeigt.

Systemtheoretiker betrachten die Entstehung sozialer Systeme als einen stufen- oder phasenartigen Entwicklungsvorgang, der wiederkehrende Begegnungen der beteiligten Akteure voraussetzt. Eine Schulklasse, eine Arbeitsgruppe oder auch eine Fußballmannschaft, die sich regelmäßig zum Training trifft, erfüllen diese Voraussetzung. Eine wesentliche Vorstufe sozialer Systeme sind soziale »Quasi-Systeme«[49], die sich schon bei selteneren Zusammentreffen herausbilden. Im Unternehmen ist dies beispielsweise dann der Fall, wenn zunächst fremde Akteure im Rahmen meist flüchtiger Begegnungen (in Besprechungen, bei Projekten) aufeinander treffen. Bereits hier finden einfache Formen sozialer Interaktionen wie Begrüßung, Blickkontakte, Smalltalk statt. Eine solche Gruppe lässt jedoch jenen gemeinsamen Erfahrungshintergrund vermissen, den wir als »kollektives Gedächtnis« weiter unten diskutieren werden; und auch jene eingeschliffenen Routinemuster sozialen Verhaltens, die etwa für über viele Jahre zusammenarbeitende Teams kennzeichnend sind, sucht man hier vergeblich. Doch schon solche vorläufigen Kontaktaufnahmen basieren auf einer wichtigen Voraussetzung, ohne die ein soziales System nicht entstehen kann, nämlich in der direkten wechselseitigen Wahrnehmung zwischen Menschen – ihrer physischen Ko-Präsenz.

Warum bilden sich immer dort, wo Menschen aufeinander treffen, so rasch gemeinsame soziale Routinen und Verhaltensmuster heraus? Wieso kann man bereits nach drei gemeinsamen Tagen mit bis dato Unbekannten (etwa in einem Führungsseminar, auf einer Gruppenreise) beobachten, dass sich rasch Routinen und Gewohnheitsmuster zu etablieren beginnen (und sei es nur bei der Sitzordnung), dass sich Rollen innerhalb der Gruppe herausbilden (die Kritiker, die Enthusiasten, die Aktiven, die Stillen ...), sogar, dass Anspielungen, Kodes und Scherze, die nur Gruppeninsider verstehen, darauf hindeuten, das sich erste Ansätze für den Aufbau einer gemeinsamen, kollektiven Identität entwickeln? Der britische Soziologe Anthony Giddens erklärt dies unter Berufung auf Erkenntnisse der Psychoanalyse wie Soziologie[50] in seiner »Strukturationstheorie« mit dem großen Stellenwert, den das Phänomen der »Routinisierung« für die menschliche Existenz hat.[51] Schon die Entwicklung des kindlichen Ich-Bewusstseins ist eng mit der Routinisierung spezifischer Fähigkeiten wie Laufen oder Sprechen verknüpft. Derselbe Mechanismus bleibt auch für die Stabilisierung von Persönlichkeitsstrukturen bei Erwachsenen konstitutiv. Auch der erwachsene Mensch ist zur Ich-Festigung auf die kontinuierliche Reproduktion spezifischer Ausdrucksformen wie Handlungen, Haltungen, Überzeugungen angewiesen. Wir vergewissern uns durch »beruhigende« Routinen quasi unserer selbst, gewinnen innere Stabilität. Gleiches gilt für soziale Systeme: Wiederkehrende soziale Begegnungen und eingeschliffene Formen sozialer Interaktion – Gewohnheitsmuster in der Zusammenarbeit – sorgen für Stabilität, erhalten das System quasi »am Leben«. Sie reduzieren Komplexität und geben überdies dem Einzelnen Sicherheit. Eine Welt, in der wir jeden Morgen am Arbeitsplatz die Modalitäten der Zusammenarbeit neu kennenlernen und aushandeln müssten, wäre ungeheuer anstrengend. Denken Sie an die ersten Tage in einer neuen Position und daran, wie erschöpft man abends nach Hause geht, auch ohne tagsüber große Dinge bewegt zu haben.

Für den Aufbau sozialer Systeme sind darüber hinaus sowohl zeitliche wie auch räumliche Aspekte von Bedeutung, so Giddens. Wiederkehrende soziale Begegnungen gliedern und strukturieren unser Alltagsleben in Raum und Zeit und erzeugen so allererst jene übergeordneten sozialen Strukturen, an denen wir teilhaben und in denen wir uns wie selbstverständlich bewegen. Kennzeichnend für soziale Begegnungen ist dabei insbesondere, wie wir uns im Rahmen dieser Begegnungen aktiv im Raum organisieren – wie Menschen sich zueinander positionieren, ob sie Blickkontakt aufnehmen oder sich abwenden, spielt hier ebenso eine Rolle wie die Art und Weise, in der ein bestimmtes Terrain genutzt oder umgekehrt durch dessen Nutzung geprägt wird. Ob wir im Großraumbüro arbeiten, »Auge in Auge« mit unseren Kollegen oder in einer Reihe von Einzelbüros hinter verschlossenen Türen unserer Tätigkeit nachgehen, prägt soziale Verhaltensmuster unweigerlich mit.

Wir erfinden uns nicht in jeder Situation neu, sondern folgen bewussten oder unbewussten Spielregeln. Und dass wir unser Verhalten, unsere Empfindungen, Haltungen und Wertvorstellungen nicht permanent reflektieren, liegt nicht zuletzt daran, dass wir eingebettet in übergeordnete soziale Systeme agieren, die eben diese Verhaltensweisen, Empfindungen, Haltungen und Wertvorstellungen teilen. In der Sprache der Soziologen: Soziale Systeme basieren auf sozialer Interaktion. Wiederkehrende soziale Interaktionen bilden kulturelle Muster aus, an denen sich wiederum zukünftige soziale Interaktionen orientieren. Erkennt man diese Muster, kennt man die Bezugsgrößen und Funktionsmechanismen dieser Systeme. Verändert man diese Muster, verändert man das soziale System.

Kooperation im Unternehmen: Arbeitsbasierte soziale Systeme versus soziale Hochleistungssysteme

Wenn von Zusammenarbeit in Unternehmen die Rede ist, wird bislang vorwiegend mit den Begriffen »Team« und »Arbeitsgruppe« operiert.

Ursprünglich war der Teambegriff dabei für qualitativ hochwertigere Kooperationsformen reserviert, für eine intensive ergebnisorientierte Zusammenarbeit, die unterschiedliche Kompetenzen bündelt. Teams waren zumindest dem Anspruch nach stark auf eine gemeinsame Erledigung komplexer Aufgaben verpflichtet. Ein Team arbeitet nicht »irgendwie« zusammen, sondern richtet die Zusammenarbeit in einer gemeinsamen Anstrengung auf ein bestmögliches Ergebnis aus. Dazu gehört auch ein höherer Grad an Reflektion dessen, was man tut und eine stärkere gegenseitige Bindung der Teammitglieder. Inzwischen ist der Teambegriff so verwässert, dass er quasi synonym mit dem der Gruppe verwendet wird. Arbeitsgruppen sind im ursprünglichen Begriffsverständnis durch eine gemeinsame Aufgabenerledigung definiert, ohne dass damit ein Werturteil über die Qualität dieser Erledigung verbunden wäre.

Vor dem Hintergrund dieser abgenutzten Begrifflichkeiten und weil es mir darum geht, die gesamte Diskussion um Kooperation in Arbeitsgruppen oder Teams auf eine breitere, weil alle Beschäftigten in einem Unternehmen umfassende Basis zu stellen, spreche ich im Hinblick auf die Kooperationspraktiken im Unternehmen von »arbeitsbasierten sozialen Systemen« auf der einen und »sozialen Hochleistungssystemen« auf der anderen Seite. Arbeitsbasierte soziale Systeme betrachte ich dabei als eine Art Vorstufe für den Aufbau leistungsstarker Kollektivsysteme. Jede formelle oder informelle Arbeitsgruppe im Unternehmen bildet aus dieser Blickrichtung betrachtet also ein arbeitsbasiertes soziales System, aber nicht jede Arbeitsgruppe agiert wie ein soziales Hochleistungssystem.

Schon arbeitsbasierte soziale Systeme zeichnen sich jedoch durch eine ganze Reihe formeller wie informeller Kooperationspraktiken aus. Formelle Kooperationspraktiken bezeichnen die offiziell geregelten Prozessabläufe und Formen der Zusammenarbeit, wie sie sich in Meetings, Checklisten, Arbeitsanweisungen, Dienstwegen niederschlagen. Informelle Formen der Kooperation sorgen als »stille soziale Leistungen« dafür, dass insbesondere dort, wo Störungen auftreten oder formale Richtlinien und Vorschriften fehlen, der Betrieb weiterläuft. Wie bedeutungsvoll dieser Faktor im Unternehmen ist, darauf weisen Ergebnisse aus der Altruismusforschung hin. Sie zeigen zum Beispiel, dass ganz ursprüngliche soziale Praktiken wie Helfen, Schenken oder Teilen einen enormen Einfluss auf das kooperative Verhalten von Akteuren in Arbeits- und Wirtschaftsprozessen haben.⁵² Ob Kollegen grundsätzlich bereit sind, sich gegenseitig zu unterstützen, oder sich hinter Zuständigkeiten verschanzen, macht im Arbeitsalltag einen erheblichen Unterschied. Das beginnt schon beim Abheben des Hörers am Nachbarschreibtisch, wenn der Kollege kurz den Raum verlassen hat, und es endet beim bereitwilligen Austausch von Know-how und Informationen, ohne daraus einen direkten persönlichen Nutzen zu ziehen. In komplexen Organisationen nehmen informelle Formen der Kooperation in zunehmendem Maße eine wichtige Aufgabe wahr, da sie den Akteuren helfen, auf unvorhergesehene Ereignisse, spontane Planabweichungen et cetera situativ adäquat und flexibel zu reagieren.⁵³ Gerade soziale Hochleistungssysteme leben davon, dass Mitarbeiter bereit sind, auch ohne formale Vorgaben Probleme zu lösen und dabei ergebnisorientiert miteinander zu kooperieren. Zwei Beispiele, die diesen Unterschied vor Augen führen:

Beispiel 1: Pakete im Niemandsland

Eines der größten Beratungsprojekte, das unser Unternehmen in den letzten Jahren durchführte, fand in einer riesigen Lagerhalle in der Nähe der holländischen Grenze statt. Dort war das Logistikzentrum von Wal-Mart angesiedelt. Die US-Einzelhandelskette versuchte damals, auf dem deutschen Markt Fuß zu fassen. Durch die Lagerhalle zog sich ein monströses, zweistöckiges Fließband, das von der einen Seite kontinuierlich mit den Paketladungen gefüttert wurde, die Entladeteams zuvor an den jeweiligen LKW-Rampen auf das Fließband hinaufbeförderten. Auf der anderen Seite wurden die Pakete nach der Sortierung durch das Band von so genannten Packteams in verschiedenen Zonen abgelagert. Die Zonen der einzelnen Packteams waren dabei durch dicke weiße Linien auf dem Hallenboden markiert. Nun kam es gelegentlich vor, dass eines der Pakete unbemerkt vom Band oder von einem der Gabelstapler fiel, die in hohem Tempo durch die Halle summten. Und es kam vor, dass dieses Paket nicht in eine Zone, sondern in das »Niemandsland« zwischen zwei Markierungen fiel. Das hatte zur Folge, dass diese Pakete stundenlang unbearbeitet liegen blieben, da sich weder die Teamleiter noch die Teams selbst für derartiges Strandgut zuständig fühlten. Am Ende der Schicht kam es unter den Teamleitern regelmäßig zum Streit darüber, wer nun diese gestrandeten Pakete wegzuräumen hatte.

Beispiel 2: Improvisierte Problemlösung in der Gepäcklogistik

Die Gepäckabfertigung in modernen Großflughäfen ist eine komplexe logistische Leistung: Tausende von Gepäckstücken müssen in kürzester Zeit zuverlässig ver- und entladen und an den richtigen Bestimmungsort transportiert werden. Verkompliziert wird dies durch den Gepäcktransfer für umsteigende Passagiere. Das ganze System ist hochgradig störanfällig, nicht nur durch EDV-Probleme wie beim tagelangen Gepäckchaos anlässlich *der* Neueröffnung eines neuen Terminals in London-Heathrow 2008, sondern auch durch technische Pannen (zum Beispiel den Ausfall der Transportbänder) oder einfach durch sich verkeilende Gepäckstücke. Mit einer Haltung wie im Wal-Mart-Lager käme dieser Gepäckfluss vermutlich immer wieder zum Erliegen. Mitarbeiter in der Gepäcklogistik sind daher Meister im Improvisieren beim Beheben kleinerer Störungen, hat der Sozialforscher Jörg Potthast beobachtet. Der Ethnograf vom Wissenschaftszentrum Berlin begleitete Wartungstechniker und Packkräfte in Heathrow und stellte fest, dass zahlreiche Pannen spontan im laufenden Betrieb behoben werden. So wird eine Schwachstelle, an der immer wieder Koffer aus Transportwagen rutschen, wenn deren Fahrt ins Stocken gerät, durch Anbringen einer zusätzlichen Leitplanke schnell und elegant gelöst. In einem anderen Bereich werden bei Ausfall eines Transportbandes Hunderte Koffer von Hand weitergeschoben, während parallel das Band wieder instand gesetzt wird. Die offiziellen Regeln sehen im ersten Fall das Anfordern texanischer Softwarespezialisten zur Neuprogrammierung der Transportwagenkippung vor, im zweiten die Umstellung auf Lkw-Transport. Beide Verfahrensweisen wären aufwändiger, kostenintensiver und hätten den Betrieb punktuell zum Erliegen gebracht.[54]

Das lösungsorientierte Engagement der Flughafenmitarbeiter im zweiten Beispiel gibt eine erste Vorstellung davon, was soziale Hochleistungssysteme von »normalen« Arbeitsgruppen unterscheidet, und welches wirtschaftliche Potenzial in der gezielten Förderung und Entwicklung leistungsrelevanter Kooperationsroutinen im Arbeitsalltag stecken kann. Und das starre Beharren auf Territorien, die durch Linien markiert sind, im Beispiel eins deutet an, dass architektonische und geographische Gegebenheiten keineswegs irrelevant sind für die Art und Weise, wie Menschen zusammenarbeiten. Mehr hierzu unter dem Stichwort »Raumsoziologie« ab Seite 91.

Die Gruppe als kleinste relevante Einheit im Unternehmen

Beide Beispiele, das Wal-Mart-Lager wie die Gepäckabfertigung, verdeutlichen, dass eine Veränderung von Kooperationsmustern im Arbeitsalltag jener überschaubaren sozialen Einheiten stattfinden muss, in denen die Art der Zusammenarbeit primär geregelt wird. Arbeitsgruppen stellen dabei die kleinstmögliche Form eines sozialen Systems dar. Sie zeichnen sich insbesondere durch die Fähigkeit aus, ihre Gruppenmitglieder auch dann noch im Verbund zu halten, wenn es diesen nicht mehr möglich ist, jederzeit, unmittelbar und beständig mit jedem anderen Gruppenmitglied zu kommunizieren. Das trifft in der Regel für alle klassischen Unternehmensabteilungen zu, die an einem gemeinsamen Standort arbeiten, etwa »Vertrieb«, »Personal« oder »Marketing« in mittleren wie größeren Unternehmen, nicht aber für Mitarbeiter auf verschiedenen Kontinenten, die in global agierenden Unternehmen sogar durch Zeitzonen voneinander getrennt sind. Wie schaffen Gruppen stabile soziale Zusammenhänge?

Aus der Gruppenforschung wissen wir, dass soziale Formationen Rollenzuweisungen vornehmen und damit die Interaktion zwischen ihren Gruppenmitgliedern regeln. Die Herausbildung von Rollen in Gruppen stellt sicher, dass sich die Zahl aller denkbaren Weisen, miteinander umzugehen, auf ein überschaubares Set kulturell vordefinierter Rollenmuster reduziert. Es gibt in der Regel einen Projektleiter und nicht fünf. Und es übernimmt nicht jeder in einer Gruppe die Rolle des »Meinungsführers«, des »Gruppenclowns«, des »Kümmerers« et cetera, sondern es spielt sich ziemlich rasch eine für die Gruppe sinnvolle Rollenaufteilung ein. Neben der Ausbildung von Rollen sind Gruppen gleich welcher Größe zudem in der Lage, soziale Routinen zu entwickeln. Diese erfüllen im Grunde dieselbe Funktion wie die Rollenmuster, das heißt, sie befähigen die Gruppe, die unendlich vielen Möglichkeiten der sozialen Interaktion auf ein überschaubares Maß sozial vordefinierter Handlungsmuster zu reduzieren. Der Sinn beider Sozialtechnologien besteht darin, das Innenleben von Gruppen zu strukturieren, eine soziale Ordnung herzustellen. Schon diese beiden Aspekte deuten an, zu welchen Leistungen der Selbstorganisation soziale Formationen in der Lage sind.

Rollen und soziale Routinen reduzieren also Komplexität im Alltag. Sie definieren ein Set zum Teil bewusster, zum Teil unbewusster Normen, welches Verhalten in bestimmten Situationen üblich oder angebracht ist. Wer zum Arzt geht, weiß, welches Verhalten in der Patientenrolle von ihm erwartet wird. Er beschränkt sich auf eine Schilderung seiner gesundheitlichen Probleme und irritiert sein Gegenüber nicht mit belanglosen Urlaubserlebnissen. Und wer am Arbeitsplatz ein Abteilungsmeeting besucht, weiß in der Regel ebenso genau, welches Verhalten in diesem Kontext opportun ist. Das kann im einen Unternehmen die energische Profilierung gegenüber Kollegen sein, im anderen das zurückhaltend-vorsichtige Taktieren, das offen Widerspruch sorgfältig umgeht, im dritten die zeitraubende Praktik »Jeder sagt zu jedem Thema etwas«.

In unserer Beratungspraxis sehen wir immer wieder, dass vor allem Besprechungs-, Absprache-, Feedback-, Kontroll- beziehungsweise Sanktionspraktiken in Unternehmen auf meist gut verankerten kulturellen Mustern aufbauen, in die neben den individuellen Kompetenzen einzelner Akteure auch sozial determinierte normative Vorstellungen – eben Rollenerwartungen und Routinemuster – einfließen. Soziale Routinen regeln dabei unter anderem

- wie Entscheidungen getroffen werden (zum Beispiel zwischen Tür und Angel wie in vielen mittelständischen Unternehmen, durch Abwarten der Inhaberentscheidung, die alle vorherigen »offiziellen« Abstim-

mungsergebnisse obsolet werden lässt, wie im klassischen Familienbetrieb, oder eher auf streng formalisiertem Wege durch verschiedene Gremien, wie im öffentlichen Dienst);
- das Verhältnis von Nähe und Distanz (beispielsweise durch Duzen oder Siezen, formelle oder informelle Umgangsformen);
- den Grad der Sicherheits- oder aber Risikoorientierung im täglichen Arbeitsverhalten;
- die Frage, ob ein Unternehmen eher nach außen (kundenorientiert) agiert, oder ob es nach innen, auf eigene Bedürfnisse ausgerichtet ist (wie in behördenähnlichen Strukturen oder in Familienunternehmen);
- das Dominieren problemorientierter oder lösungsorientierter sozialer Routinen (»Dafür bin ich nicht zuständig«/»Das haben wir ja noch nie gemacht« versus »Ich schau mal, wie ich das lösen kann«);
- das Führungsverhalten, beispielsweise die Frage ausdifferenzierter Kontrollpraktiken und Genehmigungsverfahren im Unterschied zu raschen Vor-Ort-Entscheidungen, die vor allen Dingen dazu dienen, Arbeitsvorgänge zu beschleunigen.

Diese Liste ließe sich fortsetzen. Soziale Routinen regeln also, wie »man die Dinge tut« in einem Unternehmen und reduzieren so die potenzielle Komplexität des Alltags auf ein überschaubares Maß von Handlungsalternativen.

Doch nicht nur die Reduzierung von Komplexität, auch ihre Steigerung wird möglich, wenn Gruppen zum Beispiel lernen, neue Rollen und Routinemuster aktiv aufzubauen. Dies gelingt ihnen, wenn sie latent vorhandene Kooperationsmöglichkeiten, die sie bislang nicht beachtet, nicht wahrgenommen oder gar aktiv ausgeschlossen haben, bewusst entfalten. Mit der Erschließung alternativer Rollen- und Routinemuster und neuen Formen der Zusammenarbeit steigern sie nicht nur ihre soziale Binnenkomplexität, sie gewinnen auch die Möglichkeit, in der Vergangenheit entwickelte Praktiken zu revidieren und sich so wieder neu auszurichten. Das ist zum Beispiel dann der Fall, wenn eine bislang sehr autoritär geführte Abteilung nach einem Vorgesetztenwechsel lernt, im Arbeitsalltag mehr Entscheidungen selbst zu treffen statt nach oben zu delegieren, oder wenn rivalisierende Abteilungen die Prozeduren ihrer Zusammenarbeit überdenken und konstruktivere Routinemuster etablieren. Damit sind einige der Dimensionen und Entwicklungsmöglichkeiten arbeitsbasierter sozialer Systeme grob skizziert: Gelingt dieser Prozess einer gemeinsamen Erarbeitung neuer komplexerer Routinemuster, begibt sich ein solches System auf den Weg zum sozialen Hochleistungssystem.

Die meisten der soeben beschriebenen Prozesse werden bisher traditionell unter dem Begriff der »Gruppendynamik« diskutiert. Gruppen agieren dann dynamisch, wenn sie dazu übergehen, latent vorhandene Rollen- und Interaktionsformen zu aktivieren und damit das bestehende Rollen- und Routinegefüge aktiv zu verändern. Derartige Vorgänge – so die Gruppenforschung – vollziehen sich in typischen Phasen. Ein Veränderungsprozess durchläuft nach der bekannten »Teamuhr« des US-Wissenschaftlers Bruce W. Tuckman in der Regel die Phasen »Forming → Storming → Norming → Performing«. Danach folgen auf ein höfliches Herantasten zu Beginn häufig Teamkonflikte, bevor man sich »zusammenrauft« und neue soziale Spielregeln etabliert. Erst danach konzentriert man sich auf die gemeinsame Bewältigung von Aufgaben. Dieses zugegeben grobe Raster spiegelt auch unsere Erfahrungen bei der aktiven Intervention und Veränderung von Kooperationsmustern in Unternehmen wider: Von etablierten Routinemuster verabschiedet sich eine Gruppe nur selten problemlos und ohne Mühe – im Gegenteil: In der Regel bedarf es dazu einer »Störung« von außen (siehe Seite 103 ff.)

Natürlich verfügen Gruppen als soziale Systeme auch über die Fähigkeit, auf das Denken und das Verhalten ihrer Mitglieder Einfluss zu nehmen. Diskutiert wird dieses Phänomen in der Fachliteratur zum Beispiel unter dem Begriff des »Konformitätsdrucks« oder »Gruppenzwangs«. Sozialpsychologen wie Muzafer Sherif oder Solomon Ash wiesen schon vor Jahrzehnten den starken normativen Einfluss einer Gruppe auf den Einzelnen nach, und zwar selbst bei simplen Wahrnehmungsphänomenen. Bei Sherif (1935) ging es um den »autokinetischen« Effekt, die optische Täuschung, ein statischer Lichtpunkt in einem abgedunkelten Raum bewege sich. Einzelpersonen schätzen die Breite dieses Effekts individuell ein, in Gruppen dagegen bildete sich rasch eine Durchschnittsmeinung heraus, an der die Einzelnen auch später beharrlich festhielten. In Ashs bekanntem Experiment von 1951 soll eine Versuchsperson angeben, welcher von drei Strichen in der Länge einem weiteren Strich entspricht, eine an sich simple Aufgabe, in der kaum Fehler gemacht werden. Einigen sich jedoch die übrigen Anwesenden, die vom Versuchsleiter entsprechend instruiert wurden, auf ein falsches Urteil, schwenkten fast 40 Prozent der Probanden auf diese Mehrheitsmeinung ein – sei es, weil sie ihren Augen plötzlich nicht mehr trauen, sei es, weil sie sich in der Gruppe nicht isolieren mögen.

Auch komplexere Urteilsbildungen werden durch Konformitätsdruck beeinflusst.»Group think« bezeichnet die Tendenz von Gruppen mit hohem Zusammenhalt, Informationen, die nicht zur vorherrschenden Meinung in der Gruppe passen, abzuwehren und zu ignorieren. Mit derartigem »Gruppendenken« lassen sich beispielsweise Entscheidungen erklären, die im Nachhinein als fragwürdig oder falsch erscheinen. Manche Beobachter führen den Beginn des Irakkriegs im Jahr 2003 auf das Gruppendenken eines engen politischen Entscheidungszirkels in Washington zurück. Auch der Start der Raumfähre Challenger trotz erwiesener Sicherheitsbedenken lässt sich mit solchen Prozessen erklären. 1986 starben bei der Explosion der Fähre sieben Astronauten. Im Unternehmenskontext zeigt sich Gruppenzwang beispielsweise im «social loafing« (soziales Bummeln), das heißt in der Tendenz des Einzelnen, in seiner Arbeitsleistung nachzulassen, wenn er in einer Gruppe arbeitet. Auf der anderen Seite aber gibt es auch das »social facilitation« genannte Phänomen, dass sich individuelle Arbeitsleistungen allein durch die Anwesenheit anderer Akteure verbessern.[55] Gelingt es einer Arbeitsgruppe, ihre bisherigen Kooperationsroutinen zu verbessern, bietet interessanterweise gerade der häufig verpönte Konformitätsdruck in Gruppen der Gruppe die Chance, über kurz oder lang auch zögerliche oder bremsende Gruppenmitglieder zu neuen Praktiken der Zusammenarbeit zu bewegen.

Kollektives Gedächtnis und die Leistungsfähigkeit sozialer Systeme

Neben diesen bekannten gruppendynamischen Phänomenen hat die Forschung in den letzten Jahren eine ganze Reihe weiterer wichtiger Funktionsweisen sozialer Systeme in Unternehmen erforscht. Soziale Systeme entstehen nicht aus dem Nichts: Jedes System hat eine Geschichte, die erinnert und tradiert wird. Mit solchen kollektiven Gedächtnisprozessen beschäftigt sich die so genannte Organizational-Memory-Forschung.[56] Dass Gruppen in der Lage sind, gemeinsames Wissen, gemeinsame Werte und Vorstellungen zu entwickeln und zu speichern, zeigt sich im Alltag beispielsweise dann, wenn Neuzugänge darüber informiert werden, wie »man« bestimmte Dinge »hier« handhabt. Normalerweise wird der Noch-Außenseiter von jedem seiner neuen Kollegen etwas Ähnliches hören, ohne dass sich die Beteiligten abgesprochen hätten oder gar offizielle Vereinbarungen über Werte oder gewünschte Verhaltensweisen existierten. Das kollektive Gedächtnis sozialer Systeme garantiert darüber hinaus beispielsweise, dass soziale Praktiken auch dann weiter Bestand haben, wenn Mitarbeiter im Rahmen der üblichen Fluktuation das Unternehmen verlassen. Phänomene dieser Art sind gleichzeitig ein Beleg dafür, dass es berechtigt ist, Gruppen einen eigenen ontologischen Status zuzuerkennen: Das Ganze ist hier tatsächlich mehr als die Summe der Teile.

Eine wesentliche Quelle gemeinsamer Gedächtnisinhalte in einer Gruppe sind die Geschichten, die man sich vor Ort erzählt. Langjährigen Mitgliedern gehen kollektive Gedächtnisinhalte so in Fleisch und Blut über, dass sie kaum noch als Besonderheiten der jeweiligen Gruppe wahrgenommen werden. Der Volksmund spricht dann treffend von »Betriebsblindheit«. So gesehen haben kollektive Gedächtnisleistungen auf der einen Seite etwas Begrenzendes (wie jedes individuelle Gedächtnis, das ebenfalls auf einer Auswahl und Interpretation von gemachten Erfahrungen basiert). Gleichzeitig steigern kollektive Gedächtnisinhalte jedoch die Leistungsfähigkeit einer Gruppe. Dieses Potenzial unterstreicht vor allem die Theorie des »transaktiven Gedächtnisses«[57], die den Zusammenhang von kommunikativen Interaktionen in Gruppen und sozialem Gedächtnis untersucht. Stark vereinfacht ausgedrückt: In einer gut funktionierenden Arbeitsgruppe muss nicht jeder alles wissen. Um Probleme effektiv zu lösen, genügt es häufig, zu wissen, wer etwas weiß.

Dieses »Wissen um das Wissen anderer« ermöglicht es, durch Zusammenarbeit und Austausch vorhandene Wissenslücken erfolgreich zu schließen oder Fehlinformationen zu korrigieren. So gibt es in jedem sozialen System Mitarbeiter, die man fragen kann, wer in der Gruppe oder in anderen Gruppierungen innerhalb des Unternehmens was weiß. An der Basis sind dies häufig erfahrene Kollegen oder Meister, die schon lange Zeit im Unternehmen sind und aufgrund ihrer informellen Kontakte sehr viel Wissen besitzen. Auf den oberen Managementebenen übernehmen diese Funktion oft Mitarbeiter in den Stabstellen oder Vorzimmern, die sozusagen an der Quelle für relevante Informationen sitzen. Zu wissen, wer etwas weiß, wer mit wem sprechen muss, damit ein Problem gelöst oder eine Entscheidung getroffen werden kann, ist gerade in komplexen wissensbasierten Arbeitsprozessen eine wichtige Voraussetzung für die Handlungs- und Leistungsfähigkeit des Unternehmens.

Übergeordnete (»transaktive«) Gedächtnisleistungen basieren also auf der Kommunikation der einzelnen Gruppenmitglieder untereinander. In diesem Austausch werden Expertisen und Verantwortlichkeiten zugewiesen. Ist ein Gruppenmitglied zum Beispiel Experte auf einem bestimmten Gebiet, übernimmt es automatisch die Verantwortung für die Speicherung entsprechender Informationen. Solche Spezialinformationen bekommt es auch von anderen Gruppenmitgliedern weitergeleitet, die als »Nicht-Experten« auf dem jeweiligen Gebiet dieses Wissen auch nicht speichern müssen. Fehlt dieses Wissen um das Wissen anderer, oder ist kein Verantwortlicher für eine neue Information vorhanden, so übernimmt in der Regel derjenige, der ein Thema zum ersten Mal einbringt oder als Letzter eine bestimmte Information erhalten hat, die Verantwortung für die Speicherung von Informationen.[58]

Auf diese Weise können Arbeitsgruppen große Wissensbestände speichern: Das gemeinsame Erfahrungswissen wird auf effiziente, gut organisierte Weise zugeordnet und ist damit bei Bedarf für den Einzelnen abrufbar. Kollektive Gedächtnisleistungen in Gruppen umfassen außerdem Wissen über Rollenverteilung, Verantwortlichkeiten und Kommunikationsmuster in der Gruppe sowie über die Fähigkeiten und Präferenzen anderer Gruppenmitglieder.[59] Ein gut funktionierendes »Gruppengedächtnis« verbessert die Problemlösungskompetenzen arbeitsbasierter sozialer Systeme daher erheblich. Funktionierende soziale Systeme können auf diesem Weg deutlich mehr Informationen speichern und höhere Komplexitätsgrade bewältigen als einzelne Akteure. Die Leistungsfähigkeit sozialer Hochleistungssysteme bemisst sich daher auch an der Fähigkeit dieser Systeme, zügig und effizient das vorhandene Wissen ihrer Mitglieder zur Lösung aktueller Problemstellungen heranzuziehen. Ein achselzuckendes »Keine Ahnung« wird zur Ausnahme, wenn ein engagiertes Interesse an eigenem und fremden Expertenwissen und Bereitschaft zur Übernahme von Verantwortlichkeiten besteht.

Überblick: Was zeichnet soziale Hochleistungssysteme aus?

Damit sind weitere wesentliche Aspekte benannt, die den Aufbau, die Struktur und die internen Funktionsmechanismen sozialer Systeme im Unternehmen beschrieben. Entscheidend ist jedoch die Konsequenz, die sich aus diesen Phänomenen und Erkenntnissen ziehen lässt. Wenn man Gruppen in Unternehmen als den kleinsten relevanten Bauteil im Rahmen der Entwicklung sozialer Hochleistungssysteme betrachtet, folgt daraus logisch, dass nicht die Steigerung der Leistungsfähigkeit einzelner Akteure, sondern die Steigerung der Leistungsfähigkeit von Gruppen für Unternehmen von entscheidender Bedeutung ist.

Zusammenfassend gilt deshalb für den Prozess der Entwicklung von arbeitsbasierten sozialen Systemen zu sozialen Hochleistungssystemen:

- Die Entwicklung sozialer Hochleistungssysteme baut auf den sozialen Praktiken und Kooperationsroutinen auf, die innerhalb arbeitsbasierter sozialer Systeme im Unternehmen schon angelegt sind.
- Die Entwicklung sozialer Hochleistungssysteme muss gezielt jene formellen wie informellen Kooperationspraktiken fördern, die den Austausch von Wissen unter den Akteuren zur Lösung aktueller Problemstellungen auch über Zuständigkeits- und Bereichsgrenzen hinweg optimieren.
- Gruppendynamische Phänomene wie »Konformitätsdruck« oder »social facilitation« (die Verbesserung individueller Arbeitsleistungen allein durch die Anwesenheit anderer) müssen ebenso zur Steigerung der Leistungsfähigkeit dieser Systeme genutzt werden wie ihre Fähigkeit zur Erbringung kollektiver Gedächtnisleistungen.

- Ziel der Entwicklung sozialer Hochleistungssysteme muss sein, die Qualität der teils bewusst, teils unbewusst praktizierten Kooperationsroutinen der Arbeitsgruppen im Unternehmen systematisch und nachhaltig zu verbessern – und zwar unter Einbeziehung aller Akteure, die vor Ort an der Aufrechterhaltung der arbeitsbasierten sozialen Systeme beteiligt sind.

Sozialer Raum: Wie Räume und Kooperationsmuster sich bedingen

Was hat Architektur mit der Art und Weise zu tun, wie Menschen kooperieren? Mehr als die meisten von uns vermuten. Gebäude oder Räume werden im Alltagsverständnis wie Container gesehen, die, mit entsprechenden Möbeln gefüllt, den dafür vorgesehenen Zwecken dienen. Natürlich wissen wir, dass es Räume gibt, in denen wir uns wohler fühlen, und andere, die wir als weniger ansprechend empfinden. Dass räumliche Faktoren aber auch Kooperationspraktiken wesentlich beeinflussen, ist kaum jemandem bewusst. Wie massiv dies der Fall sein kann, zeigt das folgende Beispiel aus unserer Beratungspraxis.

Beispiel 3: Ein Umzug auf die andere Straßenseite –
und seine Folgen

6,5 Meter beträgt die durchschnittliche Breite einer Straße in Deutschland. Rechnet man die beiden Gehwege hinzu, kommt man auf eine Gesamtbreite von circa 10 Metern. Keine unüberwindbare Distanz, mag man meinen. Nicht jedoch im folgenden Beispiel, einem mittelständischen Familienbetrieb, der seinen Umsatz mit Produkten in der Elektrotechnik macht. Im Laufe der Firmengeschichte türmten sich wie bei vielen über Generationen wachsenden Unternehmen immer neue Anbauten zu einem Labyrinth aus Alt- und Neubauten mit zahlreichen Übergängen innerhalb und zwischen den einzelnen Stockwerken. Schließlich wurde ein zusätzliches Gebäude auf der gegenüberliegenden Straßenseite gekauft, sodass sich das gesamte Firmengelände nun auch über eine öffentliche Straße hinweg auf zwei voneinander getrennte Areale erstreckte.

Um der räumlichen Enge des alten Areals zu entfliehen, beschloss die Geschäftsleitung, den Bereich der Entwicklung im alten Gebäudetrakt zu belassen, den Vertrieb jedoch komplett auf die andere Straßenseite umziehen zu lassen. So weit, so nahe liegend. Allerdings wurde dieses Unternehmen, wie viele andere mittelständische Unternehmen gegenwärtig auch, von einer so genannten »Doppelspitze« geführt, die die Zuständigkeiten fein säuberlich aufgeteilt hatte – hier Produktion und Entwicklung, dort Vertrieb und die kaufmännischen Abteilungen. Die Zusammenarbeit dieser Doppelspitze wurde zudem, wie die vieler anderer Doppelspitzen auch, von einer längeren Konflikthistorie belastet.

In einer solchen strukturellen Pattsituation entwickeln Akteure in der Regel »Bewältigungsstrategien«, die ihre beiderseitigen Konflikte eindämmen sollen, aber nicht unbedingt den Interessen des Unternehmens insgesamt dienen. So auch in diesem Fall. Denn eine Entlastungsmaßnahme, die die Geschäftsführer ergriffen, bestand darin, das bisherige gemeinsame Geschäftsführerbüro auf einem Stockwerk des alten Firmenareals ohne große Diskussionen aufzulösen. Mit der Begründung, »Da bin ich näher an meinen Mitarbeitern«, verlegte der für den Vertrieb zuständige Geschäftsführer kurzerhand sein Büro in das neue Gebäudeareal auf der anderen Straßenseite.

Das hatte Folgen. Nicht nur, dass unter den Mitarbeitern allmählich der Eindruck entstand, jeder der beiden Geschäftsführer leite nun seine »eigene« Firma. Die Konflikte, die sich aus der Doppelspitze ergaben, beeinträchtigten plötzlich mehr und mehr die Zusammenarbeit im ganzen Unternehmen. Neben den Loyalitätskonflikten, in die die mittleren Führungsebenen zunehmend gerieten (»Welchem Geschäftsführer darf ich zu welchem Zeitpunkt welche Informationen zukommen lassen?«), wirkte es sich besonders verheerend auf das Kooperationsklima aus, dass die kurzen Wege und der informelle Austausch vieler Kollegen aus den verschiedenen Abteilungen nun wegfielen. Eine überschaubare Distanz von 10 Metern Straße genügte, um die ursprüngliche Stärke dieses Familienunternehmens peu à peu verschwinden zu lassen: Man redete schlicht nicht mehr genug miteinander. Und wenn es Probleme mit Kunden gab, lag es nun näher, Schuld bei »denen da drüben«, im Vertrieb oder in der Entwicklung, zu suchen, statt sich zusammenzusetzen und gemeinsam eine Lösung zu finden.

Räume als soziale Konstrukte

Räume sind mehr als »Behälter«, in denen wir uns aufhalten. Räume werden mitgeprägt und mitdefiniert durch die sozialen Prozesse, die in ihnen stattfinden, und umgekehrt beeinflussen Räume wiederum eben diese Prozesse. Wer je als Erwachsener seine alte Schule besucht hat und schon beim Betreten des Eingangsbereichs urplötzlich wieder von schülerhafter Beklemmung überfallen wurde oder wer sensibel dafür ist, wie in Gerichtsgebäuden oder großzügig bemessenen Vorstandsbüros Macht inszeniert wird, ahnt, dass räumliche Strukturen und soziale Praktiken zwei Seiten einer Medaille sind. Diese intuitive Erkenntnis hat die moderne Raumsoziologie auf eine aktuelle wissenschaftliche Basis gestellt. Autoren wie Werlen (1997) oder Löw (2001) geht es dabei vor allem um die Bezüge zwischen der physisch vorhandenen Welt der Dinge, Orte und Körper auf der einen und menschlicher Interaktion auf der anderen Seite.

Quintessenz der modernen Raumsoziologie ist, dass wir lernen müssen, Räume als soziale Konstrukte zu begreifen. Entsprechend sind für Martina Löw Räume nicht einfach nur »da«, sondern sie werden dadurch konstituiert, dass in einem kontinuierlichen Strom aus Bewegungen, Positionen und neuen Bewegungen zwischen Akteuren wiederkehrende Begegnungen stattfinden, die dazu führen, dass die Akteure einem bestimmten Ort bestimmte Bedeutungen oder Funktionen zuordnen. Im Unternehmenskontext kann die »Chefetage« ein solch spezieller Ort sein, die »Produktion« im Unterschied zur »Verwaltung« oder auch, wie im Beispiel oben, die beiden gegenüberliegenden »Subfirmen« rechts und links der Straße. Jeden klassischen Industriebetrieb kann man demzufolge als einen sozialen Raum betrachten, der nicht nur durch deutlich sichtbare physische Markierungen (Gebäude, Firmenschild, Zäune, Einfahrtstor …) von seiner Außenwelt abgegrenzt wird, sondern auch durch die besonderen Verhaltensweisen und Kooperationsformen, die er den Akteuren auf dem Gelände abverlangt. Die sozialen Praktiken auf dem Firmengelände unterscheiden sich deutlich von jenen, die zwischen denselben Akteuren außerhalb des Geländes in weniger straff regulierten Kontexten möglich wären.

Der soziale Raum »Betrieb« ergibt sich also aus der engen Verflechtung von Gelände, Mauern, Türen, Fluren, Stockwerken, Haupt- und Nebengebäuden et cetera und den sozialen Prozessen, die sich in diesen architektonischen Strukturen abspielen. Menschen neigen ganz offensichtlich dazu, den lokalen Zonen, die sich durch dieses Ensemble ergeben, bestimmte Verhaltensweisen zuzuordnen und definieren durch ihr Verhalten gleichzeitig die Funktion wie auch die Bedeutung, die diese lokalen Zonen für ihre Zusammenarbeit haben. Und sie neigen dazu, ihr Verhalten an den sozialen Normen auszurichten, die ein solcher Ort repräsentiert. Wer beispielsweise das Büro der Geschäftsführung betritt, weiß, wie »man« sich dort als Beschäftigter verhält (vorherige telefonische Anfrage um einen Gesprächstermin, höflicher Plausch mit den Kolleginnen im Vorzimmer, zurückhaltendes Betreten des Geschäftsführungszimmers, sich erst setzen, wenn die Geschäftsführung ihm einen Platz angeboten hat …). Wer mittags die Kantine aufsucht oder ein technisches Problem in der Produktion bespricht, verhält sich deutlich anders. Dabei greifen Unternehmensangehörige auf jene sozial tradierten Kooperationsmuster zurück, die sie beim Eintritt in den Betrieb entweder direkt vermittelt bekommen oder sich aus dem Verhalten anderer erschlossen haben. Wer dazu nicht in der Lage ist und sich beispielsweise im Chefbüro genauso benimmt wie in der Produktionshalle, gilt rasch als »sozial inkompetent«.

Räume und die Veränderung von Kooperationsroutinen

Für die Entwicklung arbeitsbasierter sozialer Systeme zu sozialen Hochleistungssystemen bieten die Erkenntnisse der Raumsoziologie eine vollkommen neue konzeptionelle Basis. Denn diese Konzepte zeigen, dass ein direkter Zusammenhang zwischen sozialen Praktiken und der Konstitution sozialer Räume existiert. Kulturelle Muster in Unternehmen basieren – folgt man der modernen Raumsoziologie – gerade *nicht* auf dem Verhalten einzelner Akteure. Sie fußen vielmehr auf der Verbindung, die zwischen Orten und sozialen Routinen existiert. Daraus folgt für die Personal- und Organisationsentwicklung, dass die Entwicklung kollektiver Leistungsroutinen nicht nur durch die Verbesserung sozialer Interaktionen, sondern auch durch die Gestaltung von Orten erfolgen kann. Wer Unternehmen ernsthaft entwickeln möchte, muss aufhören, in erster Linie Individuen zu entwickeln. Wer Unternehmen wirksam entwickeln will, muss deren Kultur modifizieren. Dies ist nicht nur denkbar, sondern auch machbar – wenn man sich auf die Faktoren konzentriert, die diese Kultur tragen.

Es ist daher kein Zufall, dass Google in seiner Selbstdarstellung unter »Unsere Unternehmenskultur« eben nicht mit den sattsam bekannten Bekenntnissen zur Wertschätzung der Mitarbeiter oder zu Werten wie Fairness und Offenheit aufwartet, sondern stattdessen mit der Beschreibung von »Charlie's Place«, dem Google-Café am Hauptsitz, in dem keine feste Sitzordnung herrscht, und wo sich daher »immer wieder interessante Gespräch zwischen Googlern der unterschiedlichen Abteilungen ergeben«.[60] Und ebenso wenig ist es ein Zufall, dass das brasilianische Unternehmen Semco, das häufig mit Gore in einem Atemzug genannt wird, wenn es um innovative Managementstrategien, Mitarbeiterpartizipation und dezentrale Strukturen geht, kürzlich seine Architektur besser auf die herrschende Kultur abstimmte: Man ließ das Hauptquartier kurzerhand abreißen und integrierte die Firmenzentrale in ein kleineres Gebäude.[61] Dabei ist Firmen-»Chef« Ricardo Semler alles andere als ein weltfremder Phantast. Als er die Verantwortung für Semco übernahm, hatte das Unternehmen 90 Mitarbeiter, heute macht der Hersteller von Anlagen und Maschinen mit 3 000 Mitarbeitern 240 Millionen Dollar Jahresumsatz.

Keine Sorge, Sie müssen nicht gleich den Abrissbagger bestellen. Sie sollten sich allerdings bewusst sein, dass geographische und architektonische Faktoren die Kooperationskultur in ihrem Unternehmen genauso beeinflussen, wie soziale Praktiken darüber entscheiden, welche Bedeutung die Beschäftigten bestimmten Gebäuden (etwa der »Zentrale«) in ihrem Unternehmen zusprechen, beziehungsweise wie sie diese Gebäude letztlich nutzen. Die Einrichtung von Großraumbüros beispielsweise verändert nicht nur die Kommunikationswege zwischen Akteuren, die Wege werden kürzer, der Sichtkontakt besser; Großraumbüros verändern auch die Wahrnehmung der sozialen Nähe und Distanz zwischen den Beschäftigten. Der Umzug des Abteilungsleiters aus diesem Großraumbüro auf das Stockwerk der Geschäftsführung erschwert ihm einerseits die Kontrolle seiner Abteilung, verbessert jedoch zugleich seinen Zugang zur Geschäftsleitung. Gleichzeitig wird er von seinen Mitarbeitern eher als jemand von »denen da oben« wahrgenommen, was wiederum deren Kommunikationsverhalten gegenüber ihm als Chef beeinflussen kann. Ob Mitarbeiter in engen Einzelbüros untergebracht werden, während Empfangsräume und Eingangsbereich prächtig gestaltet und großzügig angelegt sind, sagt etwas über die Unternehmenskultur aus. Und wirkt gleichzeitig auf die soziale Praxis im Unternehmen zurück.

Auch der informelle Austausch unter Mitarbeitern, der entscheidend zur Professionalisierung und unbürokratischen Problemlösung beitragen kann, wird durch räumliche Voraussetzungen entweder gefördert oder gehemmt. Die Abschaffung der »Raucherecke« am Ausgang der Kantine verändert nicht nur das Pausenverhalten der Raucher im Betrieb; sie verändert auch die Qualität des Informationsflusses. Wie entscheidend dieser Informationsfluss tatsächlich ist, stellte man Anfang der Neunzigerjahre beim Kopiererhersteller Xerox fest. Dem Management des World Wide Customer Service fiel auf, dass die Service-Techniker sich ungewöhnlich häufig zum Mittagessen oder im Teilelager trafen und dort Geschichten erzählten – so genannte »war stories« von der Kundenfront. Es stellte sich heraus, dass diese informelle »Weiterbildung« angesichts immer komplizierterer Geräte und häufig unzuverlässiger Kundenschilderungen weit effektiver war als jede offizielle Schulung. Jede Maßnahme, die diese soziale Praxis erschwert oder gar verhindert hätte (etwa die Schließung der Kantine oder die Direktive, sich nicht unnötig lange im Lager aufzuhalten), hätte also weitreichende Konsequenzen gehabt. Xerox ging einen anderen Weg und startete ein Projekt, das herausfinden sollte, wie man derartige »Communities of Practice« forcieren könne.[62]

Jedes dieser Beispiele zeigt, dass man davon ausgehen kann, dass die sozialen Praktiken, die an einem Ort entstehen, eng mit diesem Ort verwoben sind. Die Kultur von Unternehmen kann genau dann wirksam professionalisiert werden, wenn man diesen spezifischen Zusammenhang beachtet. Soziale Routinen müssen genau dort verändert werden, wo sie sozusagen lokal verankert sind. Dies unterstreicht noch einmal, dass die Implementierung einer »Globalkultur« über Ländergrenzen hinweg ein sinnloses Unterfangen ist (vgl. Kapitel 2). Wirksame Kooperation basiert auf umfassender Kommunikation. Und umfassende Kommunikation setzt voraus, dass Menschen einander direkt und unmittelbar begegnen. Soziale Räume entstehen, indem soziale Systeme konkrete soziale Praktiken mit bestimmten Orten verbinden. Die Kommunikation via Telefon und E-Mail erleichtert zwar die akustische oder die visuelle Kontaktaufnahme zwischen Akteuren und beschleunigt selbstverständlich den Informationsfluss. Keine dieser Technologien ersetzt jedoch den sinnlichen »Vollkontakt«. Das »Soziale« in sozialen Systemen bleibt aufgrund der biologischen Konstitution der Spezies Mensch grundsätzlich an die Möglichkeiten der direkten Wahrnehmung von anderen vor Ort gebunden. Oder anders ausgedrückt: Die Erfahrung, Teil einer sozialen Gemeinschaft zu sein, setzt die reale Begegnung mit anderen voraus. In diesem Sinne sind Menschen soziale »Nah-Wesen«. Wer also in soziale Praktiken eingreifen will, kann dies immer nur vor Ort tun. Dieser Aspekt wird eine wesentliche Rolle im dritten Teil des Buches spielen. Dort werde ich erläutern, wie man die gesamte Unternehmenskultur eines Standortes mit Hilfe der Einrichtung von »Kooperationszonen« und der Veränderung der sozialen Praktiken, die in diesen Zonen existieren, direkt modifizieren kann (vgl. Kapitel 6).

Mit den Merkmalen sozialer Systeme sowie der Erkenntnis, dass Gruppen – und nicht einzelne Beschäftigte – das kleinste relevante Element in einem Unternehmen auf dem Weg zum sozialen Hochleistungssystem darstellen, mit der Relevanz kollektiver Gedächtnisleistungen und schließlich der Bedeutung sozialer Räume sind die wichtigsten wissenschaftstheoretischen Grundlagen zusammengetragen, die für die Erarbeitung eines neuen Zugangs zur Fragen der Personal- und Organisationsentwicklung von Bedeutung sind. Sie zeigen: Der Weg zum sozialen

Hochleistungssystem ist weder steinig, noch schwer. Er setzt allerdings ein radikales Umdenken im Umgang mit den eigenen Beschäftigten und die konsequente Professionalisierung kooperativer Praktiken im Arbeitsalltag voraus.

> **Fazit:** Soziale Hochleistungssysteme zeichnen sich durch ein hohes Maß an Selbstorganisation, Flexibilität und Eigenverantwortung der Mitglieder aus. Systemtheorie, Raumsoziologie und Gruppenforschung bieten die wissenschaftliche Grundlage für gezielte Entwicklungsmaßnahmen in diese Richtung.

Kapitel 5

Nachhaltiger Wandel: Eine Kooperationskultur verankern

Stellen Sie sich ein Unternehmen vor, in dem die gesamte Belegschaft Verantwortung für die Qualität der Kooperationskultur übernimmt. Ein Unternehmen, in dem die Verbesserung von Arbeitsprozessen von Kollegen und nicht von Vorgesetzten ausgeht und in dem das Mitdenken für andere und die gemeinsame Bewältigung von Aufgaben im Zentrum des Arbeitsalltages steht. Ein Unternehmen, in dem der Einzelne sein Wissen nicht hortet, sondern unaufgefordert und freiwillig mit anderen teilt. Einen Ort, der von einer Atmosphäre kollektiven Engagements und selbst organisierter Lösungsfindung geprägt ist – weit entfernt von jener passiven, managementgetriebenen Alltagspraxis, die gegenwärtig das Bild in vielen Unternehmen prägt.

Wer sich diesen Zustand vor Augen führt, der ahnt, welches Leistungspotenzial in vielen Unternehmen schlummert. Die Erschließung dieses Potenzials benötigt weder viel Zeit noch immense Investitionen. Alle erforderlichen Voraussetzungen sind im Unternehmen bereits vorhanden – Orte, an denen Wissen generiert, kommuniziert und koordiniert wird; soziale Räume, an die bestimmte Kooperationsmuster gekoppelt sind, sowie Arbeitsgruppen (soziale Systeme), die das Verhalten ihrer Akteure auf die vorherrschenden Einstellungs- und Handlungsmuster ausrichten. Dieses Potenzial auszubauen und effizienter zu nutzen, setzt allerdings die gezielte Professionalisierung eben dieser Voraussetzungen voraus – sowie den Mut, eine radikal neue Perspektive im Rahmen der Personal- und Organisationsentwicklung einzunehmen. Auf welchen Strategien die nachhaltige Verankerung neuer Kooperationsmuster im Unternehmen basiert, ist Thema der folgenden Seiten. Worauf kommt es an, wenn man ein Unternehmen zum sozialen Hochleistungssystem entwickeln will?

Die Aufgabe: Was tun gegen die Macht der Gewohnheit?

So selten, wie ein Fisch sich die Frage stellt, ob er richtig schwimmt, so selten kommt es Arbeitsgruppen im Alltag in den Sinn, sich aus eigenem Antrieb mit der Frage auseinanderzusetzen, wie sie zusammenarbeiten. Es mag punktuelle Irritationen oder auch Konflikte geben, die ebenso punktuell gelöst werden (oder auch nicht). Verbreitet ist auch der Blick in die Nachbarabteilung, deren tatsächliche oder vermeintliche Versäumnisse meist ebenso klar benannt werden können wie die anderer Bereiche, etwa des Geschäftsführers oder des CEO. Die *eigenen* Praktiken und Routinen der Zusammenarbeit ins Visier zu nehmen und systematisch zu reflektieren ist jedoch ungewöhnlich. Diese Verhaltensmuster sind den Beteiligten in der Regel so in Fleisch und Blut übergegangen, dass sich ihnen die Frage nach dem »Warum« einfach nicht mehr stellt: »Das macht man eben so.«

In unserer Beratungspraxis beobachten wir immer wieder, dass selbst bei großer Unzufriedenheit mit den Prozessen und Abläufen in der Abteilung den Beteiligten die eigentlichen Ursachen der Misere verborgen bleiben. Da wird beispielsweise die Schwerfälligkeit der Entscheidungsprozesse beklagt, aber niemandem fällt auf, dass die Trägheit des Systems in den eigenen Besprechungspraktiken wurzelt, im konkreten Fall: In einem Routinemuster, das besagt, »Jeder äußert sich im Meeting reihum zu jedem Thema.« Ergebnis dieser gut gemeinten Meinungsdemokratie: Die Themen werden zerredet, die Zeit läuft davon. Wenn Entscheidungen nicht schriftlich fixiert und Verantwortliche für deren Umsetzung nicht eindeutig benannt werden, wird zwar viel besprochen, aber wenig vorangetrieben. Nach einer Sitzung vermag dann häufig niemand zu sagen, ob zur Frage A oder zum Punkt B jetzt eigentlich etwas entschieden wurde oder nicht.

Was für Außenstehende offensichtlich ist, fällt den Beteiligten häufig nicht mehr auf: Eingespielte soziale Systeme entwickeln kollektive blinde Flecken in der Selbstwahrnehmung. So wird es möglich, dass man sich eben noch am Kopierer gegenseitig versichert hat, die Flut unnötiger Informationen, die täglich über einen hereinbreche, sei nicht mehr beherrschbar, um dann, im eigenen Büro angekommen, ungerührt erst einmal ein paar Mails mit dem »üblichen« großen cc-Verteiler zu schreiben. Diese Betriebsblindheit ist aus systemtheoretischer Sicht wenig überraschend: Soziale Systeme entwickeln, wie der Einzelne auch, unbewusst und permanent Routinen – sie können sich »nicht nicht routinisieren«, um ein geflügeltes Wort von Paul Watzlawick abzuwandeln.[63] Mittels solcher Muster etabliert sich im Laufe der Zeit ein stabiles Gleichgewicht in der Interaktion: Die Dinge funktionieren in »bewährter« Weise, wenn auch manchmal mehr schlecht als recht. Um diesen Status quo zu erschüttern braucht es in der Regel drastischer Anstöße von außen, nicht nur, weil Menschen als soziale Wesen sich nur ungern gegen etwas stellen, was von allen anderen mit großer Selbstverständlichkeit praktiziert wird, sondern auch, weil selbst mäßig sinnvolle oder brauchbare Gewohnheiten uns im Allgemeinen immer noch lieber sind als das unsichere Neuland einer noch nicht routinemäßig geregelten Situation.

Über die Janusköpfigkeit von Gewohnheitsmustern habe ich mich bereits an anderer Stelle ausführlich geäußert.[64] Gewohnheiten sind erlernte Handlungsstrategien, deren Sinn und deren Ursprung nicht mehr hinterfragt werden. Dies bewahrt uns im Alltag davor, immer wieder neu reflektieren und entscheiden zu müssen. Ziehen Sie im Geiste von einem gewöhnlichen Tag einmal alles ab, was Sie so und nicht anders tun, weil Sie es »immer so machen«, vom Zeitpunkt des Aufstehens, des Frühstücksrituals über Arbeitsroutinen bis hin zum Abendprogramm. Sie werden (möglicherweise leicht erschreckt) feststellen, dass Sie – wie die allermeisten Menschen – von Gewohnheiten geradezu getrieben sind. Das hat durchaus Vorteile, denn ohne derartige Routinemuster wäre das Leben wesentlich anstrengender und viele Arbeitsprozesse weit weniger effizient. Gewohnheiten versetzen uns überhaupt erst in die Lage, die Fülle von Anforderungen und Aufgaben, die täglich an uns gestellt werden, zu bewältigen. Doch Gewohnheiten sind gleichzeitig gefährlich, denn sie machen uns unflexibel und blind für neue Herausforderungen. Gute Gewohnheiten entlasten, steigern unsere Effizienz, machen erfolgreicher. Schlechte Gewohnheiten belasten, bremsen uns aus, stehen unserem Erfolg im Wege.

Wie schwierig es ist, einmal erworbene Gewohnheiten wieder abzulegen, zeigt das Schicksal vieler guter Vorsätze (»mehr Sport«, »das Rauchen aufgeben«, »gesünder essen«, ...). Wirklich überwunden ist ein Gewohnheitsmuster erst dann, wenn eine neue Routine an seine Stelle getreten ist, wenn also beispielsweise der regelmäßige Gang ins Fitnessstudio zur Gewohnheit geworden ist. Dabei haben Verhaltensroutinen wie Rauchen, Fast Food essen oder Fernsehen statt Fitnessstudio immerhin noch den Vorteil, dass uns die empfehlenswerteren Alternativen rational klar und bewusst sind. Das ist bei ineffizienten Kooperationsmustern nicht unbedingt der Fall – siehe das Beispiel der »Jeder sagt zu allem etwas«-Sitzungsroutine. Ähnlich wie bei destruktiven Mustern in der Paarbeziehung tappen die Beteiligten im Unternehmen immer wieder in die gleiche Falle, weil eine mögliche Verhaltensalternative gar nicht erst ins Blickfeld rückt.

Wie Individuen, so entwickeln also auch Teams und Kollegenschaften unweigerlich Gewohnheitsmuster, die als Kooperationspraktiken ihren Arbeitsalltag wesentlich bestimmen. Nicht von selbst entwickeln arbeitsbasierte soziale Systeme allerdings die Tendenz, an diesem Punkt ein Leistungsoptimum anzustreben. Zwar kennen wir Bereiche, in denen dies geschieht, zum Beispiel im modernen Spitzensport. In Wirtschaftsunternehmen existiert diese Tendenz jedoch (noch) nicht. Was der freien Wirtschaft fehlt, ist die flächendeckende Etablierung kultureller Praktiken, die ein solches Streben animieren und stabilisieren. Zwar reden alle ständig über den Leistungsdruck in der freien Wirtschaft. Schaut man sich jedoch die sozialen Routinemuster genauer an, die den Arbeitsalltag in einem Unternehmen dominieren, so zeigt sich rasch, dass leistungssteigernde Praktiken wie beispielsweise ein bewusster Umgang mit Zeit, die Beschleunigung von Absprache- und Entscheidungsprozessen oder auch die Bereitschaft, Verantwortung zu übernehmen, schon auf den mittleren Führungsebenen keine Selbstverständlichkeit sind.

Eine Optimierung ineffizienter Kooperationsroutinen von innen heraus, durch die Mitglieder eines sozialen Systems animiert werden, ist eher unwahrscheinlich. Ein solches Unterfangen scheitert in der Regel entweder an der »Betriebsblindheit« der Akteure oder daran, dass stabile soziale Systeme einzelne Akteure mit innovativen Ideen nicht selten ausschließen (als »Quertreiber« oder auch »praxisfern und ahnungslos« brandmarken) oder über kurz oder lang assimilieren (salopp gesagt: »auf

Linie bringen«). Das ist genau die alltagspraktische Hürde, an der die meisten Reformvorhaben und Change-Prozesse scheitern. Denn – ganz ähnlich wie beim Joggen – mangelt es in der Unternehmenspraxis ja nicht an ambitionierten Zielen und hehren Vorsätzen. Woran es mangelt, ist die Umsetzung in konkretes Alltagshandeln.

Wer das volle Leistungspotenzial arbeitsbasierter sozialer Systeme im Unternehmen dennoch nutzen möchte oder nutzen muss, um die Komplexität bestehender wie zukünftiger Aufgaben optimal zu bewältigen, muss daher andere Wege gehen. Denn an der kollektiven Professionalisierung aller Mitarbeiter und deren Zusammenspiel führt in Unternehmen, die im Wettbewerb mit anderen stehen auf die Dauer kein Weg vorbei. Nur so ist zu erreichen, dass die einzelnen Mitglieder einer Abteilung oder eines Funktionsbereiches mehr Verantwortung für ihre Kooperationspraktiken und damit letztlich für das Leistungsvermögen des Unternehmens als Ganzem übernehmen. Der Gewinn dieser Art der Professionalisierung wird den Beteiligten spätestens dann deutlich, wenn sie erleben, wie befriedigend es sein kann, in einem Bereich zu arbeiten, in dem Kollegen und Führungskräfte nicht nur auf hohem Niveau kooperieren, sondern auch der eigene Beitrag zur kontinuierlichen Verbesserung der Zusammenarbeit ernst genommen wird – gleich welcher fachlichen Funktion oder formalen Hierarchieebene man angehört. Wie also kann eine solche Professionalisierung konkret in Angriff genommen werden?

Die Erfolgsfaktoren: Wie bringt man ein soziales System in Bewegung?

Weiten Teilen der vorherrschenden Weiterbildungspraxis haben wir im ersten Teil des Buches mangelnde inhaltliche Relevanz, einen unzureichenden Transfer in die Praxis und das Ausbleiben nachhaltiger Wirkungen unterstellt (vgl. Kapitel 3). Wer sich mit seiner Kritik so weit vorwagt, muss sich an den eigenen Maßstäben messen lassen. Das Ziel ist klar: die Entwicklung der bestehenden Kooperationspraktiken in einem

Unternehmen, einer Abteilung in Richtung sozialer Hochleistungssysteme. Wie lassen sich dabei Praxisrelevanz und Nachhaltigkeit gewährleisten?

Prinzip 1: Vor-Ort-Intervention

Wer Kooperationspraktiken nachhaltig verändern will, muss dort ansetzen, wo soziale Praxis konkret wird: direkt im Unternehmen, im Arbeitsalltag der Beschäftigten. Statt im Seminarraum finden Entwicklungsmaßnahmen am Arbeitsplatz statt; an die Stelle theoretischer Lehrinhalte, die allenfalls im Rollenspiel erprobt werden, tritt die gemeinsame Reflexion und Veränderung der tatsächlichen Kooperationspraxis. Wer das erreichen will, muss zunächst klären, wie man ein arbeitsbasiertes soziales System von seiner Umgebung abgrenzt.

Ausgangspunkt für eine solche Abgrenzung sind die im letzten Kapitel skizzierten sozialen Räume, die Kooperationsmuster einerseits bedingen und sich gleichzeitig durch diese Muster von ihrer Umgebung abheben. Jede Entwicklungsmaßnahme setzt also an einem sozialen Raum an, der sich als »Kooperationszone« klar eingrenzen lässt. Im Normalfall folgen soziale Räume dabei den geographischen Gegebenheiten an einem Unternehmensstandort. Konkret bedeutet das vielfach die Orientierung an den Funktionsbereichen im Unternehmen, die in der Regel auch räumlich konzentriert sind, etwa ein Stockwerk oder einen Gebäudeteil belegen. Typische Kooperationszonen in einem Unternehmen mittlerer Größe sind zum Beispiel die Abteilungen »Vertriebsinnendienst« oder »Produktentwicklung«. Eine Kooperationszone kann aber auch verschiedene Organisationseinheiten umfassen.

Ein Beispiel aus unserer Beratungspraxis: Eine unserer Maßnahmen umfasste den technischen Kundendienst, daneben die Beschäftigten des benachbarten Kundendienst-Callcenters, ferner einige Mitarbeiter, die für die Abstimmung zwischen Entwicklung und Produktion im Rahmen der Betreuung von Prototypen zuständig waren und schließlich zwei Beschäftigte aus dem Bereich Qualitätsmanagement. Ausschlaggebend für deren gemeinsame Betreuung war zum einen, dass sich alle diese Zuständigkeitsbereiche in räumlicher Nachbarschaft (also in einer lokal leicht eingrenzbaren Zone) befanden, zum anderen, dass sich zwischen diesen Bereichen immer wieder Schnittstellenprobleme ergaben, die bis dato nicht gelöst werden konnten. So erfuhren die Mitarbeiter im Callcenter zwar als Erste die Probleme, die Kunden mit neuen Produkten hatten. Dieses Wissen gelangte jedoch nur gefiltert und relativ spät (nämlich über die entsprechenden Linienvorgesetzten und deren Quartalsmeetings) an die Kollegen, die für die Koordination von Entwicklung und Produktion zuständig waren. Auch das Wissen der Mitarbeiter im technischen Kundendienst, die vor Ort bei Kunden rasch die jeweiligen Schwierigkeiten beheben mussten, floss nur selten in entsprechende Entwicklungs- und Produktionsprozesse ein. Und da das Qualitätsmanagement die historisch jüngste Abteilung war, wurde an dessen frühzeitige Einbindung traditionellerweise nicht gedacht.

Mit der Einrichtung und optischen Markierung einer »Kooperationszone« auf einer Fläche von circa zweihundert Quadratmetern, die im Erdgeschoss mehrere Büroeinheiten umfasste, wurde den Beschäftigten nicht nur bewusst, wie kurz die Wege eigentlich waren, die sie zurücklegen mussten, um einander optimal – das heißt direkt und zeitnah ohne Einbindung des Managements – zu informieren und ihre Erfahrungen auszutauschen. Die Ergebnisse, die innerhalb der Zone mit der Verbesserung und Etablierung einer ganzen Reihe von »informellen« Kooperationspraktiken erzielt wurden, führte auch dazu, dass das Management erneut die Frage zu prüfen begann, ob nicht auch die aktuell bestehenden räumlichen Gegebenheiten in einigen benachbarten Bereichen neu überdacht werden mussten.

Prinzip 2: Störung

Funktionierende soziale Systeme streben in erster Linie nach stabilen sozialen Innenverhältnissen, und zwar unabhängig vom erreichten Leistungsniveau. Die Erhaltung des Status quo ist eine ihrer Kerninteressen. Denn ein stabiles Innenleben sichert die eigene Überlebensfähigkeit. Gleichzeitig werden soziale Systeme tendenziell »blind« für die Besonderheiten ihrer Kooperationsmuster. Die Art, wie man die Dinge miteinander regelt, wird dann nicht mehr als *eine* mögliche, sondern als die *einzig* mögliche wahrgenommen. Das zähe Beharrungsvermögen vorherrschender Praktiken in vielen Unternehmen wurzelt genau hier; und übliche Abwehrreaktionen gegen Veränderungen – von »*Ja, aber* …« über »*Das haben wir schon immer so gemacht*« bis »*Das funktioniert hier nicht!*« – sind nichts anderes als ein Ausdruck für die Fähigkeit dieser Systeme, sich auf der Basis spezifischer Haltungen und Praktiken gegenüber ihrer Umwelt abzugrenzen.

Damit ein solches System in Bewegung gerät, bedarf es einer »Störung« von außen. Ein erstes Störungsmoment bildet dabei bereits die Anwesenheit eines externen Beobachters oder Beraters, der sich mit Wissen der Beteiligten ein Bild der eingespielten Praktiken macht. Jeder kennt dieses Phänomen aus eigener Erfahrung, zum Beispiel beim Eintritt in das gefüllte Wartezimmer eines Arztes oder von einem übervölkerten Sandstrand. Bei den bereits Anwesenden löst alleine schon das Hinzukommen anderer ein Gefühl des diffusen Befremdens und des Unbehagens aus. Und die neu Hinzukommenden haben nicht selten den Eindruck, nicht willkommen zu sein beziehungsweise verspüren eine subtile Scheu davor, sich einen Platz zu nehmen. Dies illustriert, dass die bloße Präsenz eines »Fremden« in einen bestehenden sozialen Raum alle anderen Akteure dazu zwingt, ihre eingenommene soziale Position neu zu bestimmen. Alltagsroutinen, die bislang nicht hinterfragt wurden, rücken stärker in den Fokus der Aufmerksamkeit. Die intensive Begleitung der Akteure im Unternehmensalltag, bei der ein externer Berater den Beschäftigten in einer Kooperationszone wie ein Schatten folgt, nennen wir »Shadowing«.

Um leistungsrelevante Routinemuster wirksam beeinflussen zu können, reicht es jedoch nicht, nur vor Ort zu sein. Ein Außenstehender, der Veränderungen initiieren will, muss sich mitten hinein in die sozialen Aktivitäten begeben und aktiv Anstöße für eine Optimierung der Zusammenarbeit geben. Für diese professionelle Rolle reservieren wir den Begriff des »Kooperationsagenten«. In der ersten Phase der Entwicklung eines arbeitsbasierten sozialen Systems tritt ein solcher Agent als Beobachter auf, in der zweiten greift er aktiv ins Geschehen ein und entwickelt gemeinsam mit den Mitarbeitern alternative Kooperationsmuster. Diese Interventionsstrategie fußt auf der Erfahrung, dass jede wirksame Veränderung vorhandener Routinemuster solche eingespielten Verhaltensautomatismen zunächst unterbinden und damit bewusst machen muss. Erst das punktuelle Außer-Kraft-Setzen eines Routinemusters unterbricht die übliche Betriebsamkeit, den üblichen Vollzug eingespielter Denk-, Empfindungs- oder Bewegungsabläufe und zwingt routinemäßig kooperierende Akteure dazu, sich diesen Aspekten zuzuwenden. Ganz reibungsfrei verläuft dies selten ab: Komplexe soziale Systeme wehren sich gegen derartige »Musterunterbrechungen«, und das aus gutem Grund. Denn wie gesagt: Die Sicherung des Status quo genießt in jedem System zunächst einmal oberste Priorität.

Diesen Mangel an Bereitschaft zur Veränderung drücken eingespielte Kollegenschaften auf zwei typische Weisen aus: in Form einer auffälligen Trägheit im Rahmen der Umsetzung neuer Verhaltensweisen und in Form von aktivem Widerstand. Beide Phänomene werfen für die Entwicklungsarbeit Probleme auf. Diese Abschottungstendenz sozialer Systeme wird in der Systemtheorie unter dem Stichwort »operative Geschlossenheit« diskutiert: Komplexe Systeme sind in der Lage, alle überlebensnotwendigen Relationen und Interaktionen in ihrem Inneren zunächst einmal selbst, und das heißt autonom und unbeeinflusst von äußeren Einflussfaktoren, zu organisieren. Dies bedeutet allerdings nicht, dass solche Systeme unfähig zum Austausch mit ihrer Umgebung wären: Der Tendenz, sich operativ nach außen vollkommen abzuschließen, wirkt ein anderer »Mechanismus« entgegen, der diese Tendenz konterkariert. Diesen Aspekt diskutiert die moderne Systemtheorie unter dem Begriff der »strukturellen Koppelung«.[65] Auf beiden Prinzipien basiert die gezielte Entwicklungsarbeit kultureller Muster im Unternehmen: Indem soziale Routinemuster vor Ort, im konkreten Vollzug, unter »Realbedingungen« reflektiert und verändert werden, sind inhaltliche Relevanz und Praxistauglichkeit der entwickelten Lösungen gewährleistet. Shadowing fungiert damit als eine Art »Coaching vor Ort«, das sich anders als das traditionelle Coaching nicht an einzelne Klienten wendet, sondern insbesondere das Verhalten der Akteure untereinander in einer Kooperationszone gezielt weiterentwickelt.

Ein Beispiel: Als Berater treffen wir in Unternehmen recht häufig auf Besprechungsroutinen, die zwar von fachlich fundierten Diskussionen geprägt sind, die systematische Dokumentation von Absprachen jedoch versäumen (Wer macht was bis wann?). Zusagen und Absprachen können daher nicht weiterverfolgt und kontrolliert werden. Um derartige ineffiziente Besprechungsroutinen aufzulösen, muss dieses Phänomen zunächst bewusst gemacht werden. Erst wird der Vollzug des Musters im Besprechungsverlauf unterbrochen, dann die entsprechenden Praktiken – Kommunikationsverhalten, fehlende Verschriftlichung von Diskussionsergebnissen, ... – gemeinsam analysiert. Anschließend wird konkret vereinbart, welche Verbesserungen vorgenommen werden. Deren Umsetzung wiederum überwacht dann nicht nur wie üblich der jeweilige Vorgesetzte, sondern im Rahmen des Shadowing-Prozesses auch der Kooperationsagent sowie – und das ist entscheidend – alle Akteure innerhalb der Kooperationszone wechselseitig selbst. Wie dies geschieht, dazu im praktischen Teil mehr.

Ähnlich wird in einer Kooperationszone verfahren, wenn beobachtbar ist, dass zum Beispiel routinemäßig zu viel E-Mail-Kommunikation, zu wenig persönlicher Erfahrungsaustausch, zu viel »Ja, aber ...«-Floskeln, zu wenig Übernahme von Verantwortung, ein zu geringes Arbeitstempo oder ein zu hoher Abstimmungsaufwand sichtbar wird. Jedem dieser Beispiele liegen konkrete Praktiken der Zusammenarbeit zugrunde, die Kooperationsagenten wahrnehmen, ansprechen und mit den Beteiligten gemeinsam verändern können.

Doch wie gesagt: Ein Kooperationsagent, der aktiv Routinemuster blockiert, löst zunächst immer auch Irritationen aus. Damit konstruktiv umzugehen ist eine seiner Schlüsselaufgaben. Dies kann nur gelingen, wenn ein weiteres Grundprinzip der Veränderungsarbeit beachtet wird – das Prinzip der Partizipation.

Prinzip 3: Partizipation

Neue, effektivere Formen der Zusammenarbeit kann man nicht von oben »verordnen«. Wäre es so einfach, sähe die Unternehmenswirklichkeit vielfach anders aus. Ein soziales Hochleistungssystem kann nur mit den Mitarbeitern und durch sie entstehen. Wer ein arbeitsbasiertes soziales System professionalisieren will, muss diesen Impuls im System selbst anregen. Die damit verbundene Problemstellung kennen wir aus der Erziehung unserer Kinder: Wer Verhalten wirksam verändern will, muss die Betroffenen einbinden und ihnen Sinn und Gewinn einer Veränderung deutlich machen. Aus diesem Grund basiert die Entwicklung sozialer Systeme grundsätzlich auf dem Prinzip der Partizipation. Für die Qualität der täglichen Zusammenarbeit sind die Menschen verantwortlich, die miteinander arbeiten müssen. Sie sind es daher sinnvollerweise auch, die definieren, welche alltäglichen Routinemuster analysiert und verändert werden sollen. Dies setzt auch die Klärung der Frage voraus, wohin sich ein sozialer Raum entwickeln soll, und welche Kooperations- und Führungsmuster professionalisiert beziehungsweise nicht weiterentwickelt werden. Traditionellerweise fällt eine solche Aufgabe in den Zuständigkeitsbereich des Managements. Bei der Entwicklung eines sozialen Hochleistungssystems fällt diese Aufgabe in den Zuständigkeitsbereich des gesamten sozialen Systems, also aller Mitarbeiter innerhalb einer Kooperationszone.

Konkret heißt das: Alle verabredeten Veränderungen und Entwicklungsmaßnahmen sind das Ergebnis von Mehrheitsentscheidungen. Maßgeblich ist dabei das Prinzip der »einfachen Mehrheit«. Die Führungskräfte in den entsprechenden Zonen beteiligen sich zwar an der Erarbeitung der zukünftigen Zielvision der Kooperationszone. Sie beteiligen sich jedoch nicht an den entsprechenden Abstimmungsprozessen. Sie übernehmen insbesondere zu Beginn des Entwicklungsprozesses zunächst nur die Aufgabe, bei Bedarf von ihrem Veto-Recht Gebrauch zu machen (mehr zur Rolle der Führungskräfte im nächsten Kapitel).

Selbst Einfluss zu nehmen und mitentscheiden zu können, schafft Vertrauen, insbesondere zwischen Kooperationsagent und Mitarbeitern. Vertrauen entsteht außerdem durch absolute Transparenz in den Vorgehensweisen, Interventionsmotiven beziehungsweise Beurteilungskriterien während des gesamten Entwicklungsprojektes. Wesentliche Aufgabe der Kooperationsagenten ist es in diesem Zusammenhang, die

Beschäftigten nicht nur für existierende Arbeitsroutinen zu sensibilisieren, sondern auch in geeignete Beobachtungs- und Feedbackpraktiken zur Reflektion der eigenen Wahrnehmungs-, Einstellungs- und Handlungsmuster einzuführen. Durch die Einbindung aller und durch das Vorbildverhalten der Kooperationsagenten lernen die Beteiligten Schritt für Schritt, professionell und wenn notwendig auch (selbst)kritisch über vorhandene Kooperations- und Führungsmuster zu sprechen, ohne dabei »persönlich« zu werden. Und sie lernen, dass es wichtig ist, anderen wirklich zuzuhören und gezielt nach gemeinsamen Lösungen zu suchen.

Widerstände gegen Veränderungen entstehen in sozialen Systemen nicht selten aus sozialer Ungeschicklichkeit von Führungskräften. Aussagen wie »Mit uns redet keiner!«, »Die machen da oben doch sowieso, was sie wollen!« oder »Wir haben denen schon hundert Mal zu erklären versucht, dass das bei unseren Kunden nicht akzeptiert wird!« deuten darauf hin, dass zahlreiche Motive für Widerstand der Beschäftigten aus einer Alltagspraxis stammen, in der von Seiten des Managements zu wenig kommuniziert wurde, Vorgaben zu häufig durchgedrückt wurden, ohne deren Sinn zu erläutern, oder schlicht zu wenig Verständnis für die spezifischen Belastungen aufgebracht wurde, unter denen Mitarbeiter leiden, wenn sie beispielsweise eine Aufgabe ausführen sollen, über deren Erfolg sie keine vollständige Kontrolle haben.

Das Prinzip der Partizipation orientiert sich ausschließlich an der Frage, wie die bestehenden Kooperations- und Führungsroutinen innerhalb der Kooperationszone optimiert werden können. Nicht zur Diskussion steht, ob dies überhaupt geschehen soll: Unser Ansatz baut darauf, dass die Belegschaft in der Optimierung ihres Arbeitsalltages die Sicherung des eigenen Arbeitsplatzes und den langfristigen Erhalt der Wettbewerbsfähigkeit des Unternehmens erkennt und versteht, dass sich diese Effekte nicht von selbst einstellen werden.

Die Methode: »Shadowing« oder »eingreifende Beobachtung«

Vereinfacht ausgedrückt, beruht unser Konzept zur Entwicklung sozialer Hochleistungssysteme also darauf, dass ein externer professioneller Beobachter sich auf die jeweilige Unternehmenswirklichkeit einlässt, die Alltagspraxis mit ihren offensichtlichen und weniger offensichtlichen Kooperationsroutinen entschlüsselt und sie gemeinsam mit den Betroffenen systematisch reflektiert und weiterentwickelt. Dieses Eintauchen eines Außenstehenden in die Praxis kennt die Sozialforschung als »teilnehmende Beobachtung« oder auch »aktive Beobachtung«. Was unter dem Gesichtspunkt objektiver Forschung nicht unproblematisch ist – allein die Anwesenheit eines Beobachters beeinflusst (»stört«) unweigerlich den Beobachtungsgegenstand – erweist sich im Unternehmenskontext als Tugend: Störung durch Beobachtung ist hier als Anstoß für Veränderung gewollt.

Eingreifende Beobachtung oder »Shadowing« stellt auch in der Personal- und Organisationsentwicklung keine wirklich neue Methode dar. Berater begleiten auf diese Weise zum Beispiel Topmanager durch ihren Arbeitsalltag, um sie im Rahmen von Coachingprozessen optimal betreuen zu können. Vollkommen neu an der hier vorliegenden Konzeption ist die Konsequenz, mit der dieser Interventionsansatz auf den gesamten sozialen Raum in einer Kooperationszone und damit auf eine große Zahl von Beschäftigten angewandt wird. Denn mit der Einrichtung von Kooperationszonen entsteht an einem Unternehmensstandort in vielen Fällen zum ersten Mal die Möglichkeit, jene relevanten Kooperations- und Führungsmuster systematisch zu entwickeln, die den Arbeitsalltag der Beschäftigten tatsächlich bestimmen. Dabei spielt zwar das Verhalten einzelner Akteure eine Rolle. Die Beobachtung von Kooperationszonen konzentriert sich jedoch auf Routinemuster, die den Akteuren in der Regel nicht bewusst sind und gerade deshalb einen nachhaltigen Einfluss auf die Leistungsfähigkeit des Systems insgesamt haben. Statt einzelne Mitarbeiter abseits ihres Arbeitsplatzes zu schulen, bilden die Kooperationspraktiken aller Mitarbeiter das Ziel der Entwicklungsmaßnahme. Das traditionelle und das neue Paradigma der Personalentwicklung lassen sich daher wie folgt schematisch verdeutlichen:

Abbildung 2: »Alte PE« versus »Neue PE«

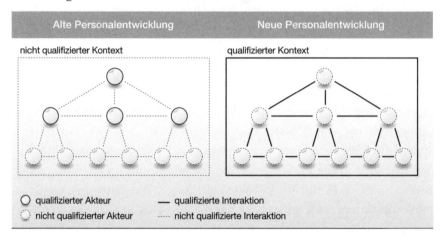

Herausforderung 1: »Geordnetes Chaos« verstehen

Jeder externe Akteur, der in eine Kooperationszone eindringt, und damit auch jeder professionelle Kooperationsagent, trifft zunächst auf ein scheinbares Chaos aus Wänden und Türen, Begegnungen und Bewegungsabläufen, Fluren und Zimmerfluchten, Handlungsroutinen, Kommunikationsmustern, Blickkontakten, Powerpointfolien und einer Unmenge sozialer Gesten. Damit bewegt man sich in einem aus Menschen und Dingen und aus einer Vielzahl relationaler Bezüge bestehenden sozialen Raum, der sich zu allem Überfluss auch noch kontinuierlich verändert und immer wieder neu und komplex konfiguriert.

Die Aktivitäten und Konstellationen in einer Kooperationszone folgen für den Außenstehenden dabei zumindest auf den ersten Blick scheinbar keiner erkennbaren Logik. Doch dieser Eindruck täuscht. Denn für die Akteure in einem solchen Raum existiert diese Logik. Und sie folgen dieser Logik, die, gleich einer unsichtbaren Partitur, ihr Denken und ihr Verhalten in eben jenen Bahnen hält, die diese Partitur vorgibt. Erst das Vorhandensein dieser »virtuellen« sozialen Partitur ermöglicht es den Akteuren, zu wissen, welche Regeln und Rituale in ihren sozialen Begegnungen gelten; welches Verhalten erwünscht beziehungsweise unerwünscht ist und worauf sich die anderen Akteure beziehen, wenn sie Informationen kommunizieren und sich in ihren Handlungen an Zeichen und Symbolen orientieren, die für den externen Beobachter zunächst ohne Bedeutung sind.

Wir kennen Unternehmen, in denen die Büroräume jederzeit einen aufgeräumten Eindruck hinterlassen; in denen Führungskräfte niemals ohne Krawatte am Arbeitsplatz erscheinen würden; wo klar erkennbar ist, welche Sitzordnung in der Kantine existiert und von den Führungskräften sehr genau darauf geachtet wird, ob die Beschäftigten ihre Arbeits- und Pausenzeiten einhalten. Und wir kennen Unternehmen, in denen die Krawatte nur zum Einsatz kommt, wenn wichtige Kunden im Unternehmen sind; in denen auf allen Etagen und in allen Bereichen ein lockerer bis dreister Umgangston unter den Beschäftigten herrscht; in denen kontinuierlich Hierarchien umgangen und formal vereinbarte Regeln missachtet werden – und in denen dennoch ein enormes Maß an Konzentration zu spüren ist, wenn sich Mitarbeiter und Führungskräfte mit einer Aufgabe beschäftigen. Schon diese wenigen Hinweise zeigen, wie wichtig es ist, die unsichtbaren sozialen Partituren in sozialen Räumen lesen zu lernen, wenn man ein Unternehmen zu einem Hochleistungssystem entwickeln möchte. Das Notationssystem, auf dem diese Partitur basiert, ist inzwischen benannt: Es sind die sozialen Routinen, welche die Dinge und Menschen in ihre jeweils konkreten, aber auch symbolischen Relationsverhältnisse (lokale Nähe und Distanz, Status, Über- und Unterordnung, Begegnungshäufigkeit, et cetera) zueinander bringen. Maßgeblich für die Beurteilung der Qualität dieser Muster ist ihre Effizienz, nicht abstrakte oder gar persönliche Vorlieben der Kooperationsagenten. Was funktioniert, muss man nicht ändern, solange Arbeitsprozesse dadurch nicht verlangsamt, verkompliziert oder unflexibel gestaltet werden.

Herausforderung 2: Beobachtungsroutinen vermitteln

Zu Beginn eines Shadowing-Prozesses in einer Kooperationszone muss der Kooperationsagent also zunächst einmal verstehen, was vorgeht. Seine Rolle beschränkt sich daher in den ersten Tagen seiner Anwesenheit vor Ort zunächst auf die Rolle eines aufmerksamen Beobachters. Dieses »Einfädeln« in die Alltagsroutinen des sozialen Systems wird dadurch erleichtert, dass es sozusagen nebenbei erfolgt: Neben der Beobachtung der Akteure steht in dieser ersten Phase die Anpassung des Beobachtungsprozesses an die vorhandenen Rhythmen, Praktiken und Begegnungsformen im Zentrum der Kooperationszone. Der Agent hält sich also bewusst im Hintergrund, indem er sich zum Beispiel darauf beschränkt, Führungskräften durch deren Arbeitsalltag zu folgen. Auf diese Weise »wandert« er automatisch durch die verschiedenen Besprechungsrunden und Rücksprachen; er erlebt, wie größere und kleinere Gruppierungen zusammenarbeiten, begegnet Backofficekräften, kann beobachten, wie Mitarbeiter miteinander umgehen, auf welche Weise Informationen weitergegeben, Termine abgestimmt werden et cetera.

Ziel dieses »pacing«-orientierten Einstiegs im Sinne einer unauffälligen Begleitung und Anpassung an vorhandene Routinemuster ist es, dafür zu sorgen, dass sich die Zusammenarbeit zwischen Kooperartionsagenten und Mitarbeitern zügig synchronisiert. So erzeugt der externe Beobachter zunächst einmal eine stabile Kontakt- und Kooperationsbasis für den folgenden Veränderungsprozess. Wie eingangs schon erwähnt: Funktionierende soziale System hinterfragen normalerweise nicht, was sie tun. Die Macht der Gewohnheit hindert sie daran, Schwachstellen in ihrer Zusammenarbeit zu lokalisieren. Deswegen müssen über die bloße Beobachtung des Arbeitsalltages hinaus von Beginn an geeignete Beobachtungs- und Feedbackpraktiken eingeführt werden, die die jeweilige Gruppe daran gewöhnen, die eigenen Wahrnehmungs-, Einstellungs- und Handlungsmuster zu reflektieren. Hier spielt der Aufbau einer gemeinsamen Sprache und gemeinsamer mentaler Modelle im Sinne der oben skizzierten kollektiven Wissensbasis eine wichtige Rolle. Zu diesem Zweck bringen die Kooperationsagenten ihre Beobachtungen nicht nur in das Tagesgeschäft der Akteure ein; sie tun dies auch mit Hilfe der Etablierung neuer Begrifflichkeiten und neuen Beschreibungs- und Beobachtungspraktiken. Schlüsselbegriffe wie »Shadowing«, »Kooperationszone« oder »effiziente« beziehungsweise »ineffiziente Routinen« helfen den Beschäftigten dabei, das eigene gemeinsame Tun aus der Vogelperspektive zu betrachten und Optimierungsmöglichkeiten zu prüfen. Indem sie das Reden über Kooperation einüben, stellen Kooperationsagenten gleichzeitig sicher, dass neue Routinen gemeinsamer Selbstreflexion im kollektiven Gedächtnis verankert werden. Ein wirksamer Entwicklungsansatz »gewöhnt« das soziale System also daran, auch in Zukunft bewusst, das heißt reflektiert und lösungsorientiert, mit seinen Kooperationspraktiken umzugehen und Verbesserungsmöglichkeiten auch dann noch zu diskutieren, wenn kein professioneller Begleiter mehr vor Ort ist und entsprechende Anstöße gibt – auch das ein Garant für die Nachhaltigkeit der erzielten Lernerfolge. Erfolgreiches Shadowing ist Hilfe zur Selbsthilfe.

Die erste Aufgabe des Beraters in einer Kooperationszone ist es also, dafür zu sorgen, dass die dort vorherrschenden Routinemuster von den Beteiligten überhaupt erst einmal als solche wahrgenommen werden. »Eingreifend« wird seine Arbeit, wenn sie direkt den Vollzug dieser Muster unterbindet und neue Praktiken implementiert. Sozial legitimiert werden diese Eingriffe dadurch, dass die Gruppe, mit der er arbeitet, selbst bestimmt, welche Routinen bearbeitet werden sollen. Wie dies im Einzelnen geschieht, wird im praktischen Teil erläutert (siehe Teil III).

Die Rolle der Führungskräfte: Abschied vom Münchhausen-Prinzip

Jeder Leser, der dieses Vorgehen aus der Perspektive des »alten« Unternehmensmodells mit seinen hierarchischen Strukturen und klassischen Steuerungsmechanismen betrachtet, wird sich längst fragen, worin die Rolle der Führungskräfte in diesem Prozess bestehen soll – ist doch in einer traditionellen Unternehmenskultur das mittlere Management für die Verbesserung der Zusammenarbeit und die kontinuierliche Optimierung von Arbeitsprozessen zuständig. Weshalb also die vorgeschlagene Professionalisierung nicht einfach in die Hände dieser Führungskräfte geben? So nahe liegend dieser Schritt scheint, so problematisch ist er auch, denn bei kritischer Betrachtung fußt diese Vorstellung auf der Münchhausen-Methode.

Praxisbefund: Wer Teil des Systems ist, kann das System nicht ändern

Dem Baron von Münchhausen mag es gelungen sein, sich samt Ross am eigenen Schopf aus dem Sumpf zu ziehen. Doch daraus die Erwartung abzuleiten, das bestehende Management könne die Kooperationskultur im eigenen Unternehmen umfassend optimieren, ist schlicht vermessen. Zum einen basiert diese Erwartung auf einer eklatanten Fehleinschätzung der Funktion, die Führungskräfte in komplexen Systemen einnehmen. Denn in der Regel entscheiden nicht die Führungskräfte, welchen Einfluss sie auf die bestehenden sozialen Verhältnisse (Routinen, Arbeitsklima, …) haben möchten, sondern die bestehenden Verhältnisse in einem arbeitsbasierten sozialen System entscheiden darüber, welchen Einfluss sie den Führungskräften zugestehen. Die Umkehrung dieses Bestimmungsverhältnisses stellt meiner Ansicht nach einen entscheidenden Erkenntnisfortschritt im Umgang mit komplexen sozialen Systemen dar. Dies ist auch der Grund, weshalb Veränderungen innerhalb sozialer Systeme nie gegen die Mehrzahl seiner Mitglieder, sondern immer nur mit dieser Mehrheit erreicht werden können.

Zum anderen wurzelt die Münchhausen-Illusion in den Steuerungskonzepten des traditionellen »technomorphen« Unternehmensmodells, dessen Zukunftsfähigkeit bereits im zweiten Kapitel infrage gestellt wurde. Solange Unternehmen ihr Heil in der Vereinfachung von Managementaufgaben (Kennzahlenmentalität!) suchen, halten sie zwar die Illusion des Überblicks, der Kontrolle und der Steuerungsfähigkeit aufrecht, sind jedoch nicht in der Lage, das Management zu befähigen, mit der Komplexität der so genannten »weichen Faktoren« professionell umzugehen. Der Einfluss sozialer Prozesse auf das Managementverhalten von Führungskräften ist auch deshalb so groß, weil sie diesem Einfluss aufgrund persönlicher Talent- und Kompetenzgrenzen meist vollkommen hilflos gegenüber stehen.

Erreichen es Unternehmen jedoch, dass alle Beschäftigten sich verantwortlich fühlen für die Frage, wie vor Ort Leistung generiert wird, stellt dies einen Meilenstein auf dem Weg zum sozialen Hochleistungssystem dar. Voraussetzung hierfür ist allerdings, dass alle Arbeitseinheiten im

Unternehmen lernen, sich selbst effizienter zu organisieren. Diesen Prozess in Gang zu setzen, damit sind die meisten Führungskräfte, die wir kennen, allein überfordert. Deren Schwierigkeiten beginnen in der Regel schon mit der Wahrnehmung beziehungsweise Abgrenzung ihrer eigenen Position: Kollege oder Chef? Duzen oder siezen? Wie viel Nähe vertragen meine Mitarbeiter? Wie viel Distanz ist notwendig, um als Führungskraft wirksam agieren zu können? Und sie setzen sich fort, wenn die eigenen Führungs- und Kooperationsroutinen und deren Folgen für die Leistungserbringung in der eigenen Abteilung optimiert werden müssen.

Zudem sind Führungskräfte nie nur »Opfer«, sondern immer auch »Täter« der sozialen Verhältnisse, in denen sie agieren. Meine Erfahrungen jedenfalls lehren, dass Führungskräfte häufig ineffiziente Kooperationspraktiken nicht nur miterzeugen, sondern von deren Ineffizienz nicht selten persönlich profitieren. Schwache Mitarbeiterleistungen stellen zum Beispiel zwar ein Leistungsproblem dar, sie dokumentieren jedoch auch die Bedeutung und Wichtigkeit der Fachkompetenz des direkten Vorgesetzten. Eine diffuse Absprachepraxis bei Arbeitsaufgaben verhindert zwar eine systematische Ergebniskontrolle, sie ermöglicht es aber auch, unangenehme Führungsaufgaben wie Kritikgespräche zu vermeiden. Wenn man nicht mehr genau weiß, wie was in welcher Form besprochen wurde, dann kann man auch niemanden konkret in »Haftung« nehmen. Beispiele dieser Art zeigen, dass insbesondere viele Führungskräfte auf den mittleren Führungsebenen nicht nur Teil der Lösung, sondern immer auch Teil des Problems sind.

Jedes soziale System hat ab einem bestimmten Punkt in seiner Entwicklung entschieden, welche Steuerungs- und welche Koordinierungspraktiken es vorzieht und welche es verwirft. Das bedeutet, dass die zu einem bestimmten Zeitpunkt x in einer Kooperationszone entwickelten Kooperations- und Koordinationsroutinen, zum Beispiel zu Beginn eines Shadowing-Prozesses, nicht nur faktisch gegeben, sondern zugleich die bestmöglichen sind, die dieses System aus sich heraus hervorbringen kann. Daraus wiederum folgt, dass letztlich kein Akteur allein, auch keine Führungskraft, darüber entscheidet, welcher Führungsstil in einem sozialen Raum funktioniert und welche Führungspraktiken von Bestand sind. Wer sich in ein soziales System hineinbegibt, kommt zwar nicht unbedingt darin um, wird aber unweigerlich einer schleichenden Assimilierung unterworfen. Folglich wird jede neue Führungskraft nach einer gewissen Verweildauer im System ebenso »blind« für die vorhandenen Routinemuster wie alle anderen Akteure auch. Auch Führungskräfte laufen damit Gefahr, dass ihnen mit der Zeit die Defizite in ihrem Zuständigkeitsbereich nicht mehr auffallen, und mehr noch: Sie werden zudem durch das Umfeld auf subtile Weise dazu »erzogen«, die Regeln und Interessen des Systems nicht nur zu verinnerlichen, sondern diese Interessen auch konsequent nach außen zu vertreten.

Dass beispielsweise die kulturellen Praktiken in einer großen Bank den kulturellen Praktiken einer Stadtverwaltung weitaus ähnlicher sind als den kulturellen Praktiken ihrer mittelständischen Kunden, bedeutet nicht, dass die Führungskräfte dieser Bank weniger begabt oder weniger wettbewerbsorientiert als ihre Kollegen sind. Es bedeutet jedoch, dass sich zahlreiche kulturelle Routinemuster in Branchen, die sich weitaus später als andere Branchen dem globalen Wettbewerb stellen mussten, eben noch immer an anderen Kriterien als denen des Wettbewerbs orientieren – an Sicherheit beispielsweise oder an Statussymbolen, weniger jedoch an Wettbewerbsprinzipien wie Schnelligkeit oder Kundenfreundlichkeit. Kurz gesagt: Soziale Routinen definieren den kulturellen Kontext sozialer Systeme, und dieser Kontext bedient sich weitaus eher der Akteure, also auch der Führungskräfte, als umgekehrt. Dies geschieht weder gezielt noch reflektiert. Und doch geschieht es.

Der Gedanke also, dass Führungskräfte im Unternehmen in der Lage sein müssen, die notwendigen Lern- und Veränderungsprozesse der arbeitsbasierten Systeme anzustoßen, denen sie selbst angehören, überschätzt die Einflussmöglichkeiten Einzelner und unterschätzt zugleich die Macht real existierender kultureller Verhältnisse. Eine eingespielte Arbeitsgruppe mit ihren »bewährten« Kooperationsroutinen und fest verwurzelten Denkmustern stellt in diesem Sinne kein neutrales soziales System dar, auf das Führungskräfte nach Belieben einwirken könnten – sozusagen nachträglich oder zusätzlich. Führungsprozesse sind nur ein Einflussfaktor unter vielen, wenn es darum geht, was ein komplexes soziales Gebilde in Gang hält und steuert. Erfahrene Führungskräfte wissen das und führen demzufolge immer mit dem Trend in ihrem sozialen Umfeld, nie jedoch gegen das System. Amt, Befugnis und Talent reichen letztlich nie aus, um ein gewachsenes Team auf Dauer gegen dessen »natürliche Tendenz« zu steuern. Führungskräfte sind so wenig in der Lage, den Gesamtzustand eines arbeitsbasierten Systems zu dominieren, wie Eltern in der Lage sind, die Entwicklung ihrer Kinder vorzugeben.

Die Konsequenz: Wirksame Veränderungsimpulse müssen von außen kommen

»Neue Besen kehren gut«, sagt der Volksmund, und er hat Recht. Wer die gut geölte Routine herrschender Kooperationspraktiken stören und eine Unternehmenskultur wirksam verändern will, darf nicht Teil des Systems sein. Nur wer nicht »automatisch« in die kontinuierliche Rekonstruktion bestehender sozialer Verhältnisse eingebunden ist, hat die Chance, Trägheit und Widerstand und das natürliche Beharrungsvermögen von Akteuren und Gruppen zu überwinden. Nur wer die blinden Flecken vor Ort nicht teilt, kann sie offensiv zum Thema machen.

Im Topmanagement ist man sich dieses Umstandes häufig durchaus bewusst. Und so wächst die Neigung, auf »neue«, »unverbrauchte« Manager zu setzen immer dann, wenn eine radikale fachliche, strukturelle oder strategische Neuausrichtung in einer Unternehmenseinheit ansteht, oder wenn Entwicklungen eingeleitet werden müssen, die Personalabbau oder eine erhöhte Arbeitsbelastung bedeuten. Man »kauft jemanden von außen ein«, in der Hoffnung, er oder sie werde »frischen Wind« in die Abteilung bringen. Und man trennt sich von bewährten Führungskräften, weil sie »zu nah am Team sind«, um schmerzliche Einschnitte vornehmen oder Änderungen durchsetzen zu können. Wie die erhoffte Kehrtwendung einzuleiten ist, bleibt dem Talent und dem Beharrungsvermögen des Neuzugangs überlassen – nicht selten beschränkt sich die Zielvorgabe auf die eben zitierten wolkigen Metaphern. Präzisere Vorgaben, gar einen »Plan« oder methodische Instrumente dafür, wie man die Alltagspraxis in einer Abteilung ganz konkret verändern kann, ohne einen Scherbenhaufen zu hinterlassen oder auf eine Abstimmung mit den

Füßen zu setzen, gibt es nicht. Der einzig nennenswerte strategische Ansatz, den Unternehmen schon heute praktizieren, um zumindest einen Teil der mit der Trägheit sozialer Systeme verbundenen Steuerungsprobleme in den Griff zu bekommen, ist die »Job-Rotation«. Zwar wird dieses Instrument meist nicht aus diesen Gründen eingeführt, eine positive Wirkung stellt sich als Nebeneffekt gelegentlich dennoch ein.

Für neue Führungskräfte jedenfalls gilt: Sie können nur so lange Wirkung entfalten, wie das System sie nicht »geschluckt« hat. Unglücklicherweise vollziehen sich derartige Adaptions- und Assimilierungsprozesse äußerst rasch: Soziale Systeme verstehen sich ausgezeichnet darauf, das Störpotenzial von Fremden, zum Beispiel das eines neuen Chefs, zu »verarbeiten«. Diese Verarbeitung führt entweder zum Ausschluss der Störquelle, beispielsweise durch den Aufbau eines Feindbildes und allen damit verbundenen Abwehrreaktionen (»Mit dem reden wir jetzt kein Wort mehr!«; »Die wird schon noch lernen, dass das so nicht funktioniert!«). Oder sie führt zur oben beschriebenen Vereinnahmung, die Fremdes schleichend, aber konsequent in das vorhandene soziale Gefüge einpasst. Beide Reaktionsmuster stellen für die Steuerung komplexer sozialer Systeme eine enorme Herausforderung dar, der sich zu stellen viele Führungskräfte – aber auch externe Berater – als einen äußerst ambivalenten Vorgang erleben.

Blindflug ist bei schwieriger Wetterlage ein enormes Risiko. Wer nachhaltige Veränderungen im Unternehmen einleiten will, braucht einen klaren Blick für die sozialen Prozesse, einen professionellen Zugang und erprobte methodische Instrumente. Die komplexe Gemengelage sozialer Systeme und ihrer Kooperationspraktiken, ihr zähes Beharrungsvermögen und ihre äußerst wirksamen Abwehrreaktionen erfordern ein durchdachtes und gleichermaßen behutsames wie energisches Vorgehen, will man dauerhafte Leistungsverbesserungen und Effizienzsteigerungen erzielen. Vor diesem Hintergrund ist der Einsatz externer Steuerungsexperten wesentlich erfolgversprechender als der Versuch, aus den im System etablierten Linienvorgesetzten charismatische Change-Manager zu machen. Und er ist auf mittlere Sicht kostengünstiger, als permanent »veränderungsbegabte« Führungskräfte von außen »zuzukaufen« – wenn sie denn überhaupt zu finden sind.

Auch Kooperationsagenten müssen in ihrer Funktion als zeitlich befristet agierende Impulsgeber allerdings mit den üblichen Formen von Widerstand zurechtkommen. Darüber hinaus müssen sie sich den vielfältigen Formen der offenen oder subtilen Assimilierungsbemühungen der von ihnen betreuten Akteure zu entziehen wissen. Dies gelingt ihnen, wenn sie aus einer Position der wirtschaftlichen, aber auch der psychischen und sozialen Unabhängigkeit heraus handeln können und zudem über ein erprobtes Inventar geeigneter Interventionsstrategien verfügen. Solche Voraussetzungen treffen in der Regel nur auf einen kleinen Kreis professioneller Dienstleister zu. Ob im Krankheitsfall der Arzt, in der Ehekrise der Therapeut, bei rechtlich strittigen Fragen ein Richter oder in Change-Management-Prozessen der Unternehmensberater beziehungsweise Kooperationsagent – allen ist gemeinsam, dass sie nur dann gute Arbeit leisten können, wenn sie in der Lage sind, unabhängig von den kurzfristigen Bedürfnis- und Interessenlagen ihrer Klienten und das heißt bisweilen auch gegen deren aktuelles Einsichtsvermögen zu wirken. Und was das erforderliche professionelle Instrumentarium zur nachhaltigen Veränderung von Kooperationspraktiken und damit zur Entwicklung sozialer Hochleistungssysteme angeht: Dieses ist in mehr als einem Jahrzehnt intensiver Arbeit in Veränderungsprojekten entstanden. Es wird im dritten Teil des Buches vorgestellt.

Gretchenfrage: Lässt sich jedes Unternehmen zum Hochleistungssystem entwickeln?

Grundsätzlich setzt die Entwicklung sozialer Hochleistungssysteme dreierlei voraus: Ein soziales System

- wird sich erstens seines Leistungszustandes bewusst,
- ist zweitens bereit, sein Leistungspotenzial konsequent und systematisch zu verbessern und
- erwirbt drittens die Fähigkeit, sich dabei lernoffen und konstruktiv mit allen relevanten Faktoren auseinanderzusetzen, die direkt oder indirekt eben diese Leistungsfähigkeit limitieren.

Fehlt eine dieser Voraussetzungen oder sperrt sich eine Mehrheit der Mitarbeiter von vornherein dagegen, an diesen Voraussetzungen zu arbeiten, ist der Weg zur systematischen Professionalisierung der Kooperationsmuster verbaut. In der Praxis tritt dieses Problem vorwiegend in Monopolorganisationen auf. Unter einer Monopolorganisation verstehe ich Institutionen und Unternehmen, die sich in der Ausübung ihrer Funktionen nicht im Wettbewerb mit anderen befinden. Diese Voraussetzung trifft für den öffentlichen Dienst ebenso zu wie für Organisationen, die einen gesetzlich vorgegebenen Auftrag ausüben – etwa für Wirtschaftsprüfungsverbände, die im Auftrag der Länder das Bankenwesen prüfen. Zum Teil finden sich diese Voraussetzungen auch noch auf dem inzwischen zwar formal liberalisierten Markt der Energieversorger, die de facto jedoch noch immer auf quasi monopolähnlichen Grundlagen (»Gebietsschutz«) operieren. Fehlender Wettbewerb im Umfeld solcher Organisationen führt dazu, dass im System selbst etwas ganz Entscheidendes fehlt – und zwar ein Motiv für die Entwicklung zum sozialen Hochleistungssystem.

Besteht im Unternehmen ein grundsätzliches Bewusstsein, sich am Markt behaupten zu müssen, wird ein Shadowing-Prozess zwar mit der gleichen Anfangsskepsis aufgenommen wie jedes andere Veränderungsprojekt auch. Sobald den Beteiligten jedoch klar wird, dass alle von der angestrebten Verbesserung der Kooperation profitieren, ist eine erste wichtige Hürde genommen. Ein gemeinsam geteiltes Wettbewerbsbewusstsein ist also eine zentrale Voraussetzung für die Optimierung von Kooperationsroutinen in sozialen Systemen. In einer Zeit enger werdender Märkte und erst recht angesichts der Krisensymptome im Gefolge der Finanzmarktkapriolen entwickeln die allermeisten Mitarbeiter zum Glück ein starkes Interesse an der Wettbewerbsfähigkeit »ihres« Unternehmens, auch und gerade auf jenen Hierarchieebenen, über die in der Vergangenheit oft »hinwegregiert« wurde und deren Kompetenz im Rahmen von Shadowing plötzlich mehr gefragt ist. Auch das stärkt die Bereitschaft zum Mittun. Hinzu kommt der »emotionale Mehrwert« einer reibungsfreieren Zusammenarbeit.

Blockiert ein arbeitsbasiertes System allerdings hartnäckig jede Veränderung seiner Kooperationspraxis, bleibt dem Management nichts anderes, als diesen Bereich weiterhin auf der Basis traditioneller Vorgabe- und Kontrollpraktiken zu steuern. Wichtig ist jedoch, dass die Verantwortung für diese Entscheidung dann nicht auf Seiten der Unternehmensleitung, sondern bei den Beschäftigten selbst liegt. Denn einerseits gilt: Weder das Management noch externe Berater haben die Aufgabe, die Akteure in ihrer Kooperationszone »zum Jagen zu tragen«. Wenn die Beschäftigten nicht erkennen, welche Chancen dieser Ansatz für sie bietet oder sie nicht willens oder in der Lage sind, gemeinsam zu konsensfähigen Lösungen hinsichtlich der Verbesserung ihrer Kooperationskultur zu gelangen, dann ist das Management gezwungen, auf durchsetzungsorientierte Managementansätze zurückzugreifen. Andererseits gilt aber auch: Wir haben es im Unternehmen mit mündigen, zur Verantwortung fähigen und in der Regel auch zur Verantwortung bereiten Menschen zu tun. Menschen interagieren in arbeitsbasierten Kontexten weder jederzeit bewusst, noch konsequent rational. Sie verfolgen weder jederzeit dieselben Interessen, noch sind sie allzeit dazu bereit, ihr Handeln konsequent am Wohl des Kollektivs auszurichten. Und doch sind Menschen prinzipiell in der Lage, die Interessen anderer zu berücksichtigen, persönliche Bedürfnisse hintanzustellen und im Konsens mit anderen bestmögliche Leistungen zum Wohle eines größeren Ganzen zu erbringen. Dies ist keine Frage der Ethik, sondern vielmehr eine Frage der optimalen Funktionalität sozialer Systeme. Unsere Kulturgeschichte ist voller Beispiele dafür, dass Menschen sehr wohl in der Lage sind, ihre ganze Kraft in den Dienst einer Sache zu stellen, an die sie glauben können und von deren Richtigkeit sie überzeugt sind. Die Kirchengeschichte Europas ließe sich hier ebenso anführen wie moderne Protestbewegungen oder ehrenamtliches Engagement.

Je konsequenter ein Unternehmen an der Optimierung seiner Kooperationsroutinen arbeitet, desto weniger wird es in Zukunft der klassischen hierarchischen Steuerungsmethoden bedürfen. Vor diesem Hintergrund empfiehlt es sich, die damit verbundenen Aspekte im Unternehmen differenziert zu diskutieren und sich auf Seiten des Topmanagements sehr genau zu überlegen, ob ihr Unternehmen sich auf diesen innovativen Weg begeben will. Ist die Antwort ja, so liegt die Entscheidung, ob die damit gebotene Chance auch ergriffen wird, bei den Mitarbeitern.

Die Rolle der Führungskräfte besteht ab diesem Punkt zunächst nur darin, ihr Veto einzulegen, wenn Entwicklungsprozesse innerhalb der Kooperationszonen eine destruktive, den Unternehmenserfolg hindernde Wendung nimmt.

Dieses Vetorecht wird beispielsweise wichtig, wenn die Mehrzahl der Beschäftigten dazu tendieren sollte, elementare Unternehmensinteressen zu verletzen oder sich mit irrelevanten Aspekten zu beschäftigen. Die Frage, welche Veränderungen in der Zusammenarbeit kontraproduktiv oder ohne erkennbaren Nutzen sind, wird allerdings während des gesamten Prozesses immer wieder diskutiert werden. Es ist Aufgabe der Berater, solche Diskussionen gezielt anzustoßen. Sie sind alles andere als vergeudete Zeit, denn sie tragen entscheidend dazu bei, wechselseitige Erwartungen von Führungskräften und Beschäftigten zu klären und für eine gemeinsame mentale Landkarte zu sorgen.

So ist es zum Beispiel alles andere als selbstverständlich, dass Führungskräfte wie Mitarbeiter von einem gemeinsamen Begriff von »Leistung« ausgehen. Hier zeigt sich nicht selten ein ernstes Praxisproblem, das zu zahlreichen Missverständnissen und enttäuschten Erwartungen führen kann. Während sich das obere Management primär für die in Zahlen zu messenden Ergebnisse eines Arbeitsprozesses interessiert, tendieren viele Beschäftigte auf den unteren Hierarchieebenen dazu, Leistungen, insbesondere ihre persönliche Leistung, weniger an quantitativen als vielmehr an qualitativen Kriterien festzumachen. Da spielt unter Umständen die »gefühlte Zufriedenheit« direkt betreuter Kunden eine ebenso wichtige Rolle wie die »technisch perfekte« Lösung für ein spezifisches Problem (»Etwas anderes lässt mein Ingenieurstolz nicht zu!«) – möglicherweise um den Preis, dass die Performance des Unternehmens allgemein leidet. Hier keine Zeit in die Entwicklung eines gemeinsamen Leistungsverständnisses zu investieren würde die kulturelle Kluft zwischen »denen da oben« und »uns hier unten« stetig vergrößern.

Unabhängig davon führt das Veto einer Führungskraft zu einem bestimmten Diskussionsergebnis während eines Shadowing-Prozesses ganz konkret dazu, dass dieser Punkt noch einmal, zum Beispiel im Rahmen regelmäßig stattfindender Kooperationsworkshops abgeklärt wird (zur

Funktion dieser Kooperationsworkshops in Teil III mehr). Ist eine Gruppe dabei weder aus Sicht des Managements noch aus Sicht der Kooperationsagenten in der Lage, Lösungsansätze zu entwickeln, die die Grundinteressen des Unternehmens befördern und die Zusammenarbeit verbessern, wird der Beschattungsprozess abgebrochen und die Kooperationszone aufgelöst. Für den Aufbau sozialer Hochleistungssysteme ist so gesehen die Losung »alle Macht dem Kollektiv« ebenso unsinnig wie die Praxis, »alle Macht dem Management« zuzuordnen. Und: Bestehende hierarchische Strukturen und der Einsatz von Kontroll- und Machtmechanismen in einem Unternehmen können immer beides sein – Beschleuniger oder Bremsklotz notwendiger Veränderungen.

Vorher/Nachher: Ein Beispiel für ein erfolgreiches Shadowing-Projekt

Dass es auch in einer schwierigen Unternehmenssituation und in einem eher konservativen Umfeld gelingen kann, Kooperationsroutinen erheblich zu verbessern, zeigt abschließend das folgende Beispiel aus unserer Beratungspraxis.

Die Ausgangssituation

Ein mittelständisches Dienstleistungsunternehmen, nennen wir es die ABC GmbH, ist aus einer Fusion hervorgegangen. Dies schlägt sich in nach wie vor unterschiedlichen Führungskulturen nieder – von den Vorständen über die Bereichsleiter bis hin zu den Geschäftsstellenleitern. Unter den Mitarbeitern herrscht große Unzufriedenheit, da »Versprechungen« des Vorstandes aus der Zeit vor der Fusion nicht eingehalten wurden, und da das Unternehmen durch die aktuelle wirtschaftliche Situation gezwungen ist, weiter Personal abzubauen. Das Unternehmen arbeitet im Grunde mit zwei Zentralen, auf die sich die Vorstände und auch die Bereichsleiter verteilen. Hinzu kommen Filialen an weiteren

Standorten im gesamten süddeutschen Raum, die von den Geschäftsstellenleitern geführt werden.

In dieser Situation wandte sich der Aufsichtsratsvorsitzende an uns, mit der Bitte, möglicherweise vorhandene Konflikte auf Vorstandsebene zu lösen. Im Rahmen erster Workshops wurde rasch deutlich, dass die Uneinigkeit im Vorstand nicht das einzige Problem im Unternehmen darstellte: Kritisch war ebenfalls das gering entwickelte Führungspotenzial auf Bereichsleiterebene. Am kritischsten jedoch wurde seitens der Berater die defensive bis apathische Haltung vieler Beschäftigter und die schwache Performance im Vertrieb beziehungsweise in den einzelnen Geschäftsstellen eingeschätzt. Unsere Bestandsaufnahme nach der ersten Phase des Shadowing-Projektes:

Die Vorstände ...
... beschäftigten sich immer wieder mit den Führungsfehlern, die in der Vergangenheit im Rahmen des Fusionsprozesses gemacht wurden, anstatt sich mit der notwendigen strategischen Neuausrichtung des Unternehmens auseinanderzusetzen. Sie traten nicht geschlossen auf und personalisierten zudem strittige Fragen. Dabei übersahen sie, dass die Strittigkeit der Themen aus der Komplexität der Probleme resultierte und nicht dem »Versagen« Einzelner anzulasten war.

Die Bereichsleiter ...
... waren im Unternehmen, insbesondere für ihre Mitarbeiter, kaum wahrnehmbar. Sie verschanzten sich hinter Sachaufgaben und versteckten sich bei unpopulären Führungsentscheidungen hinter ihrem jeweiligen Bereichsvorstand (»Der Vorstand möchte ...«). Zudem tendierten sie dazu, Führungsprobleme nicht selbst zu lösen, sondern einfach nach oben zu delegieren (»Das kann ich nicht entscheiden, da muss der Vorstand sagen, wie er es will ...«).

Die Geschäftsstellenleiter ...
... fungierten als Sprachrohr der »Basis«. Sie trugen den Unmut der Beschäftigten an den Vorstand weiter, meist an den Bereichsleitern vorbei. Dabei erkannten sie nicht, dass sie mit ihrem Verständnis für die Sicht-

weise der Beschäftigten und mit ihrem Verhalten den Unmut im Unternehmen weiter schürten.

Die Kommunikation zwischen Zentralen und Geschäftstellen ...
... wurde überwiegend und in häufig unangemessener Form via E- Mail gestaltet. Persönliche Kontakte zwischen den Standorten sowie auf Führungsebene waren auf ein Minimum beschränkt (»Warum soll ich da hinfahren? Per Mail kann ich denen die Information doch viel schneller zukommen lassen!«). Sowohl der Umgangston vieler Mails wie auch die exzessive Nutzung der cc-Funktion wiesen auf stark belastete Arbeitsbeziehungen hin. Seitenlange Stellungnahmen zur Rechtfertigung von Bagatellentscheidungen waren ebenso üblich wie kurze, im Befehlston oder mit persönlich kränkenden Anspielungen gespickte Varianten.

Zwischen den Bereichen ...
... flossen auf allen Hierarchieebenen relevante Informationen nicht. Stattdessen wurde in Besprechungen, wenn sie denn einmal stattfanden, lang und breit und oft ergebnislos diskutiert. Vereinbarungen unter Führungskräften wie unter Beschäftigten wurden in der Regel mündlich getroffen, kaum schriftlich fixiert und so gut wie überhaupt nicht kontrolliert, etwa hinsichtlich der Einhaltung von Terminen.

Die Zusammenarbeit der Mitarbeiter untereinander ...
... ließ zu wünschen übrig. Auf den ersten Blick solidarisierte man sich zwar scheinbar gegen »die da oben«; vor Ort wurden jedoch viele Konflikte untereinander weder angesprochen noch geklärt. Wechselseitige Stellvertretung war spontan kaum möglich oder generell unzureichend geregelt. Viel Ärger verursachte, den telefonischen Kundenservice ein Mal pro Woche (!) auch über die üblichen Öffnungszeiten hinaus zu gewährleisten. Die Mitarbeiter waren nicht bereit, hierfür Mehrarbeit zu leisten. Stattdessen praktizierten sie ganz selbstverständlich »Dienst nach Vorschrift«.

Und als wäre all das noch nicht genug, brodelte die Gerüchteküche unaufhörlich vor sich hin und brachte immer wieder neue Horrorszenarien in Umlauf (»Wir verlieren unsere Eigenständigkeit als Unternehmen doch sowieso und müssen erneut fusionieren ...«). In einer solchen Gemengelage, die durchaus typisch ist für Unternehmen in Umbruchsituationen, bringt die übliche Professionalisierung einzelner Akteure – in diesem Fall etwa ein Führungskräftetraining für Bereichs- und Geschäftsstellenleiter oder die moderierte Konfliktlösung im Vorstand – herzlich wenig. Die Herausforderung bestand vielmehr darin, das gesamte Unternehmen »rundzuerneuern«, das heißt, es insbesondere kulturell wieder in einen leistungsfähigen Zustand zu versetzen. Der Beratungsprozess wurde vor diesem Hintergrund darauf ausgerichtet, nicht nur die Führungsmannschaft, sondern alle Beschäftigten einzubinden. Die Herausforderung lautete, in kurzer Zeit eine neue Kooperationskultur im Unternehmen zu schaffen. Dazu waren die Mitarbeiter auf allen Hierarchieebenen zeitgleich durch einen Entwicklungsprozess zu führen, der direkt an ihren Problemen vor Ort im Arbeitsalltag ansetzte. Außerdem kam es darauf an, alle Akteure in Lösungsfindung und -umsetzung einzubinden.

Das Ergebnis des Shadowing-Projektes

Gut ein Jahr später stellt sich die Situation in der ABC GmbH wie folgt dar:

Die Zusammenarbeit im Vorstand ...
... hat sich wesentlich verbessert, nicht zuletzt, weil deutlich wurde, dass die Kooperationsprobleme auf dieser Ebene sowohl eine Folge der objektiv schwierigen Managementsituation war, als auch Folge der Führungsschwäche vieler Führungskräfte auf den nachgeordneten Hierarchieebenen. Die Zusammenarbeit läuft wesentlich stringenter und ergebnisorientierter ab, auch weil das Besprechungsmanagement des Unternehmens auf allen Hierarchieebenen professionalisiert wurde (durchdachter Teilnehmerkreis, klare Agenda, schriftliche Fixierung der Ergebnisse, klare Benennung von Verantwortlichen für die Umsetzung et cetera).

Die Etablierung einer lösungs- und ergebnisorientierten Grundhaltung ...
... im gesamten Unternehmen ist gelungen. Dafür wurden auf allen Ebenen – Vorstand, Bereichsleiter, Mitarbeiter – neue Kommunikationspraktiken eingeführt, wie zum Beispiel: »Jeder, der ein Problem benennt, muss mindestens zwei Lösungsvorschläge mitbenennen.« Aufgabe der Kooperationsagenten ist es unter anderem, in Besprechungen und Einzelrücksprachen jederzeit auf die Einhaltung dieser Regel zu achten und entsprechendes Feedback zu geben.

Die Führungskräfte ...
... und Mitarbeiter haben sich intensiv über Führungsprinzipien, wechselseitige Erwartungen, Leistung und Leistungserbringung sowie die Qualität von Arbeitsprozessen verständigt. Nachdem sich in der ersten Phase des Prozesses dazu alle leitenden Mitarbeiter aktiv mit der Kritik der Beschäftigten auseinandersetzen mussten und den Mitarbeitern Rede und Antwort standen, wurde dies anschließend umgekehrt, und die Mitarbeiter stellten sich der Kritik der Vorgesetzten. Dieses Vorgehen führte dazu, dass Diskussionen im Unternehmen wesentlich differenzierter verliefen, nachdem zunächst einmal der emotionale Druck, der sich bei vielen Beschäftigten aufgestaut hatte, kanalisiert und abgebaut werden konnte.

Die Mitarbeiter ...
... haben überwiegend verstanden, dass sie tatsächlich einen entscheidenden Beitrag für die Leistung des Unternehmens erbringen können und auch erbringen müssen. Es wurde zunehmend einfacher, im gesamten Arbeitsablauf dafür zu sorgen, dass bei Rücksprachen oder größeren Besprechungen die Unternehmensinteressen an erster Stelle standen und nicht mehr vorrangig Einzelinteressen. Die Leistungsbereitschaft zeigt sich insbesondere bei den vertrieblichen Aktivitäten.

Das Arbeitsklima ...
... ist offener geworden, wenn auch noch eine gewisse Unsicherheit herrscht, ob der bislang erarbeitete Zustand nachhaltig anhalten wird. Alle, vom Vorstand bis zum Azubi, wissen inzwischen um die Bedeutung

der Umstellung von ineffizienten Gewohnheitsmustern und beteiligen sich so gut sie können an diesem Prozess.

Die ABC GmbH zum jetzigen Zeitpunkt ein »soziales Hochleistungssystem« zu nennen, wäre zweifellos (noch) eine Übertreibung. Jedoch arbeitet das Unternehmen heute bereits weitaus produktiver und erfolgreicher als vor einem Jahr. Zahlreiche destruktive und ineffiziente Kooperationspraktiken sind durch wesentlich wirksamere Routinen ersetzt, und je länger ein soziales System so arbeitet, desto stärker ist es selbst in der Lage, sich auf diese Weise aus eigener Kraft selbst weiter zu professionalisieren. Und: All das geschah ohne die üblichen »Kollateralschäden« schlecht angelegter Change-Management-Prozesse, die nicht selten überforderte mittlere Managementebenen hinterlassen oder demotivierte Beschäftigte, die unter »Change-Management« nur den Abbau von Beschäftigten und die Erhöhung ihres bisherigen Arbeitspensums erleben. Auch vor diesem Hintergrund »rechnet« sich ein Shadowing-Projekt.

Wie sehen die einzelnen methodischen Schritte aus, um einen derartigen Professionalisierungsschub auszulösen? Dieser Frage ist Teil III gewidmet.

Fazit: Wandel muss von außen angestoßen werden, aber im Unternehmen eingeübt und fest verankert werden. Shadowing als »Coaching vor Ort« setzt konsequent auf die Störung vorhandener Routinen und die Partizipation der Betroffenen. Damit verbessert Shadowing Kooperationspraktiken im Unternehmen nachhaltig und nachweisbar.

Teil III

Shadowing: Kooperation im Alltag optimieren

Kapitel 6

Die Entwicklung produktiver Zusammenarbeit: Projektstart

Die Einsicht, dass Unternehmen zukünftig noch stärker auf Eigenverantwortung und Selbstorganisation ihrer Mitarbeiter setzen müssen, entstammt keinem humanistischen Impuls. Sie basiert auf der Erkenntnis, dass die Herausforderungen einer immer komplexeren Arbeitswelt nur durch eine exzellente, motivierte Zusammenarbeit im Arbeitsalltag zu meistern sein werden. Nur so sind Organisationen in der Lage, ihr Leistungspotenzial voll auszuschöpfen. Auf diesen Luxus zu verzichten, werden sich Unternehmen immer seltener leisten können. Umso wichtiger ist es, dass alle Akteure im Unternehmen stärker in die Verantwortung für die Entwicklung der dafür notwendigen Fähigkeiten genommen werden. Gegenwärtig wird 90 Prozent der Beschäftigen jedoch weder erklärt, wie wichtig der Faktor Kooperation für den nachhaltigen wirtschaftlichen Erfolg ihres Unternehmens ist, noch wird ihnen gezeigt, wie sie selbst ihre Zusammenarbeit im Alltag besser gestalten können. In den folgenden Kapiteln will ich erläutern, wie der Aufbau eines sozialen Hochleistungssystems praktisch gelingt. Dabei setze ich auf die bereits skizzierte Methode des »Shadowing«.

Shadowing ist ein innovatives Beratungskonzept, das auf die systematische Optimierung der Zusammenarbeit direkt vor Ort, im Arbeitsalltag, und auf die Einbeziehung aller Mitarbeiter an einem Unternehmensstandort setzt. Statt fern der täglichen Routine im Seminarraum zu üben oder nur einzelne Entscheidungsträger zu qualifizieren, begleiten Kooperationsagenten die Beschäftigten wie »Schatten« durch ihren Tag und unterstützen sie gezielt bei der Reflexion und Veränderung ihrer Kooperationsroutinen. Shadowing als »Coaching vor Ort« arbeitet also konsequent nach dem Prinzip »Hilfe zur Selbsthilfe«. Auf diese Weise leitet Shadowing einen echten Kulturwandel im Unternehmen ein und garantiert nachhaltige Lernerfolge. Worauf kommt es beim Projektstart an?

Grundsatzentscheidungen: Das Topmanagement

Wer auf Shadowing setzt, verändert (s)ein Unternehmen grundlegend. Nun ist dieser Wandel in vielen Unternehmen zwar durchaus gewollt – warum sonst sollte man ein solches Projekt anstoßen? Die Erfahrung lehrt jedoch, dass das allgemeine Ziel »bessere Zusammenarbeit« nicht gleichbedeutend ist mit der Akzeptanz der konkreten Folgen, die dies hat – auch für das Management. Wenn am Ende des Prozesses nicht mehr nur 10, sondern 100 Prozent der Beschäftigten die Verantwortung für die Qualität der Zusammenarbeit und die Effizienz von Steuerungsprozessen übernommen haben, verändert dies auch die Rolle der Führungskräfte. Am Anfang eines Shadowing-Prozesses muss daher die Einbindung aller Entscheidungsträger im Unternehmen stehen. Dies geschieht in Form von Strategie- und Einbindungsworkshops.

In Strategieworkshops werden aktuelle Probleme im Unternehmen mit dem Topmanagement analysiert und die Erwartungen diskutiert, die mit dem Kooperationsprojekt verbunden werden. Auf allen weiteren Hierarchieebenen finden zu Beginn sogenannte Einbindungsworkshops statt. Diese meist halbtägigen Veranstaltungen machen die mittleren und unteren Führungsebenen mit den Kernanliegen des Projekts und mit dessen Folgen im Führungsalltag vertraut. Auch der Betriebsrat sollte bereits bei Projektstart eingebunden werden und Gelegenheit haben, Bedenken, Fragen oder auch Einwände zu äußern. Zustimmungspflichtig im juristischen Sinne sind Qualifikationsmaßnahmen allerdings nicht.

Dem Topmanagement fällt zu Beginn naturgemäß eine Schlüsselrolle zu. Die Entschlossenheit, mit der die Führungsspitze den Ausbau des Unternehmens zu einem sozialen Hochleistungssystem angeht, und die Ernsthaftigkeit, mit der sie hinter dieser Aufgabe steht, beeinflussen das Tempo der Entwicklung und den Projekterfolg maßgeblich. Deshalb muss gerade anfangs herausgearbeitet werden, dass und wie eine wirksame und nachhaltige Verbesserung von Kooperationsroutinen die Kultur eines Unternehmens insgesamt transformiert. Das Topmanagement muss sich nicht nur darüber im Klaren sein, wie stark sich das Unternehmen verändern wird. Es muss sich darüber hinaus seiner Vorbildwirkung bewusst sein und darauf aufbauend seine Rolle im bevorstehenden Entwicklungsprozess festlegen. Dazu gehört seine Präsenz bei den wichtigen Startveranstaltungen zu Projektbeginn, in denen die Mitarbeiter erste Informationen zum geplanten Projekt erhalten. Dazu gehört aber auch die Bereitschaft des Topmanagements, die eigenen Kooperationsroutinen ebenfalls auf den Prüfstand stellen zu lassen und mit den Mitarbeitern zu diskutieren – zumindest dann, wenn es nicht um lokal begrenzte Einzelmaßnahmen, sondern um die flächendeckende Verbesserung der Kooperation an einem Standort geht. Dann werden aus Auftraggebern ganz normale Beteiligte eines arbeitsbasierten sozialen Systems, deren Aufgabe darin besteht, sich konstruktiv an der Professionalisierung relevanter Kooperationsroutinen in ihrem Arbeitsbereich zu beteiligen. Wann dies der Fall ist, hängt vom Projektverlauf ab (zur Einrichtung der Kooperationszonen siehe Seite 135). Dass es der Fall sein wird, steht von Beginn an fest. Denn die Entwicklung kultureller Grundlagen ohne die Einbindung der obersten Managementebenen wäre kompletter Unsinn.

Projektverlauf: Pilotgruppen oder standortweiter Start?

Eine wichtige Grundsatzentscheidung, die das Topmanagement vor dem Projektstart treffen muss, betrifft die Frage ob Shadowing punktuell oder flächendeckend eingeführt werden soll. Fachlich betrachtet existieren gute Gründe für jede der beiden Vorgehensweisen. Eine Entscheidung muss sich deshalb an der spezifischen Situation vor Ort orientieren, etwa an der Größe des Standorts, der Zahl von Gebäuden und Stockwerken, an den Arbeitsabläufen oder den vorhandenen Ressourcen.

Die flächendeckende Einrichtung von Kooperationszonen an einem Unternehmensstandort, das heißt die zeitgleiche Entwicklung aller Unternehmensbereiche, hat den Vorteil, dass mit diesem Schritt ein enormer Push durch den gesamten Standort geht. Da zudem alle Mitarbeiter gleichzeitig auf denselben Informationsstand gebracht werden, können Gerüchte, gegen die sonst möglicherweise zeit- und energieraubend angearbeitet werden muss, gar nicht erst entstehen. Auch erspart man sich das »häppchenweise« Nachreichen von Detailinformationen an interessierte, aber noch nicht eingebundene Gruppierungen und – sehr wichtig: Es kann sich niemand besonders bevorzugt oder besonders benachteiligt fühlen, da alle zum selben Zeitpunkt zur Teilnahme aufgefordert sind. Davon profitieren auch die Führungskräfte auf den mittleren Ebenen, müssen sie doch nicht immer wieder Statements zu Inhalten und Zielen des Projekts abgeben, ohne selbst schon auf eigene Prozesserfahrungen zurückgreifen zu können.

Natürlich ist mit dem flächendeckenden Einstieg ins Shadowing ein erhöhter logistischer Aufwand verbunden. Insbesondere in den ersten Wochen geht eine Vielzahl von Rückmeldungen aus den verschiedenen Kooperationszonen im zentralen Steuerungsgremium, dem Shadowingboard ein. Die Funktion dieses Boards wird weiter unten näher erläutert. Die zeitnahe Erfassung der ersten Rückmeldungen und die Klärung damit einhergehender praktischer oder strategischer Fragen muss jedenfalls zügig und konzertiert erfolgen, da die Reaktionen des Managements insgesamt von den Mitarbeiten gerade in der Anfangsphase sehr genau beobachtet werden. Hier ist es wichtig, schnell und unterstützend zu reagieren, um den Einstieg in den kulturellen Umbau von Beginn an ausreichend zu stabilisieren, Irritationen aufzufangen und erste Erfolge zu unterstützen.

Die punktuelle Einführung von Kooperationszonen ist im Vergleich zum flächendeckenden Projektstart logistisch einfacher. Bei dieser Variante werden einzelne Pilotprojekte lanciert: Man richtet eine Kooperationszone oder einige wenige Zonen ein, die genau beobachtet und analysiert werden können, bevor weitere Unternehmensbereiche einbezogen werden. Ein anderer Vorteil besteht darin, dass die sukzessive Einrichtung von weiteren Kooperationszonen durch bereits erzielte Erfolge erleichtert wird. Sobald die ersten Unternehmensbereiche zeigen, wie positiv sich Shadowing auf die Arbeitsleistungen auswirkt und wie rasch sich das Arbeitsklima sowie die Kooperationspraxis dort verbessert, werden Nachbarbereiche meist von selbst aktiv und dringen darauf, in das Projekt einbezogen zu werden. Durch diesen Effekt wird Shadowing im Unternehmen quasi zum Selbstläufer.

Einer der größten Nachteile dieses Vorgehens liegt auf der Hand: die Dauer des Prozesses. Denn je langsamer und »naturwüchsiger« die Einrichtung von Kooperationszonen verläuft, desto länger wird es auch dauern, bis der gesamte Standort von den Verbesserungen profitiert. Schwierigkeiten ergeben sich auch, wenn Mitarbeiter zwischen neuen Kooperationszonen und »alten« Strukturen pendeln. Dadurch, dass diese mobilen Mitarbeiter nur sporadisch an den laufenden Entwicklungsprozessen teilnehmen, verlangsamt sich auch die Entwicklungsarbeit in den bestehenden Kooperationszonen. Bereits geführte Diskussionen und getroffene Vereinbarungen müssen nachträglich nur sporadisch präsenten Kollegen vermittelt werden. Das kostet Zeit und verursacht zusätzlichen Aufwand.

Ansprechpartner: Die interne Personal- und Organisationsentwicklung

Für welchen der Wege sich das Topmanagement auch entscheidet, ob sukzessives oder flächendeckendes Shadowing: Die Einbindung aller Mitarbeiter in die Optimierung der Zusammenarbeit ist in jedem Fall ein Meilenstein in der Personal- und Organisationsentwicklung eines Unternehmens. Welche Rolle fällt in diesem Prozess den Personalabteilungen und Personalentwicklern zu? Zum einen fungieren sie als feste Ansprechpartner der Kooperationsagenten. Gemeinsam mit ihnen bilden sie das »Shadowingboard«, ein Steuerungsgremium, in dem sich Berater und interne Personal- und Organisationsentwickler gemeinsam um alle Fragen rund um die Implementierungslogistik kümmern. Dazu zählen beispielsweise aktuelle Fragen der Einrichtung der Kooperationszonen, der Organisation von Terminen, der Dokumentation und Speicherung von Ergebnissen des Beobachtungsprozesses et cetera.

Zum anderen bietet der Shadowing-Prozess Personal- und Organisationsentwicklern vor Ort geradezu ideale »Laborbedingungen«, unter denen sie sehr genau studieren können, wie die Belegschaft an einem Standort »tickt«, wie sie als soziales System funktioniert, und wo im Einzelnen Kompetenzgrenzen verlaufen. Ist es bislang im Rahmen der Evaluation von Qualifikationsmaßnahmen meist nur möglich, den Lernprozess einzelner Führungskräfte zu beurteilen, wird mit Shadowing die Möglichkeit eröffnet, die Entwicklungsgeschwindigkeit und -qualität ganzer Unternehmensbereiche systematisch zu messen. Diesen Prozess auf Basis der Daten der weiter unten erläuterten Erhebungs- und Dokumentationsinstrumente (Kooperationsprofil, Kooperationspyramide, Logbuch) systematisch zu analysieren ist von großem Nutzen für die zukünftige Arbeit des Personalbereichs und stellt eine seiner wichtigsten Aufgaben während des gesamten Shadowing-Prozesses dar. Denn die in einer Kooperationszone beobachteten Einstellungen und Verhaltensweisen auf Seiten der Beschäftigten zeigen sehr genau an, mit welchen kognitiven, emotionalen und sozialen Mustern Qualifikationsprozesse im Unternehmen auch zukünftig rechnen müssen.

Zu nennen sind hier zum Beispiel die Lerngeschwindigkeit, mit der sich die verschiedenen Arbeitsgruppen in ihren Kooperationszonen entwickeln, oder auch der notwendige Betreuungsbedarf der Systeme, der sich vornehmlich an der Präsenz und dem Handlungsbedarf seitens der Berater ablesen lässt. Wird der Entwicklungsprozess in verschiedenen Kooperationszonen gleichzeitig beobachtet, können zudem die Ergebnisse miteinander verglichen werden. So bieten die im Shadowing-Projekt gewonnenen Beobachtungsergebnisse der Personal- und Organisationsentwicklung wertvolle Informationen.

Ob und wann eine Übernahme der Arbeit der Kooperationsagenten durch interne Personaler möglich wird, muss der Projektverlauf zeigen. Grundsätzlich ist dies von der Qualifikation der Personalfachleute und vom Ausgangsniveau der Kooperationsroutinen in den entsprechenden Kooperationszonen abhängig.

Arbeitsbereiche: Die Kooperationszonen

Der operativ wichtigste Schritt in der Vorbereitungsphase eines Shadowing-Prozesses besteht darin, die Zahl und die genauen Grenzen derjenigen Kooperationszonen festzulegen, mit denen das Unternehmen den kulturellen Umbau beginnt. Bei der Festlegung der Grenzen spielen geographische und architektonische Aspekte wie Größe und Lage der Zonen ebenso eine Rolle wie die Zahl der davon betroffenen Mitarbeiter und deren Mobilitätsgrad.

Faustregeln für die Einrichtung von Kooperationszonen:

- Kooperationszonen sollten nicht verschiedene Stockwerke in einem Gebäude umfassen.
- Die Kooperationsagenten müssen in der Lage sein, an einem Tag möglichst alle Akteure zu sehen. Kooperationszonen sollten daher nicht mehr als 50 bis 80 Akteure umfassen.
- Im Zentrum der jeweiligen Zonen sollten möglichst gemeinsam nutzbare Besprechungsräume beziehungsweise die wichtigsten Büroräume liegen (beispielsweise die Büroräume von Führungskräften oder entsprechende Großraumbüros).
- In ähnlich organisierten Arbeitsbereichen, zum Beispiel in Produktionshallen, können die Zonen eher größer gefasst sein; in Bereichen mit sehr unterschiedlichen Aufgabengebieten oder vielen Einzelbüros, zum Beispiel in Entwicklungsabteilungen oder im Kundenservice sollten die jeweiligen Zonen kleiner und überschaubarer gehalten werden.

Die verschiedenen Kooperationszonen werden vor Beginn des Projektes gut sichtbar markiert. Durch die Visualisierung der geographischen Grenzen wird die Aufmerksamkeit der Beteiligten in den jeweiligen Zonen auf die anstehende Aufgabe ausgerichtet und der gesamte Entwicklungsprozess von Beginn an mit diesem Ort verknüpft. Von nun an existiert ein »sichtbares« Innen und Außen, eine »on duty/off duty«-Situation für die Beteiligten. Damit organisiert die Visualisierung nicht nur das geographische Gelände, sondern zugleich die soziale Praxis der Akteure. Für die optische Markierung sind dem Einfallsreichtum der Beteiligten

Abbildung 3: Checkliste Projektstart

Beispiel für Checkliste

Checkliste Projektstart

- Projektverlauf geklärt ☐
  (Pilotgruppen/gesamter Standort)?
- Festlegung Kooperationszonen geklärt? ☐
- Termine Shadowingboard geplant? ☐
- Aufgabenverteilung Personalabteilung/ ☐
  Kooperationsagenten geklärt?
- Aufenthaltsort/Kooperationsagenten ☐
  geklärt?
- Zwischenberichte abgestimmt ☐
  (Häufigkeit/Detailliertheit)?
- Mittleres Management informiert ☐
  (Einbindungsworkshops)?
- Unterstützung für mittleres Management ☐
  erforderlich (Shadowingboard)?
- ... ☐

keine Grenzen gesetzt. Selbstklebende Beschriftungen an einigen Türen und Wänden reichen jedoch schon vollkommen aus.

Auch die Aufenthaltsorte der Kooperationsagenten in den jeweiligen Zonen und eine Reihe von weiteren praktischen Fragen, etwa die Häufigkeit beziehungsweise der Detaillierungsgrad von Zwischenberichten an das Topmanagement, müssen vor dem eigentlichen Projektstart diskutiert und entschieden werden. Zur Klärung solcher Aspekte tritt das Shadowingboard zusammen. Am Anfang helfen Checklisten, die wichtigsten Punkte rasch abzuarbeiten. Um das Projekt zügig anzuschieben, empfiehlt sich die Teilnahme des Topmanagements an den ersten Shadowingboard-Besprechungen. Auf diese Weise erfahren Vorstand beziehungsweise Geschäftsführung zudem frühzeitig, worauf bei der Einrichtung von Kooperationszonen geachtet werden muss – eine Erfahrung, die sich spätestens dann auszahlt, wenn auch im Bereich des Topmanagements Kooperationszonen eingerichtet werden.

Unterstützer: Das mittlere Management

Shadowing stellt Kooperationsroutinen auf den Prüfstand. Damit verändern sich Arbeitsprozesse und damit verändert sich unweigerlich auch die Rolle der Führungskräfte auf den mittleren Managementebenen. Diese werden nicht nur mit Fragen ihrer Mitarbeiter konfrontiert, sondern möglicherweise auch mit neuen Ansprüchen an ihre eigene Führungspraxis. Für den Projekterfolg ist es daher entscheidend, den mittleren Führungsebenen möglichst früh Sinn und Ziele des Verfahrens sowie den konkreten Planungsprozess zu erläutern und ihnen Gelegenheit zu geben, Bedenken, Fragen oder auch Einwände zu äußern. Dies geschieht, wie gesagt, schon im Rahmen von Einbindungsworkshops zu Projektbeginn.

Wenn sich die Zusammenarbeit der Mitarbeiter vor Ort verbessert, bedeutet das gleichzeitig eine Stärkung ihrer Eigenverantwortung und die Optimierung der Abstimmung untereinander. Dies führt direkt oder indirekt zu einer deutlichen Entlastung der Führungskräfte, insbesondere was Organisationsfragen, Feedback und den Informationsfluss in den entsprechenden Zuständigkeitsbereichen angeht. Shadowing steigert die Fähigkeit aller Akteure zur sozialen Selbstorganisation. Dadurch kann sich Führung zunehmend auf übergeordnete unternehmensstrategische Aspekte konzentrieren. Gleichzeitig gilt jedoch: Mit der Verbesserung der Kooperationskompetenz der Akteure steigen automatisch deren Erwartungen an die Effizienz, die Qualität und die Geschwindigkeit der Bearbeitung fachlich relevanter Führungsaufgaben. Mitarbeiter, die ihre eigenen Gewohnheitsmuster auf den Prüfstand stellen, sehen auch ihre Vorgesetzten mit neuen, kritischeren Augen. Die Kooperationsagenten müssen Vorgesetzten daher frühzeitig auf die damit verbundenen Leistungsanforderungen einstimmen.

Mit dem Projektstart verändern sich zudem nicht nur die Erwartungen der bereits eingebundenen Mitarbeiter an ihre Führung; das Projekt beeinflusst unweigerlich auch Nachbarabteilungen. So tauschen sich die Beteiligten natürlich auch mit anderen Kollegen über Maßnahmen der Verbesserung von Entscheidungsprozessen oder die Veränderung von Informationsflüssen bei typischen Schnittstellenproblemen aus. Auf diese Weise entsteht Gesprächsbedarf, der sich nicht auf die Projektzonen beschränkt. Um diesen positiven Nebeneffekt sinnvoll zu nutzen, müssen auch die Führungskräfte im direkten Umfeld einer Kooperationszone adäquat auf die damit verbundenen Diskussionen eingestimmt werden. Auch sie sollten deshalb zeitnah über den Entwicklungsprozess sowie die ersten Maßnahmen, die innerhalb der benachbarten Zonen zum Einsatz kommen, informiert werden.

Wie bei jedem Change-Projekt ist auch bei Shadowing mit anfänglicher Skepsis zu rechnen. So werden manche Führungskräfte bezweifeln, dass die »versprochene« Optimierung der Zusammenarbeit auch in ihrer Abteilung funktionieren kann. Andere werden den Aufwand für zu groß halten. Wieder andere werden sich fragen, was geschieht, wenn die Einführung von Shadowing »negative Energien« freisetzt, indem zum Beispiel schwelende Konflikte zwischen den Mitarbeitern offen ausbrechen. Auch wenn diese Sorgen bisweilen mehr über das Führungsselbstverständnis der einzelnen Führungskraft als über die tatsächlichen »Gefahren« in einer Kooperationszone aussagen, muss solchen Bedenken frühzeitig begegnet werden. Aufgabe der Kooperationsagenten ist es daher auch, eine offene Diskussion solcher Fragen in den Einbindungsworkshops anzustoßen.

Schon in den Einbindungsveranstaltungen sollte deutlich werden, dass, wer Menschen führen muss, Menschen auch führen *wollen* muss – und zwar auch und gerade dann, wenn dies schwierig oder anstrengend zu werden droht. Wer als Führungskraft die Interessen seines Unternehmens kompetent und professionell vertreten möchte, kann nicht ernsthaft gegen das Kernanliegen von Shadowing plädieren, nämlich Strategien und Praktiken in den Arbeitsalltag einzuführen, die die Leistungsfähigkeit arbeitsbasierter sozialer Systeme nachhaltig steigern. Wenn die mittlere Führungsebene eines Unternehmens auf diese Herausforderung unzureichend vorbereitet ist, zeichnet sich dies in der Einführungsphase des Projektes deutlich ab. In diesem Fall sollte das Shadowingboard klären, welche spezifische Form der Unterstützung diese Zielgruppe projektbegleitend erhält, etwa in Form von Kurzschulungen.

Das Fundament: Gemeinsame Werte

Während wir uns Freunde, Partner, Bekannte aussuchen können, ist das bei Kollegen nicht der Fall: Im Unternehmen treffen Menschen eher zufällig aufeinander. Und gerade hier ist intensive Kooperation gefragt, Tag für Tag, Jahr für Jahr. Wie also bringt man eine Gruppe lose koordinierter Individualisten dazu, sich als Leistungskollektiv zu verstehen und sich auf gute Zusammenarbeit zu verpflichten? Ohne gemeinsame Werte und ohne die Bereitschaft, für diese Wertvorstellungen auch einzutreten und sie mit Leben zu füllen, ist es schlicht nicht möglich, aus einer beliebigen Arbeitsgruppe ein soziales Hochleistungssystem zu bauen. Werte sind der Kitt im Unternehmensgefüge, und Shadowing ist ein eindeutig wertorientiertes Verfahren. Aus diesem Grund vertreten die Kooperationsagenten über die gesamte Entwicklungsarbeit jederzeit klare und eindeutig wertorientierte Positionen. Sie werden diese Positionen erläutern, wenn notwendig durchsetzen, und sie werden auch bereit sein, die Zusammenarbeit zu beenden, sollte es nicht möglich sein, hier eine gemeinsame Basis zu finden.

Über »Werte im Unternehmen« ist in den letzten Jahren viel diskutiert worden; Internetsuchmaschinen spucken auf diese Stichwörter hin Millionen Treffer aus. Derart ausufernde Debatten sind meist ein zuverlässiger Indikator für Defizite in der Praxis. Es ist hier nicht der Platz, den in vielen Unternehmen längst überfälligen kulturellen Diskurs, der mit der Klärung wertorientierter Aspekte einhergehen muss, detailliert auszuführen. Unstrittig ist, dass Werte vorgelebt werden müssen, um als Richtschnur für individuelles Handeln zu fungieren, dass dem Topmanagement hierbei eine entscheidende Rolle zufällt, dass nur die Konsistenz von Worten und Taten normative Kraft entfalten kann. Die Kernwerte eines Unternehmens müssen sich in seinen Förderungs- und Sanktionspraktiken niederschlagen, wenn sie von allen Unternehmensmitgliedern ernst genommen werden sollen.

Die Wertvorstellungen verschiedener Unternehmen werden sich vor dem Hintergrund von Branchenspezifika und Zielgruppen naturgemäß unterscheiden – ein Pharmakonzern definiert sich anders als ein Hersteller von Bioprodukten. Die Grundidee von Shadowing, Arbeitsgruppen zu sozialen Hochleistungssystemen zu entwickeln und sie in Richtung

Selbststeuerung zu professionalisieren, ist allerdings eng mit bestimmten Werten verknüpft. Dazu zählen:

Eigen- und Mitverantwortung

Wer in einem leistungsorientierten Umfeld mitarbeiten will, muss sich sowohl für den eigenen Arbeitsbereich verantwortlich fühlen als auch für das, was in Nachbarbereichen geschieht. Daran mangelt es zum Teil durch die jahrelange, teilweise jahrzehntelange Gewöhnung der Beschäftigten, sich innerlich von vielen Alltagsproblemen in ihrem Betrieb zu distanzieren und die Verantwortung für deren Lösung an ihre Vorgesetzten zu delegieren. In solchen Fällen besteht eine wichtige Herausforderung an die Kooperationsagenten darin, mit der richtigen Mischung aus Geduld und Hartnäckigkeit darauf hinzuwirken, dass sich alle Akteure in einer Kooperationszone lösungsorientiert und konstruktiv in den Entwicklungsprozess einbringen.

Vertrauen

Daneben gilt dem Aufbau von Vertrauen die höchste Priorität. Ohne ein Mindestmaß an Vertrauen geht in einem arbeitsbasierten System nichts. Für eine erfolgreiche Arbeit muss jederzeit die Option bestehen, offen über kritische, schwierige oder sensible Themen zu diskutieren. Menschen können vieles ertragen und auch manches verzeihen, solange sie sich sicher sind, dass man ehrlich mit ihnen umgeht, und solange es ihnen möglich gemacht wird, zu verstehen, weshalb bestimmte Maßnahmen oder Strategien für die Entwicklungsarbeit notwendig sind. Dies gilt für den Umgang von Führungskräften mit Mitarbeitern genauso wie für den Umgang der Kooperationsagenten mit ihren Zielgruppen, zwischen Vorstand und Betriebsrat genauso wie zwischen den Kollegen in einer Kooperationszone.

Fairness

Für den Aufbau von Vertrauen braucht es nicht nur Zeit, sondern auch die Bereitschaft, das eigene Denken und Handeln so transparent wie irgend möglich zu machen. Gleichgültig, wie intensiv oder kritisch die Auseinandersetzungen in einer Kooperationszone auch verlaufen mögen, allen Beteiligten muss jederzeit das Recht zur Teilnahme an allen wesentlichen Entscheidungen über Fragen ihrer Kooperation zugestanden sein, und die Zusammenarbeit muss von einem fairen Umgang untereinander geprägt sein.

Leistungsorientierung

Dass ein positives Verhältnis zu Leistung an sich den Projekterfolg entscheidend bestimmt, muss nicht eigens betont werden. Soziale Hochleistungssysteme leben von ambitionierten Akteuren, die gemeinsam erfolgreich sein wollen. Erforderlich ist deshalb eine wettbewerbsorientierte Grundhaltung, in der die Selbst- und Fremdverpflichtung auf Leistung und Qualität nicht stigmatisiert werden.

Solche Werteaspekte wird jeder Kooperationsagent im Verlauf des Shadowing-Projektes immer wieder beobachten und thematisieren. Die Verantwortung dafür, sich über Werte zu verständigen und sie in die Alltagspraxis umzusetzen, liegt nicht nur bei den Führungskräften, sondern bei allen Akteuren im Unternehmen. Sollten hier Defizite in der einen oder anderen Kooperationszone bestehen, werden die Berater nicht zögern, dies zum Thema zu machen. Ein arbeitsbasiertes System zum sozialen Hochleistungssystem umzubauen ist schlicht nicht möglich, wenn Führungskräfte und Mitarbeiter nicht in der Lage sind, gemeinsame Wertvorstellungen zu entwickeln.

Fazit: Shadowing setzt wie jedes Veränderungsprojekt das Commitment der Entscheidungsträger im Unternehmen voraus. In der Startphase kommt es daher auf die gezielte Einbindung von Topmanagement, mittlerer Führungsebene und Personalabteilung an.

Kapitel 7
Kooperationsprofil und Kooperationspyramide: Projektziele

Bessere Zusammenarbeit lässt sich nicht von oben verordnen. Es sind die Mitarbeiter selbst, die ihre Kooperationsroutinen gemeinsam auf den Prüfstand stellen und Verbesserungsmöglichkeiten entwickeln. Dies geschieht weitgehend im Arbeitsalltag. Kooperationsagenten beobachten, geben Feedback, greifen ein und unterstützen – aber sie geben nichts vor. Vor dem Hintergrund klassischer Weiterbildungs- und Beratungsangebote und ihrer immanenten »Beschulungstendenz« ist dieser Ansatz gewöhnungsbedürftig, und doch ist er alternativlos. Nur so lässt sich jener Kulturwandel anstoßen und in den Köpfen verankern, der die Beschäftigten im Unternehmen auch zukünftig befähigt, ihre Gewohnheitsmuster zu hinterfragen und auf hohem Niveau zusammenzuarbeiten. Soziale Hochleistungssysteme steuern sich weitgehend selbst, und Shadowing begleitet Unternehmen und Mitarbeiter dabei, Routinen für diese Selbststeuerung zu entwickeln.

Das bedeutet: Ohne die Einbindung der Beschäftigten in bislang ausschließlich den Führungskräften vorbehaltene Themenfelder, ohne ihre Mitsprache und ihren Einfluss auf den gesamten Entwicklungsprozess ist die beabsichtigte Vermittlung von Eigenkompetenz und Eigenqualifizierung undenkbar. Wie dies in der Praxis funktioniert, ist Thema des folgenden Kapitels. Dabei stehen die Bewusstmachung bislang kaum wahrgenommener Routinemuster und die Reformierung bis dato oft passiv ertragener ineffizienter Interaktionsgewohnheiten im Mittelpunkt. Ein »Kooperationsprofil« dokumentiert zunächst den Ist-Zustand in der Zusammenarbeit; den angestrebten Soll-Zustand erarbeiten die Betroffenen in Form einer »Kooperationspyramide«.

Selbstverständlich stellt Shadowing weder ein Verfahren zur Einführung basisdemokratischer Verhältnisse noch ein familientherapeutisches

Happening zur psycho-sozialen Erneuerung kollegialer Beziehungen dar. Im Fokus stehen vielmehr die Optimierung von Prozessen und die Etablierung leistungsrelevanter, effizienter Kooperationsroutinen. Mit derselben Selbstverständlichkeit gilt allerdings auch, dass die Verbesserung von Kooperationsleistungen die Bereitschaft zur Modifikation des Arbeitsverhaltens bei jedem Beteiligten voraussetzt – auch bei den Führungskräften.

Bestandsaufnahme: Das Kooperationsprofil

Wie schätzen die Angehörigen einer Kooperationszone die aktuelle Qualität ihrer Zusammenarbeit ein? Diese Frage wird in einer Erstbefragung noch vor Beginn des eigentlichen Entwicklungsprozesses geklärt. Hierfür wird mithilfe eines speziell entwickelten Fragebogens für jede Kooperationszone das sogenannte »Kooperationsprofil« erhoben. Über den Sinn dieser Erhebung sind die Mitarbeiter in einer ersten kurzen Informationskampagne – die in der Regel von der Personalabteilung durchgeführt wird – mit den allgemeinen Zielen und Inhalten des Shadowing-Prozesses vertraut gemacht worden.

Die Befragung konzentriert sich auf konkrete Kooperationssituationen in den entsprechenden Zonen, wie zum Beispiel die Qualität von Besprechungen, den Umgang mit Entscheidungsprozessen, den Informationsfluss in der Abteilung, die Zusammenarbeit zwischen Führungskräften und Mitarbeitern sowie auf das herrschende Arbeitsklima oder die Identifikation der Mitarbeiter mit ihrem Bereich. Der erste Kooperationsworkshop (siehe Abbildung 4) konzentriert sich dann zunächst auf jene Themen und Praktiken, die die Befragten als besonders negativ oder eindeutig ausbaufähig eingeschätzt haben.

Die Befragung erfolgt anonym, allerdings müssen alle Mitglieder der Kooperationszone daran teilnehmen. Auf diese Weise können von den Mitarbeitern auch Einschätzungen zum Ausdruck gebracht werden, über die sich möglicherweise noch nicht offen diskutieren lässt. Solche Äußerungen geben natürlich Anlass, über Fragen der Offenheit und des Vertrauens beziehungsweise der generellen Bereitschaft zur Kooperation zu diskutieren. Ob und wenn ja, in welcher Form diese Befragungsergebnisse in die Beschattungsarbeit innerhalb der Zonen einfließen, wird im Shadowingboard geklärt und mit dem Auftraggeber abgestimmt.

Ein Beispiel für einen Fragebogen finden Sie unten. Bei der Projektplanung passen die Berater den Bogen über die aufgelisteten Standards hinaus an die spezifische Unternehmenssituation an. Wichtig ist, dass der Bogen mit einer sechsstufigen Bewertungsskala keine »Flucht« in einen neutralen Mittelwert erlaubt und darüber hinaus Raum für Anmerkungen der Befragten vorsieht.

Bei diesem ersten Meinungsbild geht es nicht darum, die Komplexität sozialer Räume auf eine übersichtliche Zahl harter Fakten zu reduzieren, um die Probleme dann wie üblich von oben nach unten »wegzumanagen«. Vielmehr gibt die Befragung einen ersten Anstoß, in den jeweiligen Zonen über Kooperation nachzudenken, und setzt gegenüber den Mitarbeitern ein Signal, dass alle in die Verantwortung für die Qualität der Zusammenarbeit genommen werden. Eine rein statistische Auswertung ginge daher am Kern der Sache vorbei. Interessanter für Berater sind vielmehr Fragen wie diese:

- Wird die aktuelle Situation insgesamt eher sehr positiv oder sehr negativ bewertet, die Lage also möglicherweise eher schön oder eher schlecht geredet?
- Liegt eine eher heterogene oder eher homogene Selbsteinschätzung bei den Beschäftigten vor?
- Deckt sich das gewonnene Gesamtbild mit den Eindrücken der Führungskräfte beziehungsweise der Berater, oder gibt es hier auffällige Diskrepanzen?

Im Rahmen der anschließenden Beobachtungen der Kooperationsagenten im Arbeitsalltag wird sich rasch erweisen, ob die Selbsteinschätzung insgesamt und die Beurteilung einzelner Aspekte im Besonderen angemessen und nachvollziehbar sind. Diese Gegenüberstellung von Fremd- und Selbsteinschätzung gibt bereits zu erkennen, wie bewusst sich die Beschäftigten ihrer Kooperationspraxis sind. Doch fast wichtiger noch als die konkreten Ergebnisse der Befragung ist für den Moment die Tatsache, dass sich die betroffenen Abteilungen mit den Ergebnissen ihrer

Abbildung 4: Beispiel für ein Kooperationsprofil

Beispiel für Kooperationsprofil

Fragebogen Kooperationsprofil

Zielorientierung

Die Ziele in unserer Zone sind uns klar	☐☒☐☐☐☐	Die Ziele in unserer Zone sind uns unklar
Die Ziele sind realistisch und errreichbar	☐☐☐☐☒☐	Die Ziele sind unrealistisch und unerreichbar
...	☐☐☐☐☐☐	...

Aufgabenbewältigung

Die Prioritäten sind klar	☐☐☐☐☒☐	Die Prioritäten sind unklar
Informationen werden rechtzeitig ausgetauscht	☐☒☐☐☐☐	Informationen werden oft zu spät ausgetauscht
Probleme werden bei uns zeitnah gelöst	☐☐☐☒☐☐	Probleme bleiben häufig ungelöst
Wir koordinieren unsere Arbeit gut	☐☐☒☐☐☐	Wir koordinieren unsere Arbeit schlecht
...	☐☐☐☐☐☐	...

Zusammenhalt

Wir reden offen und frei miteinander	☐☐☒☐☐☐	
Wir reden nicht offen und frei miteinander	☐☒☐☐☐☐	
Zusammenarbeit steht im Mittelpunkt und nicht der Einzelne	☐☐☐☐☐☐	Einige denken zu viel an sich selbst
...		...

Verantwortungsübernahme ☐☐☐☐☒☐

Bei uns trägt jeder Verantwortung für den Arbeitserfolg	☐☐☐☒☐☐	Bei uns sind vor allem die Führungskräfte für den Arbeitserfolg verantwortlich
Mitarbeiter werden in Entscheidungen einbezogen	☐☐☐☐☐☐	Mitarbeiter werden kaum in Entscheidungen einbezogen
...		...

Arbeitsklima ☐☐☒☐☐☐

Das Klima in unserer Abteilung ist gut	☐☒☐☐☐☐	Das Klima in unserer Abteilung ist schlecht
Ich fühle mich an meinem Arbeitsplatz wohl	☐☐☐☐☐☐	Ich fühle mich an meinem Arbeitsplatz nicht wohl
...		...

Eigenmotivation/Identifikation ☐☐☐☒☐☐

Ich würde mein Unternehmen Freunden als Arbeitgeber empfehlen	☐☐☒☐☐☐	Ich würde mein Unternehmen Freunden eher nicht als Arbeitgeber empfehlen
Der Erfolg meiner Arbeit ist mir wichtig	☐☐☐☐☐☐	Der Erfolg meiner Arbeit ist mir weniger wichtig
...		...

Was sollte sich in meinem Arbeitsumfeld verändern?

_____
_____
_____

kollektiven Selbsteinschätzung überhaupt beschäftigen und die Inhalte diskutieren.

Die gemeinsame Auswertung der Befragungsergebnisse markiert den offiziellen Beginn der Entwicklungsarbeit in einer Kooperationszone. Zu diesem frühen Zeitpunkt des Projektes geht es ausdrücklich weder um eine schnelle »Problembeseitigung« noch um eine Beurteilung der Beteiligten durch die Berater. Und vor allem geht es nicht darum, dass der Fahrplan für alles Kommende nun von »oben« oder von »außen« festgelegt wird. Die Mitglieder einer Kooperationszone entscheiden von nun an selbst darüber, wo sie Optimierungsbedarf sehen und mit welchen Themenfeldern sie sich auseinandersetzen. Die Kooperationsagenten unterstützen diesen Prozess im ausdrücklichen Auftrag der Gruppe. Mit dieser Selbstverpflichtung ist das Commitment der Akteure am ehesten gesichert.

Gruppenziele: Die Kooperationspyramide

Während das Kooperationsprofil den Status quo der Zusammenarbeit festhält, dokumentiert die Kooperationspyramide die gemeinsame Zielvision für ihr künftiges effektiveres und reibungsloseres Miteinander. »Pyramide« deshalb, weil es sich bewährt hat, von konkreten Alltagssituationen auszugehen und »bottom-up« ein neues Selbstverständnis zu entwickeln – also genau anders herum vorzugehen als bei klassischen Leitbilddiskussionen, die konkretes Verhalten durch allgemeine Grundsätze, also »top-down«, zu beeinflussen suchen. Abbildung 5 zeigt, wie sich eine Kooperationspyramide schematisch darstellt.

Jede Kooperationszone erstellt dabei ihre eigene Kooperationspyramide. Diese Pyramide wird zu Beginn des Prozesses, meist in der ersten Projektwoche, von allen Akteuren gemeinsam erarbeitet. Sie steht dann als zentrales Orientierungskonzept für die weitere Arbeit zur Verfügung. Um ihre Kooperationspyramide zu erstellen, benennen die Mitarbeiter einer Zone zunächst alle wesentlichen Kooperationssituationen in ihrem Arbeitsalltag und gewichten diese in ihrer Bedeutung für die Leistungser-

Abbildung 5: Kooperationspyramide (Schema)

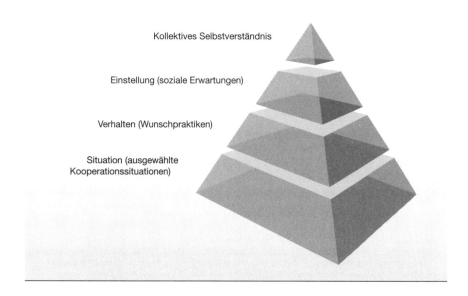

bringung. Anschließend werden die wichtigsten Situationen durch ein einfaches Abstimmungsverfahren ausgewählt, um gemeinsam diejenigen festzulegen, die bearbeitet und verbessert werden sollen. Diese Auswahl bildet die Basis der Pyramide.

Danach werden für jede Kooperationssituation die »Wunschpraktiken« beschrieben, die dann ihrerseits nach einem festgelegten Verfahren gewichtet, noch einmal selektiert und schließlich in die Kooperationspyramide aufgenommen werden. Darauf folgt die Klärung der sozialen Erwartungen. Auch hier diskutieren die Beteiligten, welche Einstellungen und Grundhaltungen helfen, das angestrebte Niveau der Zusammenarbeit zu erzielen. Am schnellsten gelingt diese Präzisierung erfahrungsgemäß mit einer Negativliste, denn vielen Menschen fällt es leichter, zunächst einmal zu sagen, was sie *nicht* wollen, und welche Haltungen oder Arbeitseinstellungen die Zusammenarbeit eher behindern. Steht diese Negativliste, werden die wichtigsten Aspekte positiv umformuliert und in die Kooperationspyramide aufgenommen. Zum Abschluss formulieren die Akteure ihr kollektives Selbstverständnis, indem sie jene Identitätsmerkmale herausstellen, die aus ihrer Sicht bestimmend sind für die Qualität der Zusammenarbeit. Ein Beispiel für eine solche Zielvision einer Arbeitsgruppe:

Abbildung 6: Kooperationspyramide (Beispiel)

Ein Beispiel für eine solche Zielvision einer Arbeitsgruppe:

Selbstverständnis:
Wir arbeiten hart daran, die bestfunktionierende Kooperationszone dieses Unternehmens zu sein!

Einstellungen:
- Zuerst der Kunde, dann der Kollege, dann ich!
- Wer Hilfe braucht, der ruft!
- Für die Lösung, gleich welchen Problems, sind alle gemeinsam zuständig!

Verhalten:
- Sich häufiger direkt mit Kollegen abstimmen, Gesprächsergebnisse festhalten, Maßnahmen vereinbaren
- Besprechungen ergebnisorientiert durchführen, konsequente Leitung, Themen rechtzeitig anmelden
- E-Mail-Flut reduzieren, Themen schneller direkt besprechen
- Ansprechpartner während Pausen selbst regeln, Telefone immer umstellen
- Wer ein Problem in der Zusammenarbeit benennt, bringt auch einen Lösungsvorschlag

Situationen:
Gegenseitige Abstimmung/Besprechungen/E-Mail-Kommunikation/ Pausengestaltung/„Problemkommunikation"

Die Erarbeitung der Kooperationspyramide macht den Workshopteilnehmern bewusst, von welchen Prinzipien und von welchen sozialen Praktiken ihre Zusammenarbeit gegenwärtig geprägt ist, und worin die Verbesserungen bestehen müssen. Erstmalig entwickeln dabei jene Beschäftigten eine gemeinsame Kooperationsvision, die sich tagtäglich begegnen. Das unterscheidet diesen Prozess von der bisherigen Situation, in der zahlreiche Umgangsformen und Interaktionsgewohnheiten entweder kaum wahrgenommen, unhinterfragt akzeptiert oder passiv ertragen wurden. Mit der gemeinsamen Erarbeitung der Kooperationspyramide schafft der Shadowing-Prozess so eine wichtige Voraussetzung, um vorhandene Kooperations- und Führungspraktiken zu überdenken und durch effizientere zu ersetzen. Die Ergebnisse des Diskussionsprozesses werden an möglichst vielen Stellen innerhalb der Kooperationszonen visualisiert, damit sie allen präsent bleiben – beispielsweise in Form von Flipchart-Plakaten, die die Pyramide zeigen.

Für die Führungskräfte der Kooperationszone ist dieser Prozess keine einfache, aber eine lohnende Herausforderung. Denn selbstverständlich werden mit grundlegenden Aspekten der Zusammenarbeit auch vorhandene Führungsroutinen kritisch unter die Lupe genommen. Hier sind auf Seiten der Führungskräfte eine gehörige Portion an professioneller Rollendistanz und ein gesundes Maß an Selbstbewusstsein gefragt, denn sie müssen sowohl in der Lage sein, ihre Sicht der Dinge in die Diskussion einzubringen, als auch kompetent mit dem gruppendynamischen Verlauf des Klärungsprozesses umzugehen.

Ein Beispiel: Eine große Zahl von Mitarbeitern weist bei der Erarbeitung der Kooperationspyramide darauf hin, dass sie in der Vergangenheit über wichtige Veränderungen in ihren Arbeitsbereichen entweder überhaupt nicht unterrichtet wurden oder so spät, dass keine Möglichkeit mehr bestand, organisatorische Probleme frühzeitig zu besprechen und zu lösen. Die Folge: Einige der eigentlich sinnvollen Änderungen vergrößerten das »Chaos« im Tagesgeschäft eher, als es zu minimieren. Würden die verantwortlichen Führungskräfte sich hier persönlich angegriffen fühlen, bliebe es wahrscheinlich bei einigen wenig hilfreichen Wortgefechten, welche die Mitarbeiter darin bestärkten, dass ihre Chefs nicht wirklich willens sind, die Zusammenarbeit gemeinsam zu verbessern. Gefragt sind in einer solchen Situation Vorgesetzte, die dezidiert nach dem Wie und Wann fragen und ein echtes Interesse daran beweisen, das Problem aus Sicht ihrer Mitarbeiter zu verstehen. Wenn sie außerdem die Hintergründe ihres eigenen Vorgehens erläutern, um anschließend gemeinsam mit der Gruppe einen Konsens zu erzielen, wie zukünftig mit Themen dieser Art besser umgegangen werden kann, dann verändert diese Diskussion allein zwar noch wenig. Kulturell betrachtet entsteht hier jedoch etwas meist gänzlich Neues: Für jeden Beteiligten wird erlebbar, dass hier ernsthaft und konstruktiv an einer Verbesserung der Zusammenarbeit gearbeitet wird.

Das Beispiel illustriert, dass in einer eher traditionellen, hierarchischen Unternehmenskultur die »Demokratisierung« von Kommunikations-, Kooperations- und Koordinationsprozessen auf dem Weg zum sozialen Hochleistungssystem eine wichtige Rolle spielen wird. Ohne eine stärkere Einbindung der Beschäftigten in Fragen, die bislang ausschließlich Führungskräften vorbehalten waren, ist eine hoch professionelle und selbstorganisierte Zusammenarbeit genauso wenig denkbar wie ohne souveräne Führung, die Freiräume gewährt und sich selbst nicht von Kritik ausnimmt. Oder anders formuliert: Über gutes und schlechtes Kooperationsverhalten am Arbeitsplatz muss in einer Kooperationszone ebenso offen geredet werden dürfen wie über gutes und schlechtes Management.

Die Kooperationspyramide ist der einzige Baustein der Shadowing-Architektur, der zu Beginn des Prozesses noch außerhalb des Tagesgeschäfts erarbeitet wird. Alle anderen Aktivitäten finden im Arbeitsalltag, also »on the job« statt. Sinnvollerweise werden für die Erarbeitung der Zielvision nie alle Mitarbeiter gleichzeitig von ihrem Arbeitsplatz abgezogen. Wer wann an welchen Aktivitäten teilnimmt, klären die Beschäftigten gemeinsam im Rahmen des ersten Kooperationsworkshops. Auch diese Form der Klärung zwingt die Beteiligten dazu, sich eigenständig abzustimmen. Schwierigkeiten dabei werden von den Kooperationsagenten sofort thematisiert. Dieses Vorgehen sensibilisiert die Beteiligten von Beginn an dafür, wie sie auf Kooperationsansprüche reagieren, und welche Lösungsstrategien sie dabei zeigen.

Untersuchungen in der Kleingruppenforschung deuten darauf hin, dass das Reflektieren und Diskutieren von Kooperationspraktiken nicht nur die Entwicklung gemeinsamer Einschätzungen und Ziele zwischen den Beteiligten begünstigt (Aufbau gemeinsam geteilter »mentaler Modelle«), sondern auch die praktische Etablierung besserer Kooperationsroutinen.[66] Vor diesem Hintergrund bietet die Kooperationspyramide als gemeinsam erstelltes »Kooperationsmodell« die Möglichkeit, Kooperationssituationen systematisch zu erfassen, kooperative Praktiken genauer zu identifizieren, gewünschtes Kooperationsverhalten konkret zu benennen sowie wechselseitig vorhandene soziale Erwartungen konstruktiv abzugleichen. Die Pyramide unterstützt die Teilnehmer, ihr Verhalten auf die vereinbarten Kriterien »guter Zusammenarbeit« auszurichten, Prioritäten im Zusammenspiel mit anderen Akteuren zu setzen beziehungsweise neue Handlungssequenzen mittels »mentaler Probeläufe« vorwegzunehmen.

Diskussionsforen: Kooperationsworkshops und Reports

Mit einem Kooperationsworkshop beginnt die gemeinsame Arbeit innerhalb der Kooperationszone, wobei der Name der Veranstaltung zugleich Programm ist. Denn »Kooperation« wird in diesem und allen folgenden Workshops eben nicht nur explizit zum Thema gemacht, sondern im Workshopverlauf gleichzeitig auch praktiziert. Die Kunst der Kooperationsagenten besteht dabei darin, in nuce eine Praxis einzuführen, die den kommunikativen und kooperativen Praktiken innerhalb sozialer Hochleistungssysteme schon sehr nahe kommt.

In der Regel findet während des gesamten Shadowing-Prozesses ein Kooperationsworkshop pro Monat statt. Er dauert zwei bis vier Stunden und umfasst jeweils zehn bis dreißig Teilnehmer. In größeren Kooperationszonen müssen also mehrere Workshopgruppen eingerichtet werden. Mit den Workshops werden die Kommunikationsprozesse innerhalb der jeweiligen Gruppen in Gang gebracht und konstruktive Einstellungen zum Thema Kooperation gefördert. Auf diese Weise nimmt im kollektiven Gedächtnis ein gemeinsames Modell von »Zusammenarbeit« langsam Gestalt an. Dabei arbeiten die Kooperationsagenten auf drei wesentliche Aspekte hin:

1. An jeder Diskussion muss sich die Mehrzahl der Teilnehmer beteiligen.
2. Die Beteiligten werden konsequent angehalten, sich sowohl methodisch als auch kommunikativ selbst zu organisieren. Dabei werden Regeln und Praktiken etabliert, wie Diskussionen effizient organisieren, ausreden lassen, auf den Punkt kommen, Lösungsstrategien entwickeln und Entscheidungen treffen.

3. Jede Diskussion muss mit konkreten Umsetzungsvereinbarungen abgeschlossen werden.

Normalerweise beginnt ein Kooperationsworkshop mit der Klärung der Agenda und einer kurzen Einführung durch den Berater. Den weiteren Verlauf bestimmen die Diskussionsteilnehmer weitgehend selbst. Die Kooperationsagenten moderieren die ersten Workshops und sorgen anschließend dafür, dass die Gruppen auch diese Aufgabe sukzessive selbst übernehmen. Dabei ist jeder Kooperationsworkshop nach demselben Grundmuster aufgebaut und widmet sich nacheinander den folgenden Fragen:

- Wo stehen wir im Augenblick?
- Wie schätzen wir die Lage ein?
- Was können wir sofort besser machen?
- Was können wir mittelfristig besser machen?
- Wie genau machen wir es besser?

Diese vergleichsweise simple Struktur sorgt nicht nur für inhaltliche Stringenz, sondern unterstützt die Entwicklung effizienterer Kooperationsroutinen auch über die jeweiligen Workshopthemen hinaus. Sie führt im wiederholten Vollzug konstruktive, lösungsorientierte Denkmuster ein, die die zukünftige Zusammenarbeit im Alltag mitprägen. Denn das, was Thema dieser Workshops ist, nämlich Kooperation und kooperative Routinemuster, vollzieht sich in der Art und Weise, wie die Workshopteilnehmer selbst agieren und miteinander umgehen. Das, wovon die Rede ist, manifestiert sich nicht nur in den Diskussionen, es manifestiert sich auch und insbesondere durch den Diskussionsverlauf selbst. Die Kooperationsagenten achten sowohl auf die Diskussionsinhalte als auch auf die Verhaltensmuster der Diskutanten. Und sie schließen jeden Diskussionspunkt mit einer Rückmeldung an die Gruppe über das inhaltliche Ergebnis und über die Form, wie dieses Ergebnis in der Gruppe zustande kam. Beklagen sich die Mitarbeiter zum Beispiel über die schlechte Organisation von Arbeitsprozessen durch ihre Vorgesetzten und diskutieren diesen Punkt zugleich vollkommen chaotisch, dann wird der Berater nicht nur auf die Kritik als solche, sondern zugleich auf die Form, in der diese Kritik sich im System artikuliert, eingehen.

Auf diese Weise etablieren die Kooperationsagenten ein Rückkopplungsverfahren, auf das während des gesamten Shadowing-Prozesses immer wieder zurückgegriffen wird. Kurzfristiges Ziel ist es, die Teilnehmer für die Zusammenhänge zwischen der Form ihres Kommunikationsverhaltens und deren Inhalten zu sensibilisieren sowie alle Akteure daran zu gewöhnen, eine qualitativ hochwertige Feedbackkultur aufzubauen. Mittelfristig soll das System lernen, die damit einhergehenden Kommunikations-, Kooperations- und Koordinierungspraktiken selbst so effizient wie möglich zu organisieren.

Anfangs werden Diskussionen vielleicht nur schleppend in Gang kommen, und vieles wird eher oberflächlich diskutiert. Häufig fühlen sich die Beschäftigten weder für die Erörterung von Grundsatzfragen noch für die Klärung von Entwicklungszielen noch für die Bewertung ihrer Kooperationsqualität zuständig. Manche Führungskräfte wiederum werden zu Beginn glauben, sie müssten auf jede Frage aus der Gruppe eine Antwort und für jedes Problem eine Lösung parat haben und daher tendenziell die Diskussion dominieren. Dass schon wenige Monate später alle Beteiligten in der Lage sein werden, tatsächlich konstruktiv und lösungsorientiert miteinander zu diskutieren, sich gegenseitig adäquat Feedback zu geben, erklären zu können, mit welchen Techniken, Taktiken und Strategien sie die in ihren Kooperationszonen vorhandenen Routinemuster bearbeiten – all das ist zu diesem frühen Zeitpunkt des Prozesses noch kaum vorstellbar. Und doch wird es so sein.

Ergänzt werden die Kooperationsworkshops durch einstündige »Reports«, die alle zwei Wochen in der jeweiligen Zone stattfinden und dazu dienen, alle Beteiligten knapp auf den aktuellen Stand zu bringen und wichtige Beobachtungen, die in der Zone gemacht wurden, zu diskutieren. Die Moderation dieser Veranstaltungen kann nach den ersten Wochen von den Führungskräften in den jeweiligen Zonen geleistet werden. Denkbar ist aber auch, dass ein oder mehrere Mitarbeiter die Verantwortung für die Leitung eines Reports oder Kooperationsworkshops übernehmen. Die Erfahrung zeigt: Je stärker die Leitung dieser Veranstaltungen unter den Teilnehmern rotiert, desto deutlicher engagieren sich alle Beteiligten und identifizieren sich mit Form und Inhalt der Veranstaltung.

Reports und Kooperationsworkshops werden methodisch so einfach wie möglich gehalten. Keine ausgefeilten Powerpointpräsentationen, keine langen Vorträge, keine aufwändigen Formen von Gruppenarbeit. Eine einfache und übersichtliche Agenda sowie das Ingangsetzen der direkten Kommunikation unter den Teilnehmern – mehr Aufwand muss nicht betrieben werden. Innerhalb der Reports und der Kooperationsworkshops achten die Berater jedoch konsequent darauf, dass alle Themen, die auf der Agenda landen, immer in ihrem Bezug zu den Projektzielen (siehe die Ausführungen zur »Kooperationspyramide« weiter unten) betrachtet werden. Und sie achten darauf, dass die Art und Weise, wie über diese Themen diskutiert wird, sich von Veranstaltung zu Veranstaltung klar erkennbar verbessert.

Selbstverpflichtung: Der Auftrag an die Berater/Kooperationsagenten

Shadowing entwickelt »normale« Arbeitsgruppen mit ihren üblichen Stärken und Schwächen zu sozialen Hochleistungssystemen, in denen Effizienz und Selbststeuerung groß geschrieben werden. Deshalb ist Shadowing nicht nur eine einzigartige Methode, um den kulturellen Wandel im Unternehmen gezielt anzustoßen und systematisch zu begleiten, sondern überdies der einzige Ansatz, der mir bekannt ist, der die gesamte Verantwortung für diesen Wandel in die Hände der Betroffenen legt. Dies geschieht, indem die Mitglieder einer Kooperationszone den Beratern ganz offiziell den Auftrag dafür erteilen, bei welchen Veränderungsprozessen sie ihre Unterstützung erwarten.

Nachdem die Kooperationspyramide erarbeitet wurde, treffen die Teilnehmer auf der Grundlage der entwickelten Ziele konkrete Vereinbarungen darüber, worauf sich der Shadowing-Prozess in der Anfangsphase konzentrieren soll. Der Kooperationsagent macht hierfür Vorschläge, über die im Workshop nach einem festgelegten Abstimmungsverfahren entschieden wird. Dies markiert gleichzeitig den Abschluss der konzeptionellen Vorarbeiten und die Eröffnung der folgenden Umsetzungsarbeit.

Dazu erteilt die Arbeitsgruppe dem Berater die Aufgabe, für die Veränderung oder Umsetzung eindeutig benannter Verhaltensweisen, die Einhaltung bestimmter Regeln oder andere Vereinbarungen zu sorgen.

Beispielsweise entscheidet sich die Mehrzahl der Beschäftigten in den ersten Wochen, ein Problemfeld wie etwa den Informationsfluss untereinander zu optimieren. Oder sie nehmen sich vor, bestimmte Regeln im Umgang miteinander (»Konsequent lösungsorientiert diskutieren!«) zu etablieren. Wie auch immer diese Entscheidungen ausfallen, grundsätzlich manifestiert sich in dieser Form der Beauftragung durch das soziale System selbst ein wichtiges symbolisches Ritual: Mit diesem Akt legt sich das System nicht nur auf bestimmte Verbesserungsziele fest; es legitimiert auch das Interventionsrecht des Beraters. Für den Kooperationsagenten stellen die jeweils getroffenen Vereinbarungen eine verbindliche Richtschnur dar: Was beauftragt wurde, wird bearbeitet. Was nicht beauftragt wurde, wird entsprechend nicht bearbeitet. Dadurch wird den Betroffenen noch einmal ganz deutlich vor Augen geführt, dass es tatsächlich die Gruppe selbst ist, die entscheidet, an welchen Stellen und in welchem Tempo sie ihre Routinen optimiert. Dies bedeutet gleichzeitig: Von nun an stehen alle Akteure selbst in der Verantwortung für die Qualität dessen, was innerhalb ihrer Kooperationszone geschieht. Weder »die da oben« noch »die von draußen« bieten von jetzt an eine Projektionsfläche, auf die die Verantwortung für das eigene Tun verlagert werden könnte.

Natürlich löst diese Situation auch ambivalente Empfindungen aus. Die Führungskräfte sind in der Regel erleichtert, wenn mit der Kooperationspyramide und den ersten konkreten Vereinbarungen eine Arbeitsgrundlage geschaffen ist, die genau festlegt, was in den kommenden Wochen innerhalb der Kooperationszone verändert wird, und wie dieser Prozess durch den Berater unterstützt wird. Einige Akteure arbeiten erfahrungsgemäß mit großem Engagement daran, die Beharrungskräfte im System zu stärken und wehren sich mit einem klaren »Ja, aber ...« gegen jede Form der konkreten Veränderung, frei nach dem Motto: »Waschen Sie uns ruhig, aber machen Sie mich dabei bitte nicht nass.« So normal diese Reaktion auf nun konkret werdende Veränderungen ist, so entschieden muss diese Haltung natürlich überwunden werden. Es ist die

Kunst der Kooperationsagenten, hier geduldig zu helfen, ohne das Ziel und den Arbeitsauftrag aus dem Blick zu verlieren. Erfahrungsgemäß ist dabei schon viel gewonnen, wenn die Kooperationsagenten nicht den verbreiteten Fehler machen, sich auf jene 15 bis 20 Prozent von »Kritikern« zu konzentrieren, die es bei nahezu jedem Prozess dieser Art gibt, sondern vielmehr die Mobilisierung der abwartenden Mehrheit und der 15 bis 20 Prozent »Fans« unterstützen. Ist ein System erst einmal in Bewegung gebracht, wirkt über kurz oder lang die normierende Kraft der Gruppe und nimmt die Skeptiker mit.

Fazit: Shadowing nimmt die Betroffenen von Anfang an selbst in die Pflicht. Es sind die Beschäftigten selbst, die den Status quo ihrer Kooperationsroutinen in einem Profil festhalten und ihre Zielvorstellungen für eine effizientere Zusammenarbeit entwickeln (Kooperationspyramide). Und sie sind es auch, die den externen Beratern (Kooperationsagenten) einen konkreten Auftrag erteilen, welche Veränderungen er begleiten soll.

Kapitel 8

Der Shadowing-Prozess: Projektablauf

Je häufiger ein Ereignis stattfindet, je häufiger ein Verhalten praktiziert wird, desto eher wird es zur Routine und desto eher wird es in den Kanon automatisierter Routinehandlungen aufgenommen. Umgekehrt gilt: Je seltener ein Ereignis stattfindet und je seltener ein Verhalten gezeigt wird, desto größer ist die Wahrscheinlichkeit, dass es keinen nachhaltigen Einfluss auf bestehende soziale Verhältnisse ausübt. Nach diesem simplen Prinzip bauen soziale Systeme soziale Räume auf, und auf dieses Prinzip setzt auch Shadowing, wenn es um die nachhaltige Verankerung eines kulturellen Wandels im Unternehmen geht. Erst die dauerhafte Präsenz externer Beobachter im Alltag und deren Bereitschaft, permanent zu intervenieren und die Beschäftigten bei der Einübung neuer Interaktionsformen zu unterstützen, schafft die notwendigen Voraussetzungen dafür, dass Kooperationsmuster erkannt und durch andere, effizientere und erfolgreichere ersetzt werden können.

Die traditionelle Personalentwicklung berücksichtigt diesen Aspekt in keiner Weise. Sie setzt in der Regel vorrangig auf den Faktor »Intensität«. Die meist unreflektierte Hypothese lautet: Je intensiver eine Maßnahme, ein Training, ein Coaching, desto stärker der Effekt auf die Bereitschaft der Teilnehmer zur Veränderung von Arbeitseinstellungen oder Arbeitsverhalten. Die Praxis hält dieser Erwartung kaum stand; jedenfalls kommt es äußerst selten vor, dass nach einer punktuellen Gruppen- oder Einzelmaßnahme tatsächlich der gewünschte dauerhafte »Ruck« durch das Unternehmen geht. Kaum verwunderlich, denn: Was prägt das Verhalten und die Einstellungen von Menschen mehr? Der einmalige, bedeutsame Augenblick oder die tagtäglich stattfindenden Routinen, die Ess-, Trink-, Rauch-, Sport-, Freizeit- oder Arbeitsgewohnheiten? Die Position von

Shadowing ist klar: Wirkung hat, was wiederkehrt. Was wiederkehrt, bleibt. Und was bleibt, hat Wirkung.

Überblick: Die ersten Tage

Das eigentliche Shadowing beginnt mit der permanenten Anwesenheit der Kooperationsagenten im Arbeitsalltag. Mit dem Kooperationsprofil, der Kooperationspyramide und dem Einzug der Berater in die Kooperationszonen liegen alle wesentlichen Voraussetzungen vor, um von nun an ineffiziente Kooperations- und Führungsroutinen durch neue, effizientere Praktiken zu ersetzen und die Akteure zu befähigen, sich selbst untereinander optimal zu organisieren. In den ersten Tagen sind die Beobachter hauptsächlich damit beschäftigt, sich in ihrer Kooperationszone zu orientieren: Wie sind die genauen Tagesabläufe? Wann finden wo welche Besprechungen statt? Gibt es Kundenverkehr? Und wenn ja, wo und wann? Am einfachsten erschließt sich dieser Alltag, indem zunächst die Führungskräfte durch ihren Tag begleitet werden.

Ein Kooperationsagent nimmt also zunächst primär die Rolle eines diskreten Beobachters ein, der sich für jeden sichtbar Notizen macht. Natürlich wird seine Präsenz von manchem als künstlich, zumindest aber als ungewohnt erlebt. Nicht selten weichen Mitarbeiter deshalb ganz spontan von ihren üblichen Routineprozeduren ab, sobald der Berater den Raum betritt, und arbeiten emsiger und konzentrierter an ihren Aufgaben, als dies vielleicht üblicherweise der Fall ist. Da werden plötzlich Besprechungen konzentriert, zügig und ergebnisorientiert durchgeführt, der Plausch am Kaffeeautomaten wird deutlich verkürzt und allenthalben darauf geachtet, dass der Berater nur kein »schlechtes Bild« von der Situation erhält. Durch die künstliche Beobachtungssituation tritt eine Art Verfremdungseffekt ein, der durchaus erwünscht ist – löst er doch zunächst genau jene Form von Bewusstheit im Arbeitsalltag aus, auf die es maßgeblich ankommt. Wer weiß, dass sein Tun beobachtet wird, beginnt unweigerlich auch, sich selbst stärker zu beobachten. Was man gestern noch »automatisch« erledigte, ist plötzlich nicht mehr ganz so selbstverständlich. Gleichzeitig beobachten die Mitarbeiter natürlich auch ihren Beobachter. Beide Momente legen die Basis für jene Beobachtungsroutinen, auf die alle Beteiligten später zur permanenten Selbststeuerung und Optimierung immer wieder zurückgreifen werden.

Der Verfremdungseffekt verliert sich allerdings bemerkenswert schnell, und die Mitarbeiter gewöhnen sich an ihren stillen Beobachter. Die Kunst des Shadowing besteht darin, mit diesem Effekt so geschickt zu spielen, dass durch die bloße Präsenz des Kooperationsagenten immer wieder das, was zwischen den Akteuren geschieht, ins Zentrum der Aufmerksamkeit gerückt wird. Plötzlich werden neue Fragen aufgeworfen: Wie gut ist die Besprechung vorbereitet? Wie diskutieren wir ein Problem? Liegen alle relevanten Informationen tatsächlich vor? Wie kontrollieren wir eigentlich die Umsetzung getroffener Vereinbarungen? Oft genügt schon eine kurze Notiz im »Logbuch« des Beobachters, um die Aufmerksamkeit der Anwesenden auf ihre Interaktionsmuster zu lenken. (Mehr zum Logbuch ab Seite 166). Das Erscheinen des Beraters in Besprechungen oder Einzelgesprächen, seine zufällige Anwesenheit bei Gesprächen zwischen Tür und Angel, im Treppenhaus, am Kaffeeautomaten, seine stille Präsenz im Büroalltag, in der Werkshalle und in den vielen, vielen Alltagssituationen, die bislang »unbeobachtet« abliefen, erzeugt also jenen ersten »Hallo-Wach-Effekt«, auf dem das Prinzip der Störung sozialer Routinemuster basiert. Entscheidend aber ist, dass sich dieser Effekt nicht nur einmalig herstellt und damit zur marginalen Randerscheinung in einem ansonsten übervollen Arbeitsalltag wird. Erst durch Serien kleiner kontinuierlicher Störungen des unbewussten Vollzugs der alltäglichen Praktiken wird aus einer punktuellen Störung eine echte Irritation und aus dieser Irritation ein ernsthafter Anlass, sich mit einer Situation auch tatsächlich und konkret auseinander zu setzen.

Beobachter und Coach: Der Kooperationsagent

Neben seiner Rolle als eher passiver Beobachter und Dokumentar fungiert der Kooperationsagent natürlich auch als Feedbackgeber, sprich als

Trainer und Coach. Nach Ablauf der ersten Orientierungstage löst er sich von den Führungskräften, die er begleitet hat, und erschließt sich die Kooperationszone in Eigenregie. Dabei greift er vor Ort und ad hoc in Kooperations- oder Führungssituationen beratend und unterstützend ein oder initiiert aus dem Stegreif kurze, zielgerichtete Trainingssequenzen.

Unsere bisherigen Erfahrungen zeigen, dass die meisten Beschäftigten rasch in der Lage sind, eigene wie auch fremde Routinemuster bewusst wahrzunehmen und angemessen zu bewerten, vor allem dann, wenn der Kooperationsagent ihre Aufmerksamkeit auf Aspekte lenkt, die für effiziente Formen der Zusammenarbeit von Bedeutung sind. Auffallend schwer tun sich jedoch sehr viele damit, diese Beobachtungen und Beurteilungen betroffenen Kollegen auf eine angemessene Weise mitzuteilen. Knackpunkt ist häufig, dass Tonfall, Intensität, Häufigkeit oder Timing des Feedbacks nicht zur Situation passen oder die momentane Aufnahmefähigkeit des Gegenübers nicht berücksichtigen. Dann kommt es regelmäßig zu Missverständnissen, Irritationen oder gar Kränkungen.

Das Gespür der Mitarbeiter für angemessenes Feedback zu schärfen ist daher eine ebenso wichtige wie anspruchsvolle Aufgabe der Kooperationsagenten. Besonders hilfreich erweist sich dabei der Einsatz der Videokamera. Wenn Feedbackprozesse beispielsweise darunter leiden, dass die Akteure keine »Antenne« dafür haben, wie stark nonverbale Signale in Gesprächen (etwa »laut werden«, »im Thema ständig springen«, »abwertende Gesten machen«, …) die Situation belasten, werden solche Sequenzen gefilmt und direkt im Anschluss mit den Beteiligten gemeinsam analysiert. Neben dem bereits erwähnten »Logbuch« sind Videoaufzeichnungen deshalb ein weiteres Instrument der Dokumentation des Entwicklungsprozesses (mehr dazu weiter unten).

Um den Beteiligten die inneren Hürden zu nehmen, werden speziell im Anfangsstadium des Projekts Feedbacksituationen als »Probe-Diskussionen« oder »Übungssituationen« deklariert. Außerdem gleicht der Kooperationsagent die vor Ort dominierenden Feedbackmuster mit seinen eigenen Rückmeldungen bewusst aus. Neigt eine Gruppe zum Beispiel dazu, untereinander kaum Feedback zu geben oder Botschaften stark zu verklausulieren, gibt der Beschatter äußerst intensiv Feedback und redet »Klartext«. Wird in einer Gruppe hingegen das Arbeitsverhalten häufig und meist negativ kommentiert, hält sich der Berater beim Feedback zurück und arbeitet, wenn er denn Feedback gibt, eher die positiven Seiten der sozialen Interaktion deutlich heraus. Der Berater setzt also bewusst auf Strategien, die die jeweils vorherrschenden Gruppenroutinen konterkarieren. Auf diese Weise führt er Gegenmodelle in den sozialen Raum ein und unterstützt die Entwicklung von alternativen Handlungsmustern.

Ein wichtiges Ziel von Shadowing ist also, die Mitarbeiter darin zu professionalisieren, sich zeitnah, angemessen und konkret gegenseitig Feedback zu geben. Nur wenn Schwachstellen und Mängel erfolgreich angesprochen werden, kann Zusammenarbeit stetig und nachhaltig optimiert werden. Hochwertige Feedbackpraktiken haben einen enormen Einfluss auf das Leistungsvermögen arbeitsbasierter sozialer Systeme. Die Regel lautet: Je schlechter die Qualität der Feedbackroutinen, desto schwieriger ist es, das volle Kooperationspotenzial in einem Unternehmen zu entfalten.

Beobachtung, Dokumentation und Feedback bilden das »magische Dreieck« eines Shadowing-Projektes. Jede dieser Komponenten hilft, unproduktive und suboptimale Kooperationsroutinen durch neue, effizientere Routinen zu ersetzen. Da auch Berater fehlbar sind und zudem die Steigerung sozialer Selbstorganisation im Zentrum der Professionalisierung steht, werden Beobachtungen und Feedback von den Beratern in der Regel als Vorschläge und nicht als Vorgaben eingebracht. Dies hat nicht nur eine konsequente Relativierung der Expertenrolle der Kooperationsagenten zur Folge, damit baut die gesamte Interventionsarbeit ausdrücklich auf der Fähigkeit sozialer Systeme zur Selbstkorrektur auf.

Denkanstöße: »Time out« als Schlüsselinstrument

Die Philosophie von Shadowing ist: Kooperation verändert sich nur, wenn Menschen *im Alltag* anders kooperieren. Ein Shadowing-Projekt reformiert Gewohnheitsmuster daher primär im praktischen Vollzug. Dennoch gibt es immer wieder Situationen, in denen es sich lohnt, das aktuelle Tun zu hinterfragen. Hier kommt »Time out« zum Einsatz – die wichtigste Ad hoc – Intervention zur Veränderung von Routinemustern. Time out bedeutet, dass der Kooperationsagent – ähnlich wie im Sport, etwa im Basketball – alle an einer Kooperationssituation Beteiligten für einen kurzen Augenblick zusammenruft, um eine Situation, ein Verhalten oder andere Aspekte der Zusammenarbeit zu reflektieren.

Time out bietet dem Kooperationsagenten sowohl die Möglichkeit, Routineverhalten zu unterbrechen und den Handelnden Probleme in der Zusammenarbeit exemplarisch bewusst zu machen, als auch mit »Quick and Dirty-Interventionen« eine Kooperationssequenz noch einmal, allerdings auf neue Art durchzuspielen. Jede dieser Optionen zielt auf Arbeitssituationen, in denen sich die Beteiligten ihrer Gewohnheitsmuster ganz offenbar nicht bewusst sind.

Beispiele für Time-out-Situationen:

- In einer Besprechung reden alle durcheinander und hören einander nicht zu.
- Eine Projektgruppe diskutiert ewig und kommt nicht auf den Punkt.
- Wichtige Themen werden nicht in der Besprechung selbst, sondern in der Pause oder beim Verlassen der Veranstaltung besprochen.
- Immer gleiche Sitzordnungen führen bei den immer gleichen Teilnehmern zum immer gleichen »Gockelgehabe«; der Rest schaut zu.
- Absprachen zwischen Führungskräften und Mitarbeitern werden regelmäßig zwischen Tür und Angel getroffen, die Klage über mangelnde Verbindlichkeit folgt auf dem Fuß.
- Ein Teilnehmer einer Arbeitsgruppe vergreift sich im Ton.
- Persönliche Antipathien führen dazu, dass eine Gruppe Kollegen systematisch ausgegrenzt beziehungsweise nicht angemessen in die Zusammenarbeit eingebunden wird.
- In Diskussionen wird schwierigen Themen durch die Verzettelung in operativen Details ausgewichen.
- Bevor die Führungskräfte zu einem Thema nichts gesagt haben, spricht niemand in der Runde.

- Die »richtigen« Teilnehmer besprechen die »falschen« Themen und umgekehrt.
- Probleme werden immer wieder angesprochen, ohne dass jemand Lösungsvorschläge einbringt.

Die Liste ließe sich beliebig fortsetzen. Gerade zu Projektbeginn machen die Berater in ihren Kooperationszonen vielfältige Beobachtungen dieser Art. Anlässe, Kooperationssequenzen zu unterbrechen und sie im Rahmen von Time out direkt zu optimieren, gibt es daher genug. Gleichwohl erfordert die Thematisierung solcher Anlässe Erfahrung und Fingerspitzengefühl auf Seiten der Kooperationsagenten. Auf Seiten der Mitarbeiter wiederum ist die Bereitschaft gefragt, sich unterbrechen zu lassen und sich auf eine Diskussion über das eigene Tun einzulassen.

Ein Beispiel für eine typische Time-out-Situation: Ein Projektleiter organisiert eine Besprechung, an der neben einigen Fachspezialisten auch zwei Führungskräfte teilnehmen. Zu Beginn der Besprechung wird die Tagesordnung abgestimmt. Doch schon in den ersten Diskussionen zeigt sich, dass einige der Teilnehmer auf die Themen der Besprechung nicht gut vorbereitet sind. Der Projektleiter kritisiert dies und moniert auch die schleppende Abwicklung einiger Maßnahmen, die bereits in der letzten Sitzung vereinbart wurden. Rasch gerät der Projektleiter dadurch in eine Auseinandersetzung mit den beiden anwesenden Führungskräften, während alle anderen Teilnehmer der Diskussion nur noch schweigend folgen.

Nach einigen Minuten unterbricht der Kooperationsagent, der bislang im Hintergrund sitzend der Besprechung gefolgt ist, die Situation mit einem Time-out-Signal und fordert alle Besprechungsteilnehmer auf, zu beschreiben, welche Probleme in der Zusammenarbeit hier sichtbar werden und welche Verhaltensmuster die Situation prägen. Anhand einiger spontan entwickelter Skizzen auf einer Flipchart trägt der Berater die wichtigsten Aspekte, die die Teilnehmer nennen, zusammen und erstellt auf diese Weise ein Modell der dominierenden Kooperationsroutinen. Anschließend wird gemeinsam festgehalten, was sowohl vor als auch während der Besprechung anders laufen muss, um Ergebnisse wie Art und Weise der Zusammenarbeit zu optimieren. Der gesamte Klärungsprozess dauert 15 Minuten. Sobald ein Konsens hinsichtlich der Verbesserungen erzielt wurde, fordert der Berater die Akteure auf, die Besprechung fortzusetzen und die vereinbarten Punkte zu beachten.

Dokumentation: Logbuch und Video

Schon bevor die Kooperationsagenten beginnen, sich in ihren Kooperationszonen unabhängig von den Führungskräften zu bewegen und den Shadowing-Prozess auf die gesamte Zone auszudehnen, führen sie über ihre Beobachtungen und Interventionen ein sogenanntes Logbuch. Darin wird vermerkt, zu welchem Zeitpunkt an welchem Ort welche Kooperations- und Führungsroutinen beobachtet und welche Verbesserungsvorschläge eingebracht wurden.

Das Logbuch als Entwicklungsprotokoll

Logbuchnotizen dienen dem Austausch der Berater untereinander und als Grundlage für Zwischenberichte in Kooperationsworkshops, für das Shadowingboard oder für den Auftraggeber. Anhand der Logbücher wird die Entwicklung verschiedener Kooperationszonen an einem Unternehmensstandort vergleichbar, und es können Leitlinien für die Arbeit der Kooperationsagenten für benachbarte Kooperationszonen vereinbart werden. Die Entscheidung über einheitliche strategische Interventionsleitlinien fällt das Shadowingboard. In regelmäßigen Logbuch-Besprechungen können die Beobachter beispielsweise weit verbreitete ineffiziente Kooperations- und Führungsroutinen herausarbeiten und ermitteln, worauf diese Muster basieren. Anschließend stimmen sie konzertierte Strategien ab, um derartige Gewohnheitsmuster in verschiedenen Unternehmensbereichen zeitgleich zu bearbeiten. Die Logbuch-Aufzeichnungen bilden zudem eine wichtige Grundlage für qualitatives Feedback der Berater an die Akteure in einer Zone. Feedbacksituationen entstehen in den Kooperationszonen entweder ad hoc und werden dann mit den direkt Beteiligten durchgeführt (siehe oben), oder sie werden vom Kooperationsagenten gesammelt und im Rahmen der schon angesprochenen »Reports« mit allen Beteiligten exemplarisch diskutiert. Dabei gilt auch hier: Alle wesentlichen Beobachtungen, jede Einschätzung und jede Intervention wird von den Kooperationsagenten nicht nur dokumentiert und bei Bedarf im Shadowingboard diskutiert, sondern im Sinne von Transparenz und Partizipation auch allen Mitarbeitern kommuniziert und erläutert. Konsequenterweise steht das Logbuch deshalb allen in der Kooperationszone zur Einsicht zur Verfügung.

Abbildung 7: Beispiel für ein Logbuch

Beispiel für Logbuch			
Datum	Beobachtungen:	Datum	Beobachtungen:
	Interventionen:		Interventionen:
	Vereinbarungen:		Vereinbarungen:
Datum	Beobachtungen:	Datum	Beobachtungen:
	Interventionen:		Interventionen:
	Vereinbarungen:		Vereinbarungen:

Neben der reinen Dokumentation und Archivierung des Prozessverlaufs haben die Logbücher eine weitere wichtige, »psychologische« Funktion. Durch ihren Einsatz werden die Akteure systematisch an die Kontrolle von Kooperationsleistungen gewöhnt. Auf diese Weise wird der Faktor

»Zusammenarbeit« im Bewusstsein der Mitarbeiter und im Arbeitsalltag nachhaltig als leistungsrelevanter Gesichtspunkt verankert. Jede Abteilung im Unternehmen muss auf dem Weg zum sozialen Hochleistungssystem lernen, auf Kooperation zu achten, kooperatives Verhalten wahrzunehmen, zu bewerten und bei Bedarf direkt zu korrigieren – und zwar möglichst selbstständig. Die Entwicklungsdokumentation dient also nicht nur dazu, die Prozessdokumentation zu standardisieren, sondern auch dazu, mit Hilfe der Logbucheintragungen Kooperationsdefizite zu thematisieren und damit Schritt für Schritt zu »enttabuisieren«. Ziel ist eine professionelle Haltung im Sinne einer Trennung zwischen »Rolle« und beruflicher Zusammenarbeit auf der einen und »Person« und privaten Beziehungsaspekten auf der anderen Seite. Jeder Kooperationsagent muss deshalb jederzeit in der Lage sein, die Bedeutung dieses Unterschieds für den Aufbau effizienter Kooperationsformen nicht nur immer wieder ins Bewusstsein der Akteure zu rufen, sondern auch die von ihm erfassten Beobachtungen und seine Einschätzungen jedem Interessenten innerhalb der Kooperationszone jederzeit erläutern zu können.

Die Trennung zwischen Rolle und Person fällt vielen Mitarbeitern gerade zu Projektbeginn schwer. Fachliche Kritik so zu äußern, dass sie auf die Sache und nicht auf den Menschen zielt, setzt nicht nur ein geklärtes Rollenverständnis voraus. Es setzt auch voraus, dass diese Unterscheidung deutlich »hörbar« kommuniziert wird. Dabei helfen Formulierungen wie »*Ich habe deine Position in der Sache verstanden, aber in meiner Funktion als ... benötige ich von dir in deiner Funktion als ... mehr Informationen, als bislang ...*«. Außerdem hilft das Bewusstsein, dass der Ton tatsächlich »die Musik macht«. Derartige kommunikative Praktiken müssen nicht selten zu Beginn eines Shadowing-Prozesses regelrecht eingeübt werden, damit sie funktionieren.

Videoaufzeichnungen als Instrument eingreifender Beobachtung

Während das Logbuch den jeweiligen »Ist-Zustand« von Kooperationspraktiken dokumentiert, geht die Arbeit mit der Videokamera über die reine Dokumentation hinaus. Videoanalysen bieten eine hochwirksame

Interventionsoption für den gesamten Entwicklungsprozess. Gerade das »objektive« Auge der Kamera sowie die Möglichkeit, Kooperationssituationen mithilfe von Videoaufzeichnungen in »slow motion« zu studieren, schaffen ein unersetzliches Hilfsmittel zur Optimierung meist unbewusst ablaufender Routinesequenzen. Manche Teilnehmer reagieren vor allem zu Beginn des Projekts sensibel auf die Kamera – verständlicherweise, immerhin wird man normalerweise im Arbeitsalltag nicht gefilmt. Deshalb ist im Umgang mit der Kamera das Fingerspitzengefühl der Kooperationsagenten gefragt. Alle Akteure erkennen jedoch rasch, wie hilfreich es ist, sich selbst gelegentlich einmal »von außen« zu betrachten.

Aufgenommen werden in der Regel formelle Kooperationssituationen wie Besprechungen oder Arbeitsabsprachen, um deren Ablauf anschließend mit den direkt Beteiligten zu analysieren und zu überprüfen, inwieweit die gezeigten Interaktionsformen mit den Ansprüchen der Kooperationspyramide übereinstimmen. Die Kamera wird jedoch auch immer wieder in ad hoc entstehenden Trainingssequenzen eingesetzt. Dabei werden gemeinsam vereinbarte Situationen vor laufender Kamera gezielt durchgespielt (Probehandeln). Oder der Beobachter hält die Kamera einfach nur drauf (Quick and Dirty-Strategie), unterbricht die Situation dann im Rahmen einer Time-out-Sequenz und analysiert das Gesehene mit den Beteiligten. Anschließend führen die Akteure die entsprechenden Sequenzen auf der Basis der gewonnenen Erkenntnisse noch einmal durch. Beide Vorgehensweisen sind wirksam und nützlich, da sie Fragen der Zusammenarbeit unter realen Kontextbedingungen zugänglich machen und eine direkte Modifikation der sozialen Interaktion ermöglichen.

Schließlich ist auch denkbar, Videomaterial von typischen Kooperationssequenzen in den Reports oder den monatlichen Kooperationsworkshops zu zeigen, um so allen Akteuren exemplarisch vor Augen zu führen, wie diskutierte Kooperationsaspekte umgesetzt werden (Lernen am Modell). Sinnvollerweise werden von den Beratern gerade zu Projektbeginn Situationen demonstriert, in denen die Akteure das vereinbarte Verhalten besonders eindrucksvoll umsetzen. Mit der Vorführung solcher »Best Practice-Beispiele« können, von motivationalen Aspekten einmal abgesehen, der Gruppe schon möglichst früh effiziente Kooperationssequenzen bewusst und schnelle Erfolge (»Quick Wins«) sichtbar gemacht werden. Weder in den Reports noch in den Kooperationsworkshops werden jemals schlechte oder misslungene Kooperationsbeispiele vorgeführt, um nicht einzelne Personen unnötig zu stigmatisieren. Die Arbeit mit der Videokamera dient im Rahmen des Shadowing-Prozesses nicht dazu, die Gruppe auf ihre Defizite zu fokussieren oder zu demonstrieren, wie »schlau« die Kooperationsagenten und wie »schlecht« die Beobachteten sind. Vielmehr trägt der Einsatz der Videokamera in einer Kooperationszone maßgeblich dazu bei, Transparenz in die Diskussion über qualitative Aspekte der Zusammenarbeit zu bringen; das Gespräch darüber zu enttabuisieren und alle Akteure in dieser Frage Schritt für Schritt zu professionalisieren.

Alle Videoaufzeichnungen, die während eines Shadowing-Prozesses entstehen, werden entweder schon direkt im Anschluss an die entsprechenden Übungssequenzen, spätestens jedoch nach Abschluss des Projektes vernichtet oder, falls diesbezüglich andere Vereinbarungen mit dem Auftraggeber getroffen wurden, an diesen komplett übergeben.

Abbildung 8 zeigt die verschiedenen Dokumentationsformen im Rahmen von Shadowing auf einen Blick.

Abbildung 8: Dokumentationsformen im Rahmen von Shadowing

Dokumentationsformen im Rahmen von Shadowing
Kooperationsprofil „Gefühlter Ist-Zustand" der Zusammenarbeit in einer Kooperationszone zu Projektbeginn
Kooperationspyramide „Erwünschter Soll-Zustand" der Zusammenarbeit in einer Kooperationszone
Videoaufnahmen Aufzeichnung ausgewählter Kooperationsroutinen für Trainingssequenzen und als Diskussionsmaterial
Logbuch Schriftliche Dokumentation des jeweils „realen Zustands" der Kooperationsroutinen

Wissenschaftliche Auswertung

Mit den vier genannten Dokumentationsformen halten die Kooperationsagenten fest, wo eine Kooperationszone in puncto Zusammenarbeit steht, wohin es sich entwickelt und wie diese Entwicklung vonstatten geht. Damit werden alle wesentlichen Aspekte der Entwicklung eines arbeitsbasierten sozialen Systems ausreichend erfasst. Das Unternehmen erhält so die Möglichkeit, das Material für die zukünftige Gestaltung von Personal- und Organisationsentwicklungsmaßnahmen zu nutzen oder es einer wissenschaftlich profunden Auswertung zuzuführen. Für den Ausbau des Unternehmens zum sozialen Hochleistungssystem stellt eine wissenschaftlich fundierte Evaluation selbstverständlich eine absolut sinnvolle Maßnahme dar. Dies kann zum Beispiel in Kooperation mit Universitäten im Rahmen von Promotionsprojekten oder langfristig angelegter Feldforschung geschehen. Für die Kooperationsagenten endet ihre Arbeit, wenn das Projekt in der abgestimmten Dauer durchgeführt, die Befragungsergebnisse ausgewertet und das Logbuch beziehungsweise das Videomaterial dem Auftraggeber im Rahmen einer Abschlusspräsentation übergeben worden sind.

Nachhaltigkeit: Die zyklische Struktur des Verfahrens

Mögen Kooperationsagenten noch so begabt, Mitarbeiter noch so motiviert und die Kooperationspraktiken bei Projektstart bereits auf einem noch so hohen Ausgangsniveau sein: Mit der Regelmäßigkeit und Dichte der Betreuung der Kooperationszonen steht und fällt die Lernkurve sozialer Systeme. Ein Shadowing-Projekt folgt daher in jeder Zone einem ganz bestimmten Rhythmus. Die »Beobachtungsdichte« ist zu Beginn hoch und gegen Ende abfallend. Konkret bedeutet das, dass der Berater im ersten Monat eine Zone für jeweils drei Tage die Woche begleitet. Im zweiten Monat ist er drei Wochen für jeweils drei Tage vor Ort und im dritten Monat zwei Wochen für jeweils drei Tage. Im vierten Monat reduziert sich seine Anwesenheit auf eine Woche und darin auf drei Tage.

Nach vier Monaten ist ein Shadowing-Zyklus zu Ende. Im Anschluss wird erneut eine Befragung durchgeführt, um das aktuelle Kooperationsprofil der Zone zu erheben. Auf dieser Basis wird im Shadowingboard in Abstimmung mit dem Auftraggeber über das jeweilige Vorgehen entschieden.

Abbildung 9: Shadowing-Zyklus

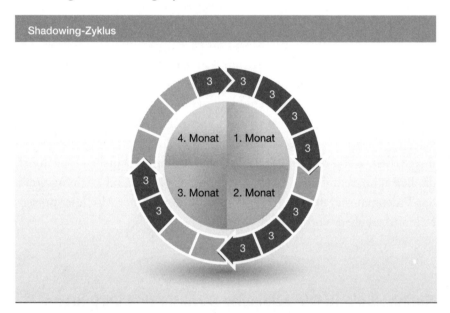

Resultate des ersten Shadowing-Zyklus

Ein erster viermonatiger Shadowing-Zyklus bringt in der Regel folgende Ergebnisse:

- Die Kooperationsmuster der beobachteten Zonen wurden gründlich analysiert.
- Die Beschäftigten haben mithilfe der Kooperationspyramide eine klare Vorstellung davon entwickelt, wo und wie die Zusammenarbeit im Tagesgeschäft optimiert werden muss.

- Alle Mitarbeiter haben sich mit einer Vielzahl von Führungs- und Kooperationsroutinen beschäftigt und deren Qualität deutlich verbessert.
- Alle Mitarbeiter haben gelernt, wie man soziale Routinemuster erkennt, bewertet und modifiziert. Die permanente Intervention der Kooperationsagenten nach dem immer gleichen Muster (Beobachtung – Feedback – Dokumentation), die alle ein bis zwei Wochen stattfindenden Reports und der monatlich stattfindende Kooperationsworkshop haben eine Herangehensweise (»Meta-Struktur«) etabliert, auf die die Gruppen nun bei Bedarf selbst zurückgreifen können.
- Der Eventcharakter der ersten Maßnahmen wurde in eine kontinuierliche Praxis der Beobachtung und Klärung relevanter Routinen der Zusammenarbeit überführt. Damit ist die Basis für den Ausbau zum sozialen Hochleistungssystem gelegt.

Ein oder zwei Shadowing-Zyklen?

Für Unternehmen, die bereits ein relativ hohes Kooperationsniveau aufweisen, reicht ein Shadowing-Zyklus, um die Mitarbeiter in die Lage zu versetzen, die fortschreitende Optimierung der Zusammenarbeit weiter voranzutreiben. Die meisten arbeitsbasierten Systeme benötigen jedoch einen zweiten Durchgang, das heißt acht anstelle von vier Monaten der Begleitung, um ein bestimmtes Kooperationsniveau zu erreichen und dieses dann nachhaltig zu stabilisieren. Ein zweiter Shadowing-Zyklus sollte nicht direkt im Anschluss, sondern erst nach einer Pause von ein bis drei Monaten gestartet werden, um den Beschäftigten genügend Zeit zu geben, das Erarbeitete zu »verdauen«. Wenn ein zweiter Zyklus durchgeführt wird, sollte dieser Zyklus alle wesentlichen Punkte des ersten Durchgangs beinhalten, allerdings in zeitlich reduzierter Form: Im ersten Monat begleiten die Kooperationsagenten dann die Akteure in ihren Kooperationszonen beispielsweise für nur jeweils zwei Tage die Woche. Im zweiten Monat über drei Wochen für je zwei Tage und im dritten Monat zwei Wochen für je zwei Tage. Für den vierten Monat bleibt wieder eine Woche mit zwei Tagen. Nach weiteren vier Monaten ist dann auch der zweite Beschattungszyklus beendet.

Vor Beginn des zweiten Zyklus wird die Kooperationspyramide im Rahmen eines Workshops überprüft und gegebenenfalls überarbeitet. Auch in diesem zweiten Durchgang wird zumindest jede zweite Beschattungswoche mit einem einstündigen Report beendet und jeder Monat mit einem zwei bis vierstündigen Kooperationsworkshop, an dem alle Akteure einer Zone teilnehmen. Jeder Kooperationsworkshop enthält dabei einen Rückblick auf die Vereinbarungen des Vormonats und einen Ausblick sowie konkrete Vereinbarungen für den Folgemonat. In diesen Versammlungen sollen nicht nur die »Highlights« der vergangenen Wochen ins Bewusstsein gebracht werden. Es geht vor allem darum, dass sich die Teilnehmer gegenseitig Rechenschaft über ihre Initiativen, Erfolge oder auch über ihre Misserfolge beim Bemühen um eine Verbesserung der Zusammenarbeit ablegen. Jeder Report und jeder Kooperationsworkshop durchläuft dabei die immer gleichen Kommunikations- und Koordinationsmuster. Dieses ritualisierte Vorgehen unterstützt die Einübung sozialer Routinen zusätzlich. Schritt für Schritt sorgen die Berater insbesondere in diesem zweiten Zyklus dafür, dass die Beschäftigten selbst für einen Großteil der Durchführung der Reports sowie der Kooperationsworkshops die Verantwortung übernehmen.

Jeder Rückfall in alte Interaktionsmuster – etwa: die Führungskräfte reden ständig, die übrigen Teilnehmer fast nie, oder: kein Thema wird zu Ende und kaum etwas auf ein Ergebnis hin diskutiert – wird von den Beratern nicht nur sofort aufgegriffen, sondern umgehend modifiziert. Dieses konsequente Feilen an jedem situativen Detail der sozialen Interaktion erhöht die Sensibilität aller Akteure, sodass jeder »Rückfall« zum Anlass wird, sich wechselseitig zu erinnern, dass man es eigentlich besser kann.

Die Bedeutung von Ritualen

Beides, die zyklische Struktur des gesamten Verfahrens sowie die zyklischen Strukturelemente innerhalb der Reports und Kooperationsworkshops, greifen auf die Bedeutung des Ritus für soziale Gemeinschaften zurück. Nachdem Rituale in den Sozial- und Humanwissenschaften lange Zeit, allenfalls in der Ethnologie, thematisiert wurden, finden sie seit einiger Zeit auch in anderen Forschungsbereichen verstärkt Beachtung. Für die Entstehung, Aufrecherhaltung und Veränderung von sozialen Systemen haben Rituale ganz offensichtlich eine größere Bedeutung als bislang angenommen.[67]

Im Unterschied zu sozialen Routinen werden Rituale in sozialen Systemen sehr bewusst vollzogen. Der Gottesdienst in der Kirche, eine Geburtstagsfeier, eine Hochzeit, die Grundsteinlegung für ein neues Fabrikgebäude sind Beispiele dafür. In ihrer Grundstruktur ähneln Rituale jedoch Routinen: Beide bilden soziale Muster, in denen kollektiv geteiltes Wissen und kollektiv geteilte Handlungspraktiken inszeniert werden, über die das soziale System sich selbst organisiert.

Shadowing greift die (ver)bindende Dimension sozialer Rituale gleich auf mehreren Ebenen seiner Interventionsarchitektur auf. Auf der Mikroebene geschieht dies in Form der Wiederholung von Interventionspraktiken, bis hin zu spezifischen Redewendungen der Kooperationsagenten im Sinne einer kommunikativen Markierung (»Ich schlage vor, Sie wiederholen diese Situation noch einmal – Sie wissen schon: »nicht zur Strafe, nur zur Übung« et cetera). Auf der Makroebene werden Rituale in Form der wiederkehrenden Reports sowie der Kooperationsworkshops etabliert. Insbesondere Unternehmenseinheiten, deren Alltag durch voneinander unabhängige Experten und ein stark ausdifferenziertes Tätigkeitsfeld bestimmt wird, unterstützt diese Form der Ritualisierung dabei, sich als soziale Gemeinschaft zu erleben.

Shadowing auf einen Blick

Abbildung 10: Shadowing auf einen Blick

	Projektphase	Maßnahmen
1.	• Grundsatzentscheidung Topmanagement • Beauftragung zur Einführung von Shadowing	• Strategieworkshops Topmanagement • Einbindungsworkshops mittlere Führungsebenen
2.	• Einrichtung Shadowingboard • Festlegung + optische Markierung der Kooperationszonen	• Start der Arbeit des Shadowingboards • Informationsveranstaltungen für Mitarbeiter (allgemeine Projektinformationen)
3.	• Erhebung des Kooperationsprofils (»Ist-Zustand«) in den festgelegten Zonen	• Anonyme Befragung der Mitarbeiter
4.	**Start des Shadowing-Prozesses**	
	• Einstieg in den Shadowing-Prozess	• Einzug der Kooperationsagenten in die Zone • Erster gemeinsamer Kooperationsworkshop • Gemeinsame Analyse der Ergebnisse des Kooperationsprofils und Erstellung der Kooperationspyramide
5.	• Shadowing-Prozess: - Begleitung der Führungskräfte - Ausdehnung auf gesamte Kooperationszone	• Monatliche Kooperationsworkshops • Zweiwöchige Reports • Logbuchbesprechungen • Berichte an Shadowingboard • Monatliche Zwischenberichte an Auftraggeber
6.	• Ende des ersten Shadowing-Zyklus	• Ergebnispräsentation + Übergabe der Dokumentation
7.	**Ggf: zweiter Shadowing-Zyklus nach 1 bis 3 Monaten**	

Fazit: Shadowing setzt auf die Wirksamkeit des Wiederkehrenden und verankert in einem systematisch angelegten Qualifikationsprozess nachhaltig effizientere Kooperationsmuster. Dabei fungiert der Kooperationsagent als Trainer und Coach vor Ort. Außerdem etabliert Shadowing wirksame Feedback- und Abstimmungsprozesse, mit denen Unternehmenseinheiten ihre Zusammenarbeit laufend weiter selbst optimieren können.

Kapitel 9
Einwände – und was für Shadowing spricht

Natürlich hat niemand etwas gegen gute Zusammenarbeit im Unternehmen. Welcher Manager würde sich nicht wünschen, eine effizient kooperierende und entsprechend erfolgreiche Einheit zu führen? Welcher Inhaber oder CEO könnte Einwände gegen flexible und selbststeuernde Organisationsformen im Unternehmen haben, wenn diese Innovationsfreudigkeit, Wendigkeit und letztlich Umsätze nachweisbar erhöhen? Und auch die überwiegende Mehrzahl der Mitarbeiter greift die Chance zu mehr eigenverantwortlichem Miteinander dankbar auf, sobald der wirtschaftliche wie zwischenmenschliche Mehrwert sich abzeichnet. Bedenken richten sich daher kaum gegen das eigentliche Ziel von Shadowing, die Etablierung einer ambitionierten Zielvorstellung von Kooperation im Unternehmen und deren erfolgreiche Übersetzung in Alltagshandeln. Einwände zielen meist auf die Umsetzbarkeit vor Ort, im konkreten Fall, in der aktuellen wirtschaftlichen Situation – frei nach dem Motto »Hört sich wunderbar an, aber ...«.

Bevor ein Topmanagement sich entscheidet, den Wandel des Unternehmens zum sozialen Hochleistungssystem einzuleiten, ist daher ein prüfender Blick auf die häufigsten Einwände angebracht. Ich gehe in diesem Kapitel auf drei zentrale Gegenargumente näher ein: das betriebswirtschaftliche Argument (»zu teuer«), das Globalisierungsargument (»wir arbeiten international«) und das Organisationsargument (»Zusammenarbeit spielt im direkten Arbeitsumfeld keine große Rolle«). Es wird sich zeigen, dass die Kosten für eine gezielte Optimierung der Zusammenarbeit sich rechnen und dass sich der regionale Ausbau standortbezogener Kooperationskulturen auch in dezentral aufgestellten Unternehmen und in heterogenen Unternehmenseinheiten lohnt.

Kosten: Warum sich die Investition rechnet

Welche Kosten verursacht ein Shadowing-Zyklus? Für den Aufbau und die gezielte Entwicklung einer Kooperationszone müssen im Durchschnitt circa 35 Beratertage veranschlagt werden, und zwar verteilt über einen Zeitraum von vier Monaten. Dies klingt nach viel Aufwand. Warum lohnt sich diese Investition dennoch?

Zum einen sollte man sich vor Augen führen, dass sich die Projektkosten auf die Qualifikation von 50 bis 80 Beschäftigten verteilen – so viele Mitarbeiter kann ein Kooperationsagent während eines Shadowing-Zyklus problemlos betreuen. Pro Kopf gerechnet sind die Bildungsinvestitionen für Kooperationsentwicklung damit deutlich niedriger als jene Summen, die ein Unternehmen heute schon aufwendet, um im selben Zeitraum fünf bis zehn Führungskräfte im Rahmen gängiger Managementwicklungsprogramme zu qualifizieren. Die Wirksamkeit derartiger Programme haben wir zudem weiter oben bezweifelt, da auch die fähigste Führungskraft nicht gegen eine herrschende Kultur »anregieren« kann. Und: Verlässt eine Führungskraft das Unternehmen, nimmt sie erworbene Kompetenzen unweigerlich mit.

Damit ist auch schon ein zweiter Vorteil von Shadowing gegenüber traditionellen Weiterbildungsmaßnahmen benannt: Shadowing verändert ein Unternehmen nachhaltig. Wer in bessere Kooperation investiert, legt die Basis für effiziente Gewohnheitsmuster und Routinen, die auch dann erhalten bleiben, wenn einzelne Mitarbeiter das Unternehmen verlassen und neue hinzukommen. Denn Mitarbeiter kommen und gehen, die Kultur eines Unternehmens an einem Standort aber bleibt. Das zähe Beharrungsvermögen einmal eingespielter Verhaltensweisen beruht, wie oben erläutert, auf der spezifischen Verbindung von Orten und sozialen Routinen: Unternehmenseinheiten (Belegschaften, Abteilungen) als lokal verankerte soziale Systeme stabilisieren sich über die beständige Rekonstruktion herrschender Kooperationsmuster, wie Systemtheorie und Raumsoziologie überzeugend darlegen. Die kulturelle »Trägheit« sozialer Systeme, ihr kollektives Beharren auf eingespielten Mustern, ihre Tendenz, einmal etablierte Formen der Zusammenarbeit permanent fortzuschreiben, machen jeden kulturellen Wandel im Unternehmen zu einer echten Herausforderung. Gelingt ein solcher Wandel jedoch, garantiert eben diese Trägheit den nachhaltigen Erfolg der Entwicklungsmaßnahme.

Investitionen in den Aufbau langlebiger Unternehmensstrukturen bergen nüchtern betrachtet also ein wesentlich geringeres Verlustrisiko als Investitionen in die aktuell »angesagten« Konzepte eines Seminarzirkus, der wechselnden Moden unterworfen ist und Jahr für Jahr neue Erfolgsrezepte ausgibt. Nur nachhaltig wirksame Investitionen sichern zudem die Zukunftsfähigkeit des Unternehmens. Von dieser Sicherung profitieren dann wiederum alle – das Topmanagement ebenso wie die mittleren Managementebenen und die Beschäftigten.

Internationalität: Warum Global Player umdenken müssen

Mit der Erschließung weltweiter Absatzmärkte und angesichts moderner Kommunikationstechnologien sind immer mehr Unternehmen global aufgestellt – weltweit agierende Konzerne ohnehin, aber auch zahlreiche mittelständische Firmen. Nichts hindert ein Unternehmen heute daran, seine Produkte in Europa zu entwickeln, in China zu produzieren und über ein indisches Callcenter weltweit zu vertreiben. Was nützt einem solchen »Global Player« die aufwändige Optimierung seiner Kooperationspraktiken vor Ort, in einzelnen Niederlassungen? Noch dazu, wo E-Mail und Internet ganz neue Formen übergreifender, Raum und Zeitzonen sprengender Zusammenarbeit ermöglichen, die unter dem Stichwort »virtuelle Teams« diskutiert werden?

Gegen diesen Einwand kann man auf zweierlei Weise argumentieren: Einmal sehr grundsätzlich – sind weltweit verstreute, »lose« Unternehmenseinheiten tatsächlich das Erfolgsmodell der Zukunft oder bergen sie auch Nachteile? Und zum zweiten eher punktuell – sind virtuelle Teams überhaupt »Teams« mit all den Vorteilen, die eine gelingende Zusammenarbeit verschiedener Akteure bieten kann? Beginnen wir mit Letzterem.

»Virtuelle Teamarbeit« bietet in den Augen vieler Entscheider und Personalfachleute gegenwärtig einen vielversprechenden Rahmen für eine Zusammenarbeit über große geographische Distanzen hinweg. »Virtuelle Teams« sind flexible Arbeitsgruppen, die ein gemeinsames Ziel verfolgen, deren Mitglieder sich jedoch nur selten (wenn überhaupt) sehen, sondern orts- und zeitunabhängig voneinander kooperieren. Ihre Arbeit koordinieren sie vorwiegend unter Nutzung elektronischer Kommunikationsmedien (E-Mail, Inter- und Intranet, Videokonferenzen). Ist das möglicherweise das Kooperationsmodell der Zukunft? Ich halte die Anwendung des Teambegriffs in diesem Zusammenhang für problematisch.

So wenig wie ein Ameisenstaat dadurch entsteht, dass man eine Ameise in Nordamerika, eine Ameise in China und eine Ameise in Deutschland zu einem »Staat« erklärt, so wenig entstehen virtuelle Teams, indem man lose vernetzte Akteure, deren Kontakt sich auf den Austausch von kurzen Textmeldungen und gelegentliche Telefonate beschränkt, per Dekret zu einem (hoch) leistungsfähigen »Team« erklärt. Der qualitative Mehrwert klassischer Teamarbeit, auf die das bekannte Akronym »Together everybody achieves more« anspielt, entsteht auf der Basis gruppendynamischer Prozesse, die persönlichen Kontakt, die gemeinsame Überwindung von Hindernissen, Wir-Gefühl voraussetzen – kurz: ein Sichkennen(lernen) und sich auch mal aneinander reiben können.

Konzepte, die sich mit virtueller Teamarbeit befassen, suggerieren häufig, dass die Mitglieder in einem solchen Team prinzipiell in der Lage sind, mithilfe von Internet, Telefon oder Videokonferenzen dieselben hochwertigen Formen von Zusammenarbeit zu entwickeln, wie man sie von klassischen Teams her kennt – und das, obwohl sie sich womöglich niemals begegnen, über den kurzen Austausch in einer Fremdsprache hinaus kaum etwas voneinander wissen und nicht nur durch Kontinente, sondern auch durch unterschiedliche Kulturen, Werte und Lebensmodelle voneinander getrennt werden. IT-Experte Oliver Isermann etwa vertritt die Ansicht, dass virtuelle Teams in der Lage sind, dasselbe »Teamfeeling« zu entwickeln, das man aus Teams ko-präsenter Akteure kennt.[68] Andere Autoren sind da durchaus skeptischer. Nicht reflektiert wird jedoch die Tatsache, dass jene gruppendynamischen Phänomene, die die Arbeit in Teams auszeichnen, weder entstehen noch beobachtet werden können, wenn die an diesen Phänomenen beteiligten Teammitglieder sich kaum jemals »nonvirtuell«, also im echten Leben begegnen.

Überdies stellt sich die Frage, was wirklich neu ist an virtueller Teamarbeit. Die Zusammenarbeit über große räumliche Distanzen hinweg ist keine Erfindung des 21. Jahrhunderts. Mag sich die Übermittlungsgeschwindigkeit von Informationen vom berittenen Boten zu den heutigen Möglichkeiten der E-Mail-Kommunikation auch drastisch beschleunigt haben: Das ändert nichts an der Tatsache, dass Menschen, seit sie Handel treiben, immer schon über räumliche Distanzen hinweg mit anderen kommuniziert und ihre Arbeit mit ihnen koordiniert haben. Kooperation über große Distanzen hinweg allein stellt daher noch keine wirkliche Neuerung dar. Etwas wirklich Neues wäre die Arbeit in virtuellen Teams nur, wenn diese Form der Zusammenarbeit mithilfe der Kommunikationstechnologie tatsächlich die »Aggregatzustände« echter Teams erreichen würde. Diesen Anspruch können virtuelle Teams nicht einlösen, denn der Graben, der zwischen einer losen Ansammlung medial vernetzter Akteure und »echter« Teamarbeit auf Augenhöhe und am selben Ort entsteht, basiert letzten Endes auf einem anthropologischen Faktum. Die biologische wie auch die soziale Natur des Menschen machen es unmöglich, die Qualität realer, körperlicher Erfahrungen der Face-to-Face-Kommunikation technisch via Video oder Internet adäquat zu simulieren. Anders formuliert: Selbst modernste Kommunikationstechnologie kann nicht verhindern, dass uns in medial vermittelten Austauschsituationen eine Reihe von Informationen fehlen, für die es der unmittelbaren Wahrnehmung des Gegenübers bedarf – etwa körpersprachliche Signale und andere subtile Indizien für Stimmung und Haltung.

Man muss daher sehr genau prüfen, wovon man eigentlich spricht, wenn man über optimale und effiziente Formen der »Zusammenarbeit« in Unternehmen diskutiert. Natürlich kann man auch per E-Mail, Internet und Telefon erfolgreich Informationen austauschen und Arbeitsprozesse koordinieren. Allerdings bin ich der Ansicht, dass die aktuelle Renaissance der Teamarbeit nur dann zu einer substanziellen Verbesserung der Leistungsfähigkeit von Unternehmen führen wird, wenn die konzeptionelle Basis dieser Teamarbeit gründlich durchdacht und, wo noch nicht vorhanden, konsequent geschaffen wird. Echte Teamarbeit setzt dabei nicht nur voraus, dass sich die Teammitglieder regelmäßig gegenübersitzen. Sie setzt auch eine positive Kooperationskultur voraus, die ein Fundament an sozialen Praktiken bereitstellt, auf das diese Teams zurückgreifen können.

Geht man wie ich davon aus, dass zukünftig vor allem effizient kooperierende soziale Hochleistungssysteme für jene Leistungsfähigkeit, Flexibilität und Innovationskraft bürgen, die erfolgreiche Unternehmen zukünftig mehr denn je brauchen werden, stellt sich allerdings eine weit grundsätzlichere Frage: Welche möglicherweise gravierenden Nachteile hat eine Unternehmensstruktur, die auf globale Arbeitsteilung setzt? Ich wage die These, dass Unternehmen, die dafür sorgen, dass auch zukünftig an jedem ihrer Standorte alle für die Wertschöpfung relevanten Bereiche (Entwicklung, Produktion, Vertrieb, …) vertreten sind, auf Dauer dezentral organisierten Wettbewerbern überlegen sein werden. Dieser Wettbewerbsvorteil trifft meiner Erfahrung nach noch immer auf einen Großteil der mittelständischen Firmen in Deutschland zu.

Aus dieser Einschätzung folgt nicht, dass Unternehmen, die überwiegend dezentral und global aufgestellt sind, keinen wirtschaftlichen Erfolg haben können. Allerdings zeigen unsere Erfahrungen im Rahmen der Begleitung von Change-Management-Prozessen, dass stark dezentralisierte und lokal hochgradig mobile Unternehmen, also Unternehmen, die eine schwache Bindung an einen spezifischen Standort ausbilden, ihr Geschäft auf fragilen sozialen Fundamenten aufbauen. Diesen Unternehmen fehlen gerade in kritischen Situationen jene sozialen Bindungskräfte, die Beschäftigte dazu motivieren, mehr zu leisten und auch in schwierigen Zeiten »an Bord« zu bleiben. Meist müssen die Unternehmen sehr viel Zeit und Geld in die Korrektur und Reparatur misslungener Kooperationsprozesse stecken – ein Problem, das zwangsläufig entsteht, wenn ein Großteil der Beschäftigten auf der Basis unterschiedlicher kultureller Praktiken kooperiert und sich nicht selten weder sprachlich noch in ihren Wertvorstellungen »auf Augenhöhe« befindet. Zu lösen ist dieses Problem meiner Ansicht nach nur, wenn das Topmanagement solcher Unternehmen verstehen lernt, dass eine wie auch immer geartete globale »Corporate Identity« letztlich so wenig zu realisieren ist wie das »papierlose Büro«.

»Think global, act local«. Dazu gibt es auch und gerade in der Wissensgesellschaft des 21. Jahrhunderts keine Alternative. Dass Unternehmen dieses Leitmotiv ignorieren, ja schlimmer noch, dass sie dazu tendieren, genau umgekehrt zu verfahren, also global zu handeln und lokal zu denken, lässt sich an vielen Beispielen zeigen; nicht zuletzt am Beispiel der amerikanischen Autoindustrie. Weil General Motors viel zu lange »amerikanische« Autos gebaut hat, war das Unternehmen schon zu Beginn der Weltwirtschaftskrise 2008 kaum mehr in der Lage, adäquat auf den weltweiten Trend zum benzinsparenden Fahrzeug zu reagieren. Die Neigung der amerikanischen Manager, gleichzeitig immer wieder ins Geschäft ihrer deutschen Tochter Opel einzugreifen, mag viele gute Gründe gehabt haben. Sie hat jedoch sicherlich nicht dazu geführt, dass sich die Marktchancen von Opel in Europa verbessert haben.

Arbeitsumfeld: Warum »Zuständigkeiten« ein Auslaufmodell sind

Shadowing konzentriert sich auf die Professionalisierung von Zusammenarbeit in »sozialen Räumen«, sprich: in geographisch definierten Kooperationszonen. Eine solche Zone (ein Stockwerk, ein Gebäude ...) kann sich in der Praxis mit einer funktionalen Einheit (etwa Vertrieb, Produktion) decken. Das muss jedoch nicht der Fall sein. Ebenso gut kann eine Kooperationszone die Beschäftigten des Einkaufs, des Kundenservice und die Kollegen der IT-Abteilung umfassen, wenn sich diese in einem geographisch eindeutig markierbaren Bereich befinden. Derartige »Kombizonen« werfen häufig die Frage auf, weshalb man die Entwicklung sozialer Räume nicht auf fachlich homogene Gruppen beschränkt. Der gängige Einwand der Mitarbeiter: »Aber ich habe doch mit den meisten Kollegen in meinem Umfeld fachlich gar nichts zu tun!«

Zum einen spricht gegen derartige Abgrenzungstendenzen und das damit verbundene Argumentieren in »Zuständigkeiten«, dass der Wandel einer Unternehmenskultur ohnehin systematisch und flächendeckend erfolgen muss. Das gilt zumindest für den Fall, dass ein Unternehmen noch immer von den Denkweisen, Führungs- und Kooperationsroutinen des klassischen Industriebetriebs des 20. Jahrhunderts dominiert wird. Unter diesem Blickwinkel ist es zunächst unerheblich, wie die diversen sozialen Subsysteme vor Ort sich fachlich zusammensetzen, oder wie sie hierarchisch aufgestellt sind.

Zum anderen lohnt es sich auch bei diesem Einwand, tiefer zu graben und nach der Zukunftsfähigkeit des traditionellen Denkens in Organigrammen und Zuständigkeiten zu fragen. Um zu verstehen, worum es mir an diesem Punkt geht, eine Analogie aus dem Sport. In der guten alten Zeit, sagen wir um 1954, war die Welt zwar nicht unbedingt besser, als sie es heute ist. Die Welt des Fußballs jedoch war auf jeden Fall überschaubarer. Zwar bestand genau wie heute auch 1954 jede Mannschaft aus elf Spielern. Jeder Spieler hatte jedoch im Grunde nicht mehr als eine einzige zentrale Aufgabe: Die Stürmer hatten zu stürmen, der Spielmacher hatte das Spiel zu machen, und die Verteidiger waren zur Verteidigung da. Es gab den Linksaußen. Der trug die Rückennummer 11. Dann gab es den Mittelstürmer mit der Rückennummer 9 sowie den Rechtsaußen, der die Rückennummer 7 trug. Jede Mannschaft besaß ihren Spielmacher, ihre vier Abwehrspieler, den rechten und den linken Verteidiger, den sogenannten »Vor-Stopper« und einen Libero. Und natürlich einen Torwart. Alle Spieler wussten, worin ihre Aufgabe bestand. Darüber hinaus waren die Spieler dazu angehalten, ihre Positionen auf dem Spielfeld zu besetzen und sich im Falle eines Ballverlustes an die damals noch dominierende taktische Marschroute zu halten. Man spielte Manndeckung.

Heute tragen die Spieler auf ihren Trikots nicht nur die seltsamsten Rückennummern. Verglichen mit dem heutigen Spieltempo darf man das von 1954 getrost als »gemütlich« bezeichnen. Könnte man heute einen aktiven Spieler von 1954 fragen, wie er seine Rolle auf dem Spielfeld interpretiert, könnte die Antwort ungefähr so lauten: »Ich bin Mittelstürmer. Meine Aufgabe ist es, Tore zu schießen.« So weit, so einfach und so klar. Würde man dieselbe Frage einem Bundesligaprofi von heute stellen, könnte es sein, dass man Folgendes zu hören bekäme: »Ich bin zuständig für die Offensivarbeit, allerdings nur, wenn meine Mannschaft im Ballbesitz ist. Bei Ballbesitz der gegnerischen Mannschaft bin ich dafür zuständig, schon in der gegnerischen Spielhälfte die Räume eng zu machen und meine eigene Spielposition, je nachdem, auf welche Seite sich das Spiel verlagert, zu verschieben. Da wir ›ballorientierte Raumdeckung‹ spielen und zudem so häufig wie möglich ein aktives ›Forechecking‹ praktizieren, unsere Gegenspieler also so früh wie möglich unter Druck setzen wollen, bin ich als Stürmer auch für Defensivarbeit zuständig. Dazu gehört, einen Gegenspieler, der sich in meinen Defensivraum hineinbewegt, sofort, spätestens bei der Ballannahme zu stören und mit meinen Stürmerkollegen immer wieder dafür zu sorgen, dass wir dort Überzahlsituationen schaffen, wo sich der Ball gerade befindet. Das Ziel sind möglichst viele Balleroberungen schon in der gegnerischen Spielhälfte. Ist meine Mannschaft in Ballbesitz, wechseln wir Offensivspieler ununterbrochen unsere Spielpositionen, weichen auf die Flügel aus oder lassen uns zurückfallen. Wichtig ist dabei, unsere Gegenspieler entweder dazu zu zwingen, uns zu folgen (und damit ihre jeweiligen Defensivzonen zu verlassen) oder uns an den jeweiligen Zonengrenzen beständig zu übernehmen. Mit diesen Laufwegen erzeugen wir permanent Situationen, die zu Passlücken im gegnerischen Defensivverband führen, da die Verteidiger der gegnerischen Mannschaft sich permanent abstimmen und sich entscheiden müssen, ob sie uns in unseren Laufwegen folgen oder uns laufen lassen müssen.«

Im Vergleich zwischen dem Fußball von heute und dem von vor 50 Jahren fällt nicht nur die Komplexität der Rollenanforderungen auf, die inzwischen zum modernen Spielverständnis gehört. Auffällig ist vor allem, dass es im modernen Fußball eigentlich nicht mehr sinnvoll ist, einzelnen Spielern bestimmte Kernfunktionen zuzuschreiben, etwa die des Stürmers oder Verteidigers. Im Grunde muss jeder Spieler heute in der Lage sein, sowohl offensive als auch defensive Aufgaben zu übernehmen – und zwar je nachdem, welche Spielsituation sich gerade entwickelt. Die Frage, wann welche Funktion dominiert, entscheidet dabei keine Führungsanweisung des Trainers mehr. Diese Entscheidung trifft der Spieler angesichts beständig wechselnder Spielsituationen und angesichts der Wechselwirkungen, die sich aus dem Verhalten aller anderen Spieler während dieser Situationen ergeben, selbst. Das Leistungsvermögen einer Mannschaft im modernen Spitzensport wird deshalb weitaus stärker von der Fähigkeit der Spieler beeinflusst, prinzipiell jede der beiden Kernfunktionen auszuüben, als von der Frage, worin sich ihr individuelles Spielverhalten von dem anderer Spieler unterscheidet. Die taktischen Vorgaben, denen sich heute jeder Spieler unterordnen muss, werden permanent eingeübt, und die Bereitschaft des Einzelnen, sich an deren Umsetzung adäquat zu beteiligen, ist längst zu einem Schlüsselkriterium für seine Leistungsbeurteilung geworden. Von einem Spieler wird schlicht erwartet, dass er sein individuelles Spielbedürfnis den taktischen Anforderungen der jeweiligen Situation unterordnet.

In modernen Wirtschaftsunternehmen hat sich das »Spieltempo«, in dem die Beschäftigten ihre Arbeit verrichten, in den letzten Jahrzehnten mindestens ebenso sehr beschleunigt wie im Fußball. Herausragende Leistungen resultieren in Unternehmen wie im Mannschaftssport nur im Kollektiv. Und für beide Bereiche gilt, dass die Bewältigung komplexer Herausforderungen nur gelingt, wenn prinzipiell jeder Akteur willens und in der Lage ist, sich in den Dienst der »Mannschaft« zu stellen und sich über seine jeweiligen Kernaufgaben hinaus an den Aufgaben, die sich aus der aktuellen Situation ergeben, konstruktiv zu beteiligen.

Das bedeutet nicht, dass jeder Buchhalter ab sofort auch Marketingexperte sein muss, und jeder Marketingreferent bei Bedarf in der Buchhaltung Urlaubsvertretung macht. Es bedeutet allerdings, dass der eine von der Tätigkeit des anderen mehr als nur eine rudimentäre Vorstellung haben und zum kompetenten Zusammenspiel bereit sein muss. Von dieser Form der Kooperation ist man in vielen traditionellen Unternehmen und dem für sie typischen Denken in »Zuständigkeiten« und klassischen Organigrammen noch weit entfernt, wie das folgende Beispiel eines großen Mittelständlers zeigt, der wie viele Unternehmen in den letzten zehn Jahren einen rasanten Internationalisierungsprozess hinter sich gebracht hat, ohne dass die kulturellen Praktiken des Tagesgeschäfts damit Schritt gehalten hätten.

Unser Beratungsunternehmen wurde von einem Kunden der Maschinenbauindustrie beauftragt, der Steuerabteilung zu helfen, effizienter zu kooperieren. Nun weiß man als Berater, dass sich die Mitarbeiterschaft in einer solchen Konzernabteilung nicht unbedingt aus Kommunikations-

profis und Teamspielern zusammensetzt. In der Regel arbeiten dort Juristen, Wirtschaftsprüfer und andere hoch qualifizierte Steuerfachspezialisten, deren berufliche Sozialisation nicht zwingend den Aufbau kommunikativer oder sozialer Kompetenzen erfordert. Nichtsdestotrotz führten das stetige Unternehmenswachstum und der Anspruch, weltweit immer neue Standorte zu betreuen, dazu, dass die wachsende Komplexität der Aufgaben auf Dauer nur im Team effizient bewältigt werden konnte. Umso erstaunter waren wir, als sich in der Beratung herausstellte, dass in dieser Abteilung nicht nur teaminterne Abstimmungsprozesse zu professionalisieren waren, sondern dass der Schwerpunkt der Arbeit der gesamten Steuerabteilung noch immer von Strukturen, Zuständigkeiten und Arbeitsgewohnheiten geprägt war, die primär auf die Betreuung des deutschen Marktes ausgerichtet waren. So war zwar allen Akteuren theoretisch klar, dass sie weltweit für die Bearbeitung von Steuerfragen des Konzerns zuständig waren. Gleichzeitig lehnten es viele jedoch mit großer Selbstverständlichkeit ab, zu reisen, und es waren weder Plan noch Praktiken erkennbar, mit denen die zahlreichen Steuerfachkollegen im Ausland betreut und gesteuert werden konnten – was formal die zentrale Aufgabe der Abteilung im Konzern darstellte. Mit anderen Worten: Die Aufgabenstellung der Abteilung war komplex und global. Die kulturellen Praktiken waren jedoch von einfachen Sachbearbeiterstrukturen sowie von einer ganzen Reihe traditioneller Arbeits- und Kooperationsgewohnheiten dominiert.

Dieses Bespiel illustriert ein typisches Problem, das den Alltag vieler rasch wachsender mittelständischer Unternehmen prägt – die Existenz zweier Parallelwelten. Da existiert auf der einen Seite eine Welt mit eindeutigem Organigramm, einer peniblen strategischen Planung sowie schriftlich fixierten Zuständigkeiten und Zielvorgaben. Auf der anderen Seite bewegen sich die Beschäftigten in einer Praxis, in der Strukturen umgangen, strategische Schwerpunktsetzungen nur selten beachtet werden und im Übrigen ein Status quo verwaltet wird, der vielem entspricht – allerdings nicht der globalen Konstellation, in der sich das Unternehmen faktisch befindet. Professionalisierung bedeutet in diesen Beispielen eben nicht, noch mehr Konzepte, ein noch differenzierteres Organigramm oder noch mehr Zielvereinbarungen auf dem Papier zu vereinbaren. Professionalisierung bedeutet hier, die kulturellen Muster zu verändern, die das Tagesgeschäft der Beschäftigten dominieren – in diesem Fall etwa, neue Formen der Arbeitsorganisation und neue Informations- und Abspracheroutinen zu verankern – und auch mehr zu reisen.

Zu solchen Fehlentwicklungen kommt es, weil eine Reihe von Annahmen über erfolgreiche Unternehmensführung schlicht falsch sind. Die Annahme, dass ein Unternehmen in komplexen Kontexten dann am effizientesten funktioniert, wenn sich der einzelne Beschäftigte ausschließlich auf eine einzige, primäre Kernfunktion fokussiert, ist falsch. Der Glaube, dass Kooperation in einem komplexen Kontext nur unter Gleichen, also nur von Fachexperte zu Fachexperte erforderlich ist, ist falsch. Die Vorstellung, dass die Bewältigung von Komplexität primäre und alleinige Aufgabe des Managements sein kann, ist falsch. Diese Vorstellungen prägen jedoch allesamt die Haltungen und Einstellungen, mit denen man sich im Rahmen von Personal- und Organisationsentwicklungsprozessen als Berater permanent konfrontiert sieht. Und so kann man sich bisweilen des Eindrucks nicht erwehren, dass in Unternehmen noch immer dieselben Praktiken von Führung und Zusammenarbeit vorherrschen, welche die Arbeitskultur dieser Unternehmen schon seit 1954 dominiert haben. Mit dem Unterschied, dass sich die Anforderungen an Unternehmen, insbesondere in den letzten beiden Jahrzehnten, radikal verändert haben.

Im Kern verlangt der in diesem Buch geforderte Umbau der Arbeitskultur daher, dass Management wie Beschäftigte begreifen lernen, welche Bedeutung die Entwicklung neuer taktischer Optionen, weg vom System der einfachen »Manndeckung«, hin zu komplexeren taktischen Spielsystemen, für die Zukunftsfähigkeit ihres Unternehmens hat. In der Sprache der Wirtschaft: weg vom System einzelner »Fachspezialisten«, hin zum System komplexer, selbstorganisierter »Expertsysteme«, deren flächendeckender Aufbau einen Quantensprung für die Leistungsfähigkeit des Unternehmen als Ganzes darstellen wird. Dass die Pflege individuellen Expertentums auch zukünftig eine Rolle spielen wird, muss nicht eigens hervorgehoben werden. Davon unberührt bleibt, dass es vor dem Hintergrund der aktuellen Herausforderungen unabdingbar ist, über das eigene Tätigkeitsfeld hinauszudenken, mit anderen zu reden, sich in deren Sichtweisen hineinzuversetzen, das eigene Arbeitsverhalten auf das Arbeitsverhalten anderer einzustellen und gemeinsam zu antizipieren, wohin sich »das Spiel« entwickeln wird.

Ich plädiere daher dafür, in Unternehmen das Denken in Fachzuständigkeiten durch ein Denken in »Kooperationszuständigkeiten« und in »Ergebniszuständigkeiten« zu ersetzen. Und zwar nicht irgendwo und irgendwann, sondern jetzt. Dies gelingt auch in großen und dezentral aufgestellten Unternehmen, wenn jeder Standort mit einem Netz von Kooperationszonen überzogen wird. Und zwar zeitgleich. Dann würde sich auch die Frage erübrigen, weshalb man mit Kollegen aus anderen Fachdisziplinen die Zusammenarbeit verbessern soll.

Fazit: Gängige Einwände gegen die Professionalisierung der Kooperation vor Ort – die Kosten eines Shadowing-Projektes, die Arbeit in internationalen (»virtuellen«) Teams oder ein Denken in Fachzuständigkeiten – übersehen den wichtigsten Erfolgsfaktor von Unternehmen in einer immer komplexeren Welt: die Stärke und den Einfluss einer lokal verankerten Kooperationskultur als Garant von Leistungsfähigkeit, Flexibilität und Innovationskraft.

Teil IV

Ausblick:
Kooperation und Führung
in der Wissensgesellschaft
von morgen

Kapitel 10
Privileg auf Zeit:
Für ein neues Konzept von Führung

Wirtschaftliche Erfolge basieren weder auf genialen Führungsstrategien noch auf der Arbeit einiger weniger charismatischer Führungspersönlichkeiten. Der Erfolg eines Unternehmens basiert auf dessen Fähigkeit, das vorhandene schöpferische Potenzial optimal zu nutzen. Dies setzt vor allem die Entwicklung kultureller Praktiken voraus, die das Unternehmen als soziales System professionalisieren – eben eine effiziente Kooperationskultur.

Zu Beginn dieses Buches habe ich gezeigt, dass die in vielen Köpfen wie in der Fachliteratur verbreitete Vorstellung vom heroischen Einzelnen an der Spitze einer Organisation oder einer Abteilung, der alles im Griff hat, auf der technokratischen Managementauffassung des Industriezeitalters basiert. Lange Zeit war dieses Modell überaus erfolgreich. Es bescherte dem 20. Jahrhundert ungeahnten Fortschritt und Wohlstand, dank hoher Arbeitsteilung und Zerlegung des Arbeitsprozesses in kleine Arbeitsschritte, dank einer hierarchischen Unternehmensstruktur und dank eines ausgefeilten Systems von Anweisungen, Zuständigkeiten und Kontrolle. Inzwischen werden jedoch die Schattenseiten dieses Systems immer offensichtlicher: Wer Mitarbeiter an enge Stellenprofile kettet und sie an präzise Vorgaben und Anweisungen gewöhnt, darf sich nicht wundern, wenn sie irgendwann das Denken einstellen oder auf den Feierabend vertagen.

Wenn Unternehmen sich grundlegend wandeln sollen, wenn Kooperation und Selbstorganisation an die Stelle von Hierarchie und Anweisung treten sollen, wenn das Wissen und die Ideen aller Mitarbeiter genutzt werden sollen, muss sich zwangsläufig auch die Rolle der Führungskräfte wandeln. Zum Ausblick erste Überlegungen, wohin die Reise gehen könnte.

Was bedeutet »Führung« in sozialen Hochleistungssystemen?

Wie sieht das Führungsmodell der Zukunft aus? Erfolgreiche und hochgradig innovative Unternehmen wie Google, Gore oder Cisco, die im ersten Kapitel vorgestellt wurden, sprechen eine eindeutige Sprache: die der Verlagerung von Verantwortung von »oben« nach »unten«. Auch in der Forschung gibt es inzwischen etliche Belege, dass eine ganze Reihe klassischer Führungsaktivitäten – etwa Planung, Aufgabenstrukturierung, Entscheidungsfindung, Leistungsfeedback – nicht mehr ausschließlich von eigens dafür zuständigen Führungskräften erledigt, sondern ebenso gut von arbeitsfähigen Gruppen im Unternehmen selbst organisiert werden kann.[69] Insbesondere jene Unternehmen, die überwiegend hoch qualifizierte Mitarbeiter beschäftigen, um neue Produkte zu entwickeln und anspruchsvolle Dienstleistungen anzubieten, legen diesen Mitarbeitern in einer traditionellen Hierarchie unnötig Fesseln an. Und eine Managementauffassung, die hartnäckig an der Aufteilung in Führende und Geführte festhält, generiert letztlich erst jenen Beschäftigtentypus, der diese Form der Führung benötigt. Der Glaube, dass eine kontinuierliche Steigerung der Effizienz im Unternehmen nur durch einen weitgehenden Zugriff des Managements auf alle relevanten Arbeitsprozesse innerhalb der Wertschöpfungskette erfolgt, führt dazu, dass der Faktor Management zum eigentlichen Engpassfaktor wird. Hier teile ich die Auffassung von Gary Hamel, der dieses Problem sehr zutreffend in seinem Buch *Das Ende des Managements*[70] analysiert. Die These lautet, dass die Leistungsfähigkeit von Unternehmen gegenwärtig weder durch ein Betriebsmodell noch durch ein Geschäftsmodell, sondern durch ein Managementmodell beschränkt wird, dessen Tage gezählt sind.

Natürlich gibt es bereits heute direktive und weniger direktive Führungspraktiken. Die meisten Führungskräfte wissen, dass sich das Arbeitsverhalten von Beschäftigten sowohl durch Vorgaben, eher autoritär, wie auch durch weniger starke Impulse, eher moderierend, steuern lässt. Die meisten Beschäftigten, die ich in den letzten 13 Jahren kennen gelernt habe, akzeptieren beide Formen der Einflussnahme. Der

Glaube, sich an diesem Punkt für den einzig »wahren« Führungsstil entscheiden zu müssen, scheint mir theoretisch wie praktisch überwunden. Leistungsfähige soziale Systeme allerdings können sich nur dort entwickeln, wo Führung Eigenverantwortung gewährt – und einfordert.

Während vorgabeorientierte und autoritäre Formen von Führung die Beschäftigten daran gewöhnen, sich strikt nach den Anweisungen des Vorgesetzten zu richten und im Wesentlichen nur das tun, was man ihnen sagt, zwingt ein offener und moderierender Führungsstil Mitarbeiter dazu, in unklaren und vorgabefreien Situationen selbst die Initiative zu ergreifen und Verantwortung für den Erfolg ihrer Arbeit zu übernehmen. Dies gilt insbesondere dann, wenn ein wettbewerbsorientiertes Umfeld oder Kundenansprüche für Handlungsdruck sorgen. Ein Führungsumfeld, das vieles offen lässt, nur weniges und Wesentliches reguliert und effiziente sowie kreative Problemlösungen konsequent honoriert, erzeugt für die meisten Beschäftigten permanent Anreize, selbst(organisiert) Hand an die zu erledigenden Aufgaben zu legen.

Vorgabe- und kontrollorientierte Führungsstile reduzieren genau diesen Handlungsdruck. Der größte Vorteil einer autoritären Führungspraxis besteht darin, dass die Regeln der Zusammenarbeit für beide Seiten klar und eindeutig zu sein scheinen. Wenn der Chef die Anweisungen gibt und der Mitarbeiter diese nur umzusetzen braucht, dann wissen beide, woran sie sind und was zu tun ist. Der gravierende Nachteil allerdings ist, dass sich die Beschäftigten an diese Form der Arbeitsteilung rasch gewöhnen. Wo also keine Anweisung existiert, existiert konsequenterweise auch nicht die Notwendigkeit, selbst aktiv zu werden. Als Berater können wir vor Ort immer wieder beobachten, dass die meisten Mitarbeiter sehr genau wissen, was in ihrem Unternehmen alles nicht funktioniert, welche Aufgaben dringend zu erledigen wären, wofür jedoch niemand die Verantwortung übernehmen will, und weshalb bestimmte Vorgaben, die sich aus den Planungsprozessen des Topmanagements ergeben, nicht funktionieren werden – und dennoch ihren Vorgesetzten gegenüber kein Wort darüber verlieren! Denn: »Das ist nicht mein Job. Dafür wird doch das Management bezahlt.«

Gefragt ist also ein neues Führungsverständnis, das Mitarbeitern den Weg in die Passivität verbaut und Leistungswillen und Kreativität einfordert. Dafür gibt es in vielen Unternehmen längst Vorbilder, die jedoch kaum als solche ins Blickfeld rücken: Projektmanager. Die flächendeckende Einführung von Matrixorganisationen in den letzten zehn Jahren hat in den meisten Firmen neben dem klassischen Linienvorgesetzten diesen im Grunde neuen Managementtypus etabliert. Die Voraussetzungen, unter denen Projektmanager Projektteams führen, fordern ihnen eine ganze Reihe von Kompetenzen ab, die auch für die Führung in sozialen Hochleistungssystemen von Bedeutung sind.

Bevor wir uns dem Projektmanager als möglichem Rollenmodell zuwenden, noch eine grundsätzliche Bemerkung. »Führung« wird traditionell nicht nur mit »Verantwortung« und »Gestaltungsmöglichkeiten« assoziiert, sondern natürlich auch mit Macht und Status. Wie viele Mitarbeiter man »unter sich« hat, wie groß das eigene Budget ist, wie viele PS der neue Dienstwagen und wie viele Quadratmeter das eigene Büro aufweist, all das ist auch heute noch wichtig. Für manchen dynamischen Jungmanager mag es sogar ein größerer Karriereanreiz sein als die tägliche Herausforderung, andere Menschen zum Erfolg zu führen. Derart statusgetriebene Führungskräfte werden sich gegen den hier propagierten Unternehmensumbau naturgemäß sperren. Wer Verantwortung von oben nach unten verlagert, wer auf mehr Selbstorganisation setzt und Macht womöglich nur noch auf Zeit verleihen will, »entthront« aus dieser Sicht die Führungskräfte. Das bedeutet: Als Führungskräfte in sozialen Hochleistungssystemen wird man Menschen brauchen, die eher an spannenden Ideen als an Statussymbolen und eher an komplexen Herausforderungen als an zementierten Hierarchien und imposanten Titeln interessiert sind. Wer das für utopisch hält, dem sei gesagt: Auswahlkriterien gibt es in jedem Unternehmen, warum sollte ein soziales Hochleistungssystem nicht die für sich passenden definieren? Und wohin ungebremste Orientierung des Führungspersonals an Status, Macht und Geld ein Unternehmen führen kann, wurde im Zuge der jüngsten Wirtschaftskrise einer staunenden Öffentlichkeit ja nicht nur im Bankensektor drastisch vor Augen geführt.

Einbinden statt anleiten:
Der Projektmanager als Rollenmodell

Warum taugt das Führungsverständnis, das erfolgreiche Projektmanager mitbringen, als Vorbild für Führung in sozialen Hochleistungssystemen? Fünf Argumente:

Selbstverständnis – Aufgabenorientierung statt Besitzstandswahrung

Jeder Projektmanager weiß, dass die Leitung eines Projektes eine Managementaufgabe auf Zeit darstellt. Sind die damit verbundenen Aufgaben gelöst und ist der Projektauftrag erfolgreich erledigt, wird die Projektgruppe aufgelöst und die Rolle des Projektleiters obsolet. Das Bewusstsein der Endlichkeit der eigenen Position führt bei vielen Projektleitern von Beginn an zu der heilsamen Einsicht, dass nur das Erzielen von Ergebnissen und nicht die Sicherung von Besitzständen rund um die eigene Position im Zentrum ihrer Bemühungen stehen sollte.

Kooperationsbereitschaft – überzeugen statt anordnen

Projektmanager lernen heutzutage rasch, dass sie in ihren Organisationen meist aus einer eher schwachen hierarchischen Position heraus agieren müssen, insbesondere gegenüber etablierten Linienmanagern. Dies zeigt sich beispielsweise daran, dass die meisten Projektmanager herzlich wenig Einfluss auf viele Ressourcen und Einflussfaktoren erhalten, die sie für die Erfüllung ihres Projektauftrages benötigen. Unter dem Gesichtspunkt effizienter Kooperation hat diese schwache Managementposition allerdings einen Vorteil: Sie führt in der Regel dazu, dass sich Projektmanager um eine intensive Zusammenarbeit mit allen relevanten Entscheidungsträgern im Unternehmen bemühen müssen.

Kommunikationsfähigkeit: Transparenz statt Vernebelung

Projektmanager müssen ihren Bedarf an personellen, finanziellen oder sonstigen Ressourcen laufend begründen. Ihre Aufgabe erfordert es, andere, auch nicht am Projekt Beteiligte, permanent über Sinn und Zielsetzung ihres Vorhabens zu unterrichten. Dieser Darstellungs- und Rechtfertigungsdruck führt dazu, dass Projektmanager eine wichtige Fähigkeit für erfolgreiche Führung in wissensbasierten sozialen Hochleistungssystemen entwickeln: die Fähigkeit, komplexe Sachzusammenhänge einfach und anschaulich zu vermitteln. Erfahrene Projektmanager wissen sehr genau, dass sie Orientierung geben und Transparenz schaffen müssen, wenn sie erfolgreich sein wollen, und richten ihr Kommunikationsverhalten danach aus. Wer bei komplexen Themen nicht erklärt, worum es geht, oder komplexe Zusammenhänge nicht verständlich machen kann, behindert Kooperation, indem er andere daran hindert, ihn zu verstehen.

Teamführung: Kooperation aktiv fördern statt voraussetzen

Projektmanager müssen mit Mitarbeitern aus den unterschiedlichsten Bereichen und Hierarchieebenen des Unternehmens zusammenarbeiten. Sie wissen daher, dass sie eines ganz sicher nicht voraussetzen können: ein gemeinsames Verständnis der Aufgabe und ähnliche Herangehensweisen, die quasi »automatisch« für eine gute Zusammenarbeit sorgen. Deshalb verwenden sie zunächst viel Zeit darauf, im Projektteam eine gemeinsame »Sprache« zu schaffen, damit Schwierigkeiten, die sich aus der fachlichen Heterogenität der Gruppe ergeben könnten, gar nicht erst entstehen. Viele Projektmanager lernen daher, das Entstehen kommunikativer und kooperativer Muster im Projektteam aufmerksam zu beobachten und Kooperationsformen zu fördern, welche die Zusammenarbeit verbessern. Außerdem greifen sie in der Regel frühzeitig ein, wenn die Kooperation in Gefahr zu geraten droht.

Führung: Einbindung statt Anweisung

Schließlich spielt eine weitere Einschränkung im Alltag von Projektmanagern eine wichtige Rolle: das Fehlen vieler Weisungsbefugnisse, auf die traditionelle Linienvorgesetzte wie selbstverständlich zurückgreifen können. Dies betrifft Entscheidungsbefugnisse, etwa hinsichtlich der zeitlichen Ressourcen der Projektmitarbeiter, aber auch bei Sanktionsmöglichkeiten. Projektmanagern wird kaum die Berechtigung zugestanden, auf Schlechtleistungen einzelner Projektmitarbeiter disziplinarisch zu reagieren. In der Praxis bedeutet dies, dass Projektmanager wesentlich »enger am Mann« arbeiten müssen als die meisten Linienvorgesetzten. Sie haben keine andere Möglichkeit, demotivierte Projektmitarbeiter oder schlechte Arbeitsleistungen direktiv zu korrigieren. Erfahrene Projektmanager wissen, dass man ein Projekt niemals erfolgreich gegen die Bedürfnis- und Interessenlagen der Teammitglieder steuern kann. Einbindungs- und konsensorientierte Führungspraktiken drängen sich damit zur Steuerung von Projektteams geradezu auf.

Führung als Dienstleistung: situativ, selbstorganisiert, rotierend

Es gibt gute Gründe, davon auszugehen, dass das Linienmanagement von morgen eine projektbasierte Managementform sein wird. Die Herausforderungen, vor denen Unternehmen heute stehen, werden dazu führen, dass die Anforderungen an flexible Formen von Führung und eine konsequente Ergebnisorientierung weiter zunehmen werden. Auch der Druck zur interdisziplinären Zusammenarbeit wird weiter steigen, sodass fixe Strukturen, langfristig bindende Zuständigkeiten sowie die strikte Trennung zwischen Aufgabengebieten zunehmend aufgeweicht werden wird.

Damit werden sich die Rahmenbedingungen, unter denen Linienführungskräfte heute noch arbeiten, Schritt für Schritt jenen Bedingungen annähern, die gegenwärtig für Projektmanager selbstverständlich sind.

Natürlich werden Unternehmen auch zukünftig hierarchische Formen aufweisen. Diese Hierarchien werden jedoch deutlicher als heute eher der Form einer Flunder als der eines Wolkenkratzers gleichen. Innerhalb dieser flachen Strukturen werden die Grenzen zwischen Führenden und Geführten zunehmend fließend sein. In wissensbasierten sozialen Hochleistungssystemen werden Managementfunktionen wie Planung, Entscheidungsfindung oder Kontrolle von Arbeitsprozessen und Arbeitsergebnissen wie selbstverständlich innerhalb von Arbeitsgruppen organisiert, die sich jeweils situativ und zeitlich befristet um die Lösung einer Aufgabe herum bilden. Ist das Problem gelöst, das neue Produkt entwickelt, der Kunde zufriedengestellt, werden sich diese Gruppierungen ebenso schnell wieder auflösen, wie sie sich zusammengefunden haben. Die Steuerung der mit diesen Kooperationsformen einhergehenden Arbeitsweisen wird kaum mehr zentral über ausgewiesene »Steuerungsexperten«, sprich Führungskräfte, erfolgen. Vielmehr werden Fragen der Steuerung in diesen Gruppen ebenso selbstverständlich geklärt werden, wie man heute schon selbstorganisiert Termine vereinbart, Besprechungen durchführt oder Informationen austauscht, ohne auf eine Anweisung zu warten. Voraussetzung dieser Praxis ist eine Unternehmenskultur, die auf qualitativ hochwertigen Kooperationsroutinen basiert. In einer derartigen Kooperationskultur ergibt sich die Steuerung von Kooperationsprozessen von selbst.

So wie die einzelnen Spieler während eines Fußballspiels nicht auf die Anweisungen des Trainers am Spielfeldrand warten, bevor sie sich in Bewegung setzen, so werden auch die Beschäftigten in sozialen Hochleistungssystemen nicht darauf warten, welche Anweisungen und Vorgaben ihnen das Management zur Lösung einer Aufgabe mit auf den Weg gibt. Ist der grobe Rahmen einmal gesteckt, steht die Strategie fest (»Wir spielen auf Sieg!«), arbeiten alle Akteure wie selbstverständlich daran, die Herausforderungen, die ihnen im Rahmen der Betreuung von Kunden, der Entwicklung neuer Produkte oder der Optimierung organisatorischer Problemstellungen begegnen, zu lösen.

Diese Entwicklung wird durchaus die Möglichkeit der zeitlich befristeten Übernahme von Steuerungsaufgaben in einem Team bieten. Dabei wird Führung jedoch zunehmend deutlicher zu einer Form der Dienstleistung an der Gruppe, sie wird zunehmend weniger eine Form der direktiven Einflussnahme und Kontrolle sein. Die Übernahme von Führungsaufgaben in einer Gruppe kann im Prinzip von jedem Akteur der Gruppe ausgehen. Voraussetzung hierfür ist, dass die jeweilige Arbeitssituation derartige Dienstleistungen überhaupt erforderlich macht. Erfordert eine Situation die Neuorganisation eines Arbeitsprozesses, eine Entscheidung oder eine Manöverkritik, so wird in dieser Situation derjenige zur »Führungskraft«, der diesen Aspekt aufgreift und eine tragfähige Lösung anbietet. Inwiefern derartige Führungsinitiativen von anderen Akteuren akzeptiert und aufgenommen werden, entscheidet sich zwischen den handelnden Personen. Über die Frage, wer welche Zuständigkeiten erhält oder übernimmt, stimmen die an der Aufgabe beteiligten Akteure sozusagen »mit den Füßen« ab. Verantwortung wird demjenigen übertragen, von dessen Kompetenzen die Gruppe jeweils am meisten profitiert. Die Lösung von Aufgaben und die Bewältigung von Herausforderungen haben dabei grundsätzlich Vorrang vor der Etablierung fester Strukturen und der fixen Vergabe von Positionen. Dass diese Entwicklung auch Auswirkungen auf die Honorierung von Arbeitsleitungen haben wird, versteht sich von selbst.

Die Zukunft wird Unternehmen gehören, denen es gelingt, Kooperationsroutinen aufzubauen, mit denen sie sich in einem kontinuierlichen Prozess der untraumatischen Erneuerung Tag für Tag neu erfinden können. Unternehmen, die gelernt haben, dass sie nur durch eine permanente Optimierung der Art und Weise, wie sie Wissen generieren, Wissen teilen und Wissen koordinieren im globalen Wettbewerb erfolgreich bestehen können. Führungsverantwortung wird in diesen Organisationen nur noch auf Zeit übertragen. Die primäre Aufgabe dieser Führungskräfte wird nicht mehr darin bestehen, Pläne zu erstellen, Budgets zu verwalten oder Aufgaben zuzuteilen. Stattdessen werden sie sich darauf konzentrieren, die Arbeit interdisziplinär und ad hoc zusammenkommender Teams zu unterstützen, fachlich unerfahrenere Kollegen zu coachen oder dafür zu sorgen, dass die notwendigen technologischen oder finanziellen Ressourcen zur Bewältigung einer Aufgabe rasch organisiert werden.

Das Konzept der »Führungskraft als Coach« wird seinen Status als utopisches Konstrukt mancher Managementprogramme verlieren und zu einer selbstverständlichen Basisanforderung an Führungskräfte werden. Dass Mitarbeiter mit den Füßen darüber abstimmen können, wer Führungskraft wird und dies auch bleiben darf, wird Anforderungsprofile nachhaltig prägen. Die Durchsetzung von Unternehmensinteressen auch gegen die Mitarbeiterschaft verliert in dem Maße an Bedeutung, in dem sich die Kultur des klassischen Industriebetriebs zu einer Kultur sozialer Hochleistungssysteme entwickelt. Das disziplinierende Moment, das der Funktion des Vorgesetzten gegenwärtig noch anhaftet, wird durch soziale Konsenspraktiken ersetzt werden. Führen zu dürfen wird so zu einem Privileg auf Zeit, das man sich Tag für Tag verdienen muss.

Die Lücke, die zwischen diesem Anspruch und der gegenwärtigen Normalität real existierender Verhältnisse klafft, kann geschlossen werden. Shadowing beschreibt einen konkreten Weg, wie dieser Prozess über einen überschaubaren Zeitraum hinweg gestaltet werden kann. Ich glaube in der Tat, um noch einmal die Brücke zum Sport zu schlagen, dass die Zeit des »klassischen Spielmachers« auch in der freien Wirtschaft zu Ende geht. Die Zukunft gehört leistungsfähigen Kollektivsystemen. In diesen Systemen werden viele in der Lage sein, »das Spiel zu machen«. Wie gut diese Systeme allerdings spielen, entscheidet sich an dem, was »zwischen« Akteuren geschieht.

Fazit: Wenn Unternehmen sich wandeln sollen, muss sich auch das Verständnis von »Führung« grundlegend wandeln. Sich selbst steuernde Hochleistungsteams verleihen Macht immer nur auf Zeit. Gefragt sind sach- und erfolgsorientierte Coaches, nicht statusorientierte Besitzstandswahrer.

Kapitel 11

Erfolgsfaktor Kooperation: Die Kernthesen des Buches im Überblick

1. Wir benötigen ein neues Managementverständnis – ein Konzept, das überzogene Erwartungen an Leadership korrigiert und Führungskräfte ermuntert, das Potenzial ihrer Mitarbeiter auszuschöpfen.

2. Wir benötigen ein anderes Unternehmensmodell – ein Modell, das die Mechanik von Planung und Kontrolle transzendiert und die Lebendigkeit und Dynamik sozialer Systeme berücksichtigt.

3. Wir benötigen eine radikal andere Form der Personal- und Organisationsentwicklung – Ansätze, die in der Unternehmenspraxis verankert sind und kollektive Praktiken der Leistungserbringung nachhaltig verändern.

4. Soziale Hochleistungssysteme zeichnen sich durch ein hohes Maß an Selbstorganisation, Flexibilität und Eigenverantwortung der Mitglieder aus. Systemtheorie, Raumsoziologie und Gruppenforschung bieten die wissenschaftliche Grundlage für gezielte Entwicklungsmaßnahmen in diese Richtung.

5. Wandel muss von außen angestoßen, aber im Unternehmen eingeübt und fest verankert werden. Shadowing als »Coaching vor Ort« setzt konsequent auf die Störung vorhandener Routinen und die Partizipation der Betroffenen. Damit verbessert Shadowing Kooperationspraktiken im Unternehmen nachhaltig und nachweisbar.

6. Shadowing setzt wie jedes Veränderungsprojekt das Commitment der Entscheidungsträger im Unternehmen voraus. In der Startphase kommt es daher auf die gezielte Einbindung von Topmanagement, den mittleren Führungsebenen, der Personalabteilung sowie des Betriebsrats an.

7. Shadowing nimmt die Betroffenen von Anfang an selbst in die Pflicht. Es sind die Beschäftigten selbst, die den Status quo ihrer Kooperationsroutinen in einem Profil festhalten und ihre Zielvorstellungen für eine effizientere Zusammenarbeit entwickeln (Kooperationspyramide). Und sie sind es auch, die den externen Beratern (Kooperationsagenten) einen konkreten Auftrag erteilen, welche Veränderungen er begleiten soll.

8. Shadowing setzt auf die Wirksamkeit des Wiederkehrenden und verankert in einem systematisch angelegten Qualifikationsprozess nachhaltig effizientere Kooperationsmuster. Dabei fungiert der Kooperationsagent als Trainer und Coach vor Ort. Außerdem etabliert Shadowing wirksame Beobachtungs-, Feedback- und Abstimmungsprozesse, mit denen Unternehmenseinheiten ihre Zusammenarbeit laufend weiter selbst optimieren können.

9. Gängige Einwände gegen die Professionalisierung der Kooperation vor Ort – die Kosten eines Shadowing-Projektes, die Arbeit in internationalen (»virtuellen«) Teams oder ein Denken in Fachzuständigkeiten – übersehen den wichtigsten Erfolgsfaktor von Unternehmen in einer immer komplexeren Welt: die Stärke und den Einfluss der vor Ort verankerten Kooperationskultur als Garant von Leistungsfähigkeit, Flexibilität und Innovationskraft.

10. Wenn Unternehmen sich wandeln sollen, muss sich auch das Verständnis von »Führung« grundlegend wandeln. Sich selbststeuernde Hochleistungsteams verleihen Macht immer nur auf Zeit. Gefragt sind sach- und erfolgsorientierte Coaches, nicht statusorientierte Besitzstandswahrer.

Kapitel 12
Schluss:
Ein anderes Verständnis von Lernen

Um Unternehmen zukunftsfähig zu machen, müssen die Rollenkonzepte von Führenden und Geführten, von Managern und Mitarbeitern generalüberholt werden, so meine These. Gleichzeitig benötigen wir ein radikal neues Verständnis von Lernprozessen in Unternehmen, um die Personal- und Organisationsentwicklung aus der Sackgasse herauszuführen, in der sie sich gegenwärtig befindet. Heute schulen Personalentwickler vorwiegend Individuen und hoffen dennoch, Organisationen als Ganze voranzubringen. Der vorliegende Ansatz dagegen bricht komplett mit der Vorstellung, dass Lernprozesse in Unternehmen nur oder primär im Individuum stattfinden können. Favorisiert wird vielmehr eine Konzeption, die soziale Räume zu primären Adressaten und Trägern von Bildungsprozessen macht. Lernprozesse, die auf soziale Räume abzielen, sind nicht mehr personengebunden. Sie konzentrieren sich vielmehr auf Gruppen, auf die Veränderung jener Gewohnheitsmuster, die die Kooperation in sozialen Systemen prägen. Dabei folgen sie der Erkenntnis der modernen Raumsoziologie, dass Grundlage dieser Form des sozialen Lernens das Verhältnis zwischen Orten und sozialen Routinen ist. Das bedeutet: Orte und soziale Räume als Unternehmensstandorte oder Kooperationszonen lösen einzelne Führungskräfte oder Mitarbeiter als zentrale Adressaten von Bildungsprozessen ab.

Mir ist bewusst, dass dieser Perspektivwechsel gewöhnungsbedürftig ist. Dennoch halte ich den Bruch mit einer Bildungspraxis, die sich vollkommen auf das Individuum konzentriert, in Unternehmen für überfällig. Der Grund ist ein sehr grundsätzlicher: Die bildungsphilosophischen Prämissen des Individualismus und die Anforderungen, die an soziale Hochleistungssysteme gestellt werden, berühren einander im Kern überhaupt nicht. Anders formuliert: Man kann mit individuumszentrierten Bildungsansätzen nicht ernsthaft Entwicklungsprozesse in Unternehmen avisieren und dabei die spezifische Konstitution dieser Unternehmen, nämlich ihre soziale Phänomenologie, einfach links liegen lassen. Dabei ist es mit »ein bisschen mehr Teamarbeit« in Unternehmen nicht getan. Wenn es stimmt, dass kulturelle Muster die Leistungsfähigkeit großer und komplexer sozialer Organismen entscheidend bestimmen, dann muss sich jede Form von Personal- und Organisationsentwicklung daran messen lassen, wie gut es ihr gelingt, diese kulturellen Muster wirksam zu modifizieren. Die Art und Weise jedenfalls, wie Entwicklungs- und Veränderungsprozesse in Unternehmen gegenwärtig konzipiert und organisiert werden, trägt nichts zur Entwicklung des Unternehmens als Ganzem bei.

Die Veränderungen, die für diesen Perspektivenwechsel notwendig sind, beginnen nicht im Unternehmen. Sie beginnen in den Köpfen von Personalentwicklern und Beratern. Und dort mit der Entscheidung, aufzuhören, Unternehmen Bildungsangebote zu offerieren, die keinen relevanten Beitrag zur Steigerung ihrer Leistungsfähigkeit liefern. Denn im Unterschied zu Lernprozessen und Lernerfahrungen, die jedes Individuum im Laufe seines Lebens macht und die aus gutem Grund nicht nur der bloßen Nutzenmaximierung dienen, müssen sich Lernprozesse und Lernerfahrungen in Unternehmen an eben diesem Kriterium des Nutzens messen lassen. Qualifikationsansätze, die diesen Zweck nicht erfüllen, gehören auf den Prüfstand. Wenn es stimmt, dass die gegenwärtige Personal- und Organisationsentwicklung de facto Tennisspieler ausbildet und dabei ignoriert, dass in einer komplexen Arbeitswelt permanent Fußball gespielt werden muss, läuft in dieser Bildungspraxis etwas falsch.

Die Einsicht, dass Personal- und Organisationsentwickler die Entwicklung des Unternehmens als Ganzes im Blick haben müssen, ist nicht neu. Neu ist, dass ich bestreite, kleine »Modifikationen«, »ein bisschen mehr« Transfersicherung, »ein bisschen mehr« Coaching oder »ein wenig mehr« strategische Personalentwicklung könnten ausreichen, um Unternehmen auf die Herausforderungen des 21. Jahrhunderts vorzubereiten. Bisher bestand das Problem darin, dass weder eine wissenschaftstheoretisch fundierte noch eine konkret praktische Konzeption existierte, die erklären und zeigen konnte, wie Entwicklungsprozesse in Unternehmen anders als auf dem Weg über die Qualifikation des Individuums gestalten werden könnten. Nun liegt eine solche Konzeption vor.

Als ein erster Entwurf kann diese Konzeption weder theoretisch noch in ihrer praktischen Ausgestaltung abgeschlossen sein. Mit dem vorgestellten Ansatz wird eine Tür aufgestoßen – eine Tür, durch die ein Stück Zukunft sichtbar wird. Für Unternehmen, die durch diese Tür gehen, wird nichts mehr so sein, wie es einmal war. Was sich am Horizont abzuzeichnen beginnt, ist das, was man gerne als »Postmanagement-Ära« bezeichnet. Ich halte diesen Begriff für unglücklich gewählt, suggeriert er doch, dass wir es zukünftig mit Unternehmensformen zu tun haben werden, die kein Management mehr benötigen. Diese Assoziation ist falsch, denn wo Menschen zusammenarbeiten, wird es auch künftig immer irgendeine Form der Führung und Steuerung geben. Allerdings bin ich davon überzeugt, dass wir in den kommenden Jahrzehnten auf dem Gebiet der Unternehmensentwicklung Veränderungen erleben werden, die im Rückblick die gegenwärtige Managementpraxis als antiquiert und heutige Formen der Zusammenarbeit als rückständig erscheinen lassen.

Literaturverzeichnis

Ackermann, Karl-Friedrich (Hg.): *Balanced Scorecard für Personalmanagement und Personalführung.* Wiesbaden 2000.

Antons, Klaus: *Praxis der Gruppendynamik.* Göttingen1998.

Arbeitsgemeinschaft Betriebliche Weiterbildungsforschung e.V.: *Kompetenzmessung im Unternehmen.* Münster 2005.

Ashby, W. Ross: *Einführung in die Kybernetik*, Frankfurt 1974.

Bartlett, Christopher A.; Goshal, Sumantra: *Der Einzelne zählt.* Hamburg 2000.

Bateson, Gregory; Bateson, Mary Catherine: *Wo Engel zögern.* Frankfurt 1993.

Bateson, Gregory: *Ökologie des Geistes.* Frankfurt 1981.

Blanchard, Kenneth/Zigarmi, Patricia/Zigarmi, Drea: *Führungsstile.* 3. Aufl. Reinbek bei Hamburg 2005.

Blankertz, Herwig: *Die Geschichte der Pädagogik.* Wetzlar 1982.

Bolte, Annegret; Porschen, Stephanie: *Die Organisation des Informellen: Modelle zur Organisation von Kooperation im Arbeitsalltag.* Wiesbaden 2006.

Bourdieu, Pierre: *Die feinen Unterschiede.* Frankfurt 1982.

Bourdieu, Pierre: *Praktische Vernunft. Zur Theorie des Handelns.* Frankfurt 1998.

Brendl, Erich: *Wandel kompetent managen. Umbruch meistern. Routinefallen vermeiden.* Neuwied 1997.

Bungard, Walter; Jöns, Ingela: »Gruppenarbeit in Deutschland – Eine Zwischenbilanz«, in: *Zeitschrift für Arbeits- und Organisationspsychologie* Heft 41/1997.

Clases, Christoph: *Das Erinnern einer anderen Zukunft.* Münster 2003.

Conniff, Richard: »Alpha-Männchen ohne Macht«, in: *Focus* 01/2005.

Comelli, Gerhard; von Rosenstiel, Lutz: *Führung durch Motivation.* München 2002.

Cranach, M. von: »Gedächtnisprozesse handelnder Gruppen«, in: Lüer, Gerd; Lass, Uta: *Erinnern und Behalten.* Göttingen 1997.

Derks, Lucas: *Das Spiel sozialer Beziehungen. NLP und die Struktur zwischenmenschlicher Erfahrung.* Stuttgart 2000.

Dilts, Robert B.: *Die Veränderung von Glaubenssystemen.* Paderborn 1993.

Dodgson, Mark: »Organizational Learning«, in: *Organization Studies,* Vol. 14, No. 3, Sage Publications 1993.

Dörner, Dietrich: *Die Logik des Misslingens*. Hamburg 1992.

Dollase, Rainer: *Soziometrische Techniken*. Weinheim 1976.

Eckert, Regina H.; Drath, William A.: »Developing Leadership Culture: Leadership Is More Than Leaders«, in: *Personalführung* 01/2009.

Edding, Cornelia; Kraus, Wolfgang: *Ist der Gruppe noch zu helfen?* Opladen 2006.

Edwards, Mark R.; Ewen Ann J.: *360°-Beurteilung*. München 2000.

Elias, Norbert: *Über den Prozess der Zivilisation*. Frankfurt 1992.

Faber, Malte; Manstetten, Reiner: *Was ist Wirtschaft? Von der Politischen Ökonomie zur Ökologischen Ökonomie*. Freiburg/München 2007.

Fischer, Hans R.: *Autopoiesis*. Heidelberg 1991.

Foerster, Heinz von: *Sicht und Einsicht*. Braunschweig 1985.

Forgas, Joseph P.: *Soziale Interaktion und Kommunikation*. Weinheim 1999.

Frankl, Viktor E.: *Logotherapie und Existenzanalyse*. 3., neu ausgest. Aufl. Weinheim 1998.

Freimuth, Joachim; Hauch, Otmar; Asbahr, Tomke: »Organizational Memory und betriebliche Wissensstrukturen«, in: *zfo Zeitschrift Führung + Organisation* Heft 02/2002.

Friedag, Herwig R.; Schmidt, Walter: *Balanced Scorecard*. Freiburg 2002.

Frieling, Ekkehart; Kauffeld, Simone; Grote, Sven; Bernard, Heike: *Flexibilität und Kompetenz: Schaffen flexible Unternehmen kompetente und flexible Mitarbeiter?* Münster 2001.

Garfield, Charles: *Spitzenmanagement im Team. Funktionale Führung statt Hierarchie*. München 1995.

Geiselhart, Helmut: *Das lernende Unternehmen im 21. Jahrhundert*. Wiesbaden 2001.

Gemünden, Hans Georg; Högl, Martin: *Management von Teams*. Wiesbaden 2000.

Giarini, Orio; Liedtke, Patrick M.: *Wie wir arbeiten werden*. Hamburg, 1998.

Giddens, Anthony: *Entfesselte Welt. Wie die Globalisierung unser Leben verändert*. Frankfurt 2001.

Giddens, Anthony: *Die Konstitution der Gesellschaft*. Frankfurt 1997.

Glasl, Friedrich: *Konfliktmanagement: Ein Handbuch für Führungskräfte und Berater*. Stuttgart 1997.

Graf, Jürgen: *Weiterbildungsszene Deutschland 2006*. Bonn 2006.

Greshoff, Rainer; Kneer, Georg; Schimank, Uwe: *Die Transintentionalität des Sozialen*. Wiesbaden 2003.

Greffrath, Mathias: »Das Tier, das ›Wir‹ sagt«, in: *Die Zeit* Nr. 16, 8. April 2009.

Gris, Richard: *Die Weiterbildungslüge. Warum Seminare und Trainings Kapital vernichten und Karrieren knicken*. Frankfurt 2008.

Hamel, Gary: *Das Ende des Managements. Unternehmensführung im 21. Jahrhundert*. Berlin 2008.

Hartmann, Michael: *Der Mythos von den Leistungseliten. Spitzenkarrieren und soziale Herkunft in Wirtschaft, Politik, Justiz und Wissenschaft.* Frankfurt 2004.
Isermann, Oliver: *Traditionelle und virtuelle Teams.* Hamburg 2004.
Jaeger, Burkhard: *Humankapital und Unternehmenskultur.* Wiesbaden 2004.
Kieser, Alfred: *Organisationstheorien.* Stuttgart 1995.
Kline, Peter; Saunders, Bernard: *10 Schritte zur Lernenden Organisation.* Paderborn 1996.
Königswieser, Roswita; Exner, Alexander: *Systemische Intervention.* Stuttgart 1998.
Konradt, Udo; Hertel, Guido: *Management virtueller Teams.* Weinheim 2002.
Kriz, Willy Christian: *Lernziel: Systemkompetenz.* Göttingen 2000.
Langmaack, Barbara; Braune-Krickau, Michael: *Wie die Gruppe laufen lernt.* Weinheim 1995.
Lewin, Kurt: *Feldtheorie in den Sozialwissenschaften.* Bern 1963.
Lipnack, Jessica; Stamps, Jeffrey: *Virtual Teams.* New York 2000.
Löw, Martina: *Raumsoziologie.* Frankfurt 2001.
Luhmann, Niklas: *Soziale Systeme.* Frankfurt 1984.
Lutterer, Wolfram: *Gregory Bateson – Eine Einführung in sein Denken.* Heidelberg 2002.
Malik, Fredmund: *Führen Leisten Leben*, Stuttgart 2000.
Malik, Fredmund: *Management. Das A und O des Handwerks.* Frankfurt 2006.
Malik, Fredmund: *Management-Perspektiven.* Bern 1999.
Malik, Fredmund, *Systemisches Management, Evolution, Selbstorganisation.* Bern 2003.
Marrow, Alfred J.: *Kurt Lewin – Leben und Werk.* Stuttgart 1977.
Maturana, Humberto R.; Varela, Francisco, J.: *Der Baum der Erkenntnis*, Bern 1987.
Maturana, Humberto R.; Varela, Francisco, J.: *Der Baum der Erkenntnis.* Bern 1992.
Mayer, Bernd Michael: »Lernarchitekturen von Managementtrainings und ihre Wirkungen«, in: *OrganisationsEntwicklung* 01/2003.
Meindl, James R./Ehrlich, Sanford B./Dukerisch, Janet M.: »The Romance of Leadership«, in: *Administrative Science Quarterly* 30/1985.
Mertins, Kai; Alwert, Kay; Heisig, Peter: *Wissensbilanzen.* Berlin/Heidelberg 2006.
Middleton, D.: »Conversational remembering and uncertainty«, in: *Journal of Language and Social Psychology,* 16 (4) 1990.
Miegel, Meinhard; Wahl, Stefanie: *Das Ende des Individualismus.* Bonn 1993.
Mühlemeyer, Peter; Flenner, Vanessa: »Umsetzung des ›Managementinstruments Personalentwicklung‹ in der betrieblichen Praxis«, in: *Personal* Heft 07/2002.
Neuberger, Oswald: *Personalentwicklung.* Stuttgart 1994.

Neuberger, Oswald: *Führen und führen lassen.* 6., völlig neu bearb. und erw. Auflage Stuttgart 2002.

Olbrich, Josef: *Geschichte der Erwachsenenbildung in Deutschland.* Bonn 2001.

Peterke, Jürgen: *Handbuch Personalentwicklung.* Berlin 2006.

Petersen, Hans-Christian: *Open Space in Aktion.* Paderborn 2000.

Pfläging, Niels: *Führen mit flexiblen Zielen.* Frankfurt 2006.

Probst, Gilbert J.B.: *Selbst-Organisation.* Berlin/Hamburg 1987.

Reich, Kersten: *Die Ordnung der Blicke.* Band 1. Neuwied 1998.

Reich, Kersten: *Die Ordnung der Blicke.* Band 2. Neuwied 1998.

Rosa, Hartmut: *Beschleunigung.* Frankfurt 2005.

Rusch, Gebhard; Schmidt, Siegfried, J.: *Konstruktivismus: Geschichte und Anwendung.* Frankfurt 1992.

Sattelberger, Thomas: *Die lernende Organisation.* Wiesbaden 1991.

Schäfer, Frank: *Change Management für den Öffentlichen Dienst.* Hamburg 2005.

Schlick, Gerhard H.: *Projektmanagement – Gruppenprozesse – Teamarbeit.* Renningen 1999.

Schmidt-Tanger, Martina: *Veränderungscoaching.* Paderborn 1998.

Schuler, Heinz: *Lehrbuch der Personalpsychologie.* Göttingen 2005.

Simon, Fritz B.: *Lebende Systeme.* Frankfurt 1997.

Spieß, Erika: *Kooperatives Handeln in Organisationen.* München 1996.

Spieß, Erika: *Kooperation in Unternehmen.* München 1998.

Staehle, Wolfgang H.: *Management.* München 1999.

Surowiecki, James: *Die Weisheit der Vielen.* München 2005.

Sywottek, Christian: »Das Matroschka-Prinzip (Was Wirtschaft treibt: Freudenberg)«, in: *Brand eins* 10/2008.

Thalemann, Susanne: *Die Rolle geteilten Wissens beim netzbasierten kollaborativen Problemlösen*, Dissertation 2003.

Tschan, Franziska; von Cranach, Mario: »Gruppen als informationsverarbeitende und handelnde Systeme – Konsequenzen für Gruppentraining«, in: *Innovative Personal- und Organisationsentwicklung* 2003.

Vester, Frederic: *Die Kunst, vernetzt zu denken: Ideen und Werkzeuge für einen neuen Umgang mit Komplexität.* München 2002.

Vester, Frederic, *Denken, Lernen, Vergessen: Was geht in unserem Kopf vor, wie lernt das Gehirn, und wann lässt es uns im Stich?* München 1975.

Wahl, Diethelm: *Handeln unter Druck.* Weinheim 1997.

Wegner, D.M.: »A computer network model of human transactive memory«, in: *Social Cognition,* 13 (3), S. 319-339, 1995.

Werlen, Benno: *Gesellschaft, Handlung und Raum: Grundlagen handlungstheoretischer Sozialgeographie.* Stuttgart 1997.

Weyer, Johannes: *Soziale Netzwerke,* München 2000.

Wilkesmann, Uwe: *Lernen in Organisationen. Die Inszenierung von kollektiven Lernprozessen.* Frankfurt 1999.

Willke, Helmut: *Systemtheorie I: Grundlagen*, München 1992.

Willke, Helmut: *Systemtheorie II: Interventionstheorie*, Stuttgart 1996.

Willke, Helmut: *Systemtheorie III: Steuerungstheorie*, Stuttgart 1995.

Wimmer, Rudolf, *Organisation und Beratung: Systemtheoretische Perspektiven für die Praxis.* Heidelberg 2004.

Windeler, Arnold: *Unternehmensnetzwerke. Konstitution und Strukturation.* Wiesbaden 2001.

Wittmann, Stephan: *Ethik im Personalmanagement.* Bern 1998.

Wulf, Christoph u.a.: *Das Soziale als Ritual. Zur performativen Bildung von Gemeinschaften.* Opladen 2001.

Wunderer, Rolf: *Führung und Zusammenarbeit. Eine unternehmerische Führungslehre.* 7., überarb. Aufl. Köln 2007.

Anmerkungen

1. Mathias Greffrath: »Das Tier, das ›Wir‹ sagt«, in: *Die Zeit* Nr. 16, 8. April 2009.
2. Vgl. Malik 2000.
3. Vgl. Malik 2006, S. 17-25.
4. Neuberger 2002, S. 528.
5. Pfeffer, Jeffrey/Salancik, Gerald: *The External Control of Organizations: A Resource Dependence Perspective*, New York 1978, zitiert nach Neuberger 2002, S. 564.
6. Zitiert nach Neuberger 2002, S. 113.
7. Vgl. Ashby 1974.
8. Wunderer 2007, S. 27.
9. Zitiert nach Hamel 2007, S. 48.
10. Wunderer 2007, S. 69.
11. Vgl. Pfläging 2006, S. 118 – 124.
12. www.gore.com/de_de/
13. »Die teuersten Marken der Welt«, in:.*Spiegel online* vom 21. April 2008; http://www.spiegel.de/wirtschaft/0,1518,548597,00.html
14. http://www.google.de/corporate/culture.html
15. Hamel 2008, S. 148 ff.
16. http://www.cisco.com/web/DE/uinfo/uinfo_home.html
17. Gespräch unter dem Titel »Ich musste lernen loszulassen«, *Harvard Business Manager*, Januar 2009, S. 46ff.
18. Pressemitteilung vom 17.02. 2009: http://www.cisco.com/web/DE/presse/meld_2009/02-17-2009-great-place-to-work-collaboration-arbeitgeberattraktivitaet.html
19. Auf Deutsch erschien das Buch unter dem Titel *Allgemeine und industrielle Verwaltung* erstmals im Jahr 1929 bei R. Oldenbourg (München).
20. Malik 2003, S. 321ff.
21. Gallup Engagement Index 2008.
22. »Engagement Index 2008: Kein Handschlag mehr als nötig«, in: *Focus* vom 14.01.2009; http://www.focus.de/karriere/management/motivation/tid-13094/engagement-index-2008-kein-handschlag-mehr-als-noetig_aid_362023.html

23 Vgl. Jaeger 2004, S. 118.
24 Hamel 2008, S. 47f.
25 Unter anderem in Hedwig Kellner: *Karrieresprung durch Selbstcoaching*. Frankfurt am Main 2001.
26 Pressemeldung vom 10.12.2002; im Internet unter www.bertelsmann-stiftung.de.
27 Susanne Preuß: »Der Schöpfer der Welt AG zieht sich zurück«, in: *Frankfurter Allgemeine Zeitung* vom 29.07.2005 (http://www.faz.net/IN/INtemplates/faznet/default.asp?tpl=common/zwischenseite.asp&dox={825E0188-D2E5-AAA3-6486-5B2FC6207D45}&rub={D16E1F55-D211-44C4-AE3F-9DDF52B6E1D9}).
28 Dietmar Hawranek/Dirk Kurbjuweit: »Die Drei-Welten-AG«; in: *Der Spiegel* Nr. 9 vom 24.02.2001, S. 96-103.
29 Dietmar Hawranek/Dirk Kurbjuweit: »Die Drei-Welten-AG«; in: *Der Spiegel* Nr. 9 vom 24.02.2001, S. 107f.
30 »Wal-Mart in Deutschland: Chronologie eines Scheiterns«, *Spiegel online* vom 28.07.2006; http://www.spiegel.de/wirtschaft/0,1518,429049,00.html
31 Institut der deutschen Wirtschaft Köln, iwd 2006, Nr. 7 (»Betriebliche Weiterbildung. Ein Tausender pro Kopf«); http://www.iwkoeln.de/tabID/816/ItemID/18921/language/de-DE/Default.aspx
32 Der »Myers-Briggs-Typenindikator« (MBTI), das »Bochumer Inventar zur berufsbezogenen Persönlichkeitsbeschreibung« (BIP) oder der »16-Persönlichkeits-Faktoren-Test« (16-PF) zählen zu den in der Personalarbeit gebräuchlichen Testverfahren. Die zitierten Eigenschaften stammen aus dem 16-PF.
33 Sylvia Jumpertz: »Kompetenzmanagement. Zwischen Anspruch und Akzeptanz«; in: *managerSeminare* Heft 109, April 2007.
34 Günter Ogger: *Nieten in Nadelstreifen*, München 1995; Paul Babiak/Robert D. Hare: *Menschenschinder oder Manager. Psychopathen bei der Arbeit*, München 2007; Gerhard Damman: *Narzissten, Egomanen, Psychopathen in der Führungsetage. Fallbeispiele und Lösungswege für ein wirksames Management*, Bern/Stuttgart/Wien 2007.
35 Miegel/Wahl 1993, S. 33.
36 Barbara Gülpen: *Mitarbeiter fördern. Programme zur Personalentwicklung*. Stuttgart 2004, S. 8.
37 »Digging for Diamonds. Verborgene Potenziale im Unternehmen heben« (2008); zu beziehen über www.maisberger.com; Summary bei www.atoss.com
38 Eckert/Drath 2009.
39 Hier: Das »Advanced Management Program« 2009 zur »Wirkungsvollen strategischen Unternehmensführung« der ZfU International Business School.
40 Vgl. Jaeger 2004.
41 Vgl. Olbrich 2001, S. 384.
42 Vgl. zum Beispiel Kieser 1995.

43 Vgl. zum Beispiel ausführlich Peterke 2006.
44 www.dbvc.de (Link »Definition Coaching«: http://www.dbvc.de/cms/index.php?id=361&PHPSESSID=d19d53b7efcd79c7c6b90711bdef5bf6), Hervorhebungen vom Autor.
45 Surowiecki 2005.
46 *Spiegel online* vom 15.12.2005.
47 Vgl. Staehle 1999.
48 Vgl. Tschan/Cranach 2003.
49 Willke 1996.
50 Giddens (1997) beruft sich unter anderem auf den Psychoanalytiker Erik Erikson (1902 – 1994), den Philosophen Maurice Merleau-Ponty (1908 – 1961) und den Soziologen Erving Goffman (1922 – 1982).
51 Giddens 1997.
52 Vgl. Spieß 1996.
53 Vgl. Bolte/Porschen 2006.
54 Quelle: Ralf Grötker: »Geht doch! (Improvisation: Pannen am Flughafen)«; in: *Brand eins* 10/2008.
55 Vgl. Spieß 1996.
56 Vgl. Clases 2003.
57 Vgl. Wegner 1995, Cranach 1997.
58 Vgl. Thalemann 2003.
59 Thalemann (2003) spricht in diesem Zusammenhang von einem »team interaction model« (Wissen über Rollen, Verantwortlichkeiten und Kommunikationsmuster im Team) sowie einem »team model« (Wissen über Fähigkeiten und Präferenzen anderer Gruppenmitglieder). Die kognitive Repräsentation dieses Wissens bezeichnet sie als »shared mental models« (gemeinsam geteilte mentale Modelle).
60 http://www.google.de/corporate/culture.html
61 Hamel 2008, S. 206.
62 »Wie gibt man implizites Wissen weiter. ›Communities of Practice‹ bei der Xerox Group«; http://elearning-reviews.com/seufert/docs/xeroxcase-weitergabe-implizites-wissen.pdf.
63 Watzlawick wies darauf hin, dass man »nicht nicht kommunizieren« könne, da auch jedes Nichthandeln unweigerlich vom Gegenüber interpretiert werde.
64 Schäfer 2005.
65 Vgl. Maturana/Varela 1987.
66 Tschan/von Cranach 2003.
67 Vgl. Wulf 2001.
68 Vgl. Isermann 2004.
69 Gemünden/Högl 2000.
70 Hamel 2007.

Absicherungsmentalität 70
Abstimmungsprobleme 38
Alltagswissen 28
Arbeitsbereiche 137, 151
Arbeitsklima 114, 127, 135, 145, 147
Auslaufmodell 184
Autokinetischer Effekt 84

Beobachtung, eingreifende 109, 169
Beobachtungsroutinen 111, 161
Bürgschaften 9

Change-Prozesse 101
Chaos 11, 24, 32, 151
–, geordnetes 110
Coach(Coaching) 43, 51, 54, 60, 64, 105, 109, 128, 131, 159, 161 f., 177, 201–204, 206

Dauerinfantilisierung 20
Denkanstöße 163
Denkmuster 116, 154
Dienstleistungsmentalität 39
Diskussionsforen 153
Dokumentation 106, 135 f., 162 f., 166–168, 170 f., 173, 176

Eigenverantwortung 10, 30, 70, 72, 75, 96, 131, 139, 142, 195, 203
Einbindungsworkshop(s) 132, 138–140, 176
Einwände 132, 139, 178, 190, 204
Entwicklungsprotokoll 166

Fairness 93, 143
Feedback 41, 51, 68, 82, 108, 112, 127, 139, 144, 155, 161–163, 166, 173, 177, 194, 204
Fehler 37, 48, 73, 85, 124, 158
Führungskonzepte 10, 21
Fusion(en) 15, 40, 43 f., 49, 123 f., 126

Gedächtnisleistungen
–, kollektive 86–88, 95
–, transaktive 87
Geschäftsmodelle 23, 26
Gesprächslogistik 80
Gewohnheitsmuster 34 f., 41, 76, 99 f., 128, 139, 144, 163 f., 166, 179, 205
Globalisierung 17, 21, 48, 178
Globalkultur 47, 95

Heterogenität 39, 198
Hochleistungssystem(e), soziale(s) 11, 63, 70, 77–79, 81, 84, 88 f., 92, 95–97, 102, 107, 109, 111, 114, 119 f., 123, 128, 131 f., 141, 143 f., 152 f., 156, 168, 171, 173, 178, 183, 194, 196–198, 200, 202 f., 205
Homogenität 40

Individualismus 39, 50, 52, 55, 62, 205
Ingenieurstolz 122
Interaktionsmuster 36, 39, 161, 174
Internationalität 180

Kennzahlenmentalität 114
Kommunikationsmuster 87, 110
Komplexität 10, 17–21, 31, 47, 62, 72, 74, 76, 82 f., 87, 101, 114, 124, 146, 186, 188 f.
Kooperationsagent(en) 104, 106–108, 110–113, 110, 123, 127, 131, 135–144, 146, 148, 152–158, 160–171, 173, 175–177, 179, 204
Kooperationskultur 31, 65, 93, 97, 113, 121, 126, 178, 183, 190, 193, 200, 204
Kooperationsmuster 68–70, 74, 81, 84, 89, 92, 97, 100, 102, 104 f., 120, 159, 172, 177, 179, 204
Kooperationsprofil 136, 144 f., 147 f., 160, 170, 172, 176

Kooperationspyramide 136, 144, 148–152, 156–158, 160, 169 f., 172, 174, 176, 204
Kooperationsroutinen 35, 37 f., 55, 81, 85, 88 f., 92, 100, 109, 115 f., 120 f., 123, 131, 133, 136, 139, 144 f., 152, 154, 158, 163, 165, 170, 173, 185, 200 f., 204
Kulturwandel 132, 144

Leadership-Mythos 15 f., 44
Leistungsorientierung 10, 143
Leitbild 51, 67, 148
Lerngeschwindigkeit 136
Logbuch 136, 161 f., 166–168, 170 f., 176

Macht der Gewohnheit 98, 112
Machtstreben 44
Matrixorganisationen 31, 196
Methodenpluralismus 55
Missverständnisse 37, 122, 162
Mitverantwortung 142
Münchhausen-Prinzip 113 f.

Nachhaltigkeit 59–62, 102, 113, 171
Neuausrichtung 18, 117, 124

Organisationsentwicklung 57, 57–59, 63 f., 93, 95, 97, 109, 135 f., 171, 189, 203, 205 f.

Personalentwicklung (PE) 50, 53, 55, 57–60, 109 f., 159, 206
Pilotgruppen 133, 138
Privileg 193

Problemlösung(en)
–, improvisierte 80
–, kreative 195
–, unbürokratische 94
Professionalisierung 11, 18, 52 f., 55, 58, 72, 94, 96 f., 101, 113, 120, 126, 128, 133, 163, 184, 188–190, 204
Projektmanager 196–199
Projektstart 131–134, 138 f., 171
Prozessoptimierung 10, 31, 67

Qualifikationsprogramme 60
Qualität 18, 20, 33, 37, 59, 67, 69, 78, 89, 94, 97, 102 f., 107, 111, 122, 127, 132, 136, 139, 143, 145 f., 150, 155, 157, 163, 166, 170, 173, 181 f., 200

Raumsoziologie 68, 74, 81, 91–93, 96, 179, 203, 205
Reengineering 30 f.
Risikoorientierung 83
Ritual(e) 99, 110, 157, 174 f.
Rollenerwartungen 51, 82
Rollenmodell 196 f.
Routinemuster 62, 75 f., 82–84, 98–100, 104–107, 109, 112 f., 116, 144, 154 f., 161 f., 164, 173

Sachorientierung 70
Selbstverpflichtung 148, 156
Selbstwahrnehmung 98
Shadowingboard 134 f., 138, 140, 146, 166 f., 172, 176

Shadowing-Prozess 106, 111, 115, 120, 122, 132, 136 f., 145, 150, 153, 155 f., 159, 166, 168, 170, 176
Shadowing-Zyklen/-Zyklus 172 f., 179
Sicherheitsorientierung 83
Soziale(s) System(e) 11, 19, 31–33, 35–37, 39, 49, 52, 63, 70, 74–79, 81, 84–89, 92, 95–105, 107–109, 112–114–116, 118–121, 123, 128, 131–133, 136, 140 f., 143 f., 152 f., 156 f., 159, 163, 168, 171, 173, 175, 178 f., 183, 185, 193–198, 200, 202 f., 205
Soziale Systeme 74
Stellschrauben 38
Steuerungsgremium 134 f.
Systemtheorie 68, 74 f., 96, 105, 179, 203

Teamführung 198
Topmanagement 16, 18, 42, 47, 58, 72, 117, 121, 132 f., 135, 138, 141, 143, 176, 178, 180, 183, 195, 204

Überlebensfähigkeit 10, 17, 37, 103
Unternehmenskultur(en) 15, 24 f., 29–41, 44, 67, 74, 93–95, 113, 117, 152, 184, 200
Unternehmensmodell 28, 30, 32, 49, 113 f., 203

Veränderungsimpulse 117

Verantwortlichkeiten 87 f.
Vor-Ort-Intervention 102

Weiterbildungsmaßnahmen 60, 179
Wertvorstellungen 20, 44, 47, 77, 141, 143, 183
Wissensgesellschaft 184, 191

Zielvorgaben 10, 188
Zugehörigkeitsgefühl 47
Zuständigkeiten 25, 31, 68 f., 79, 90, 184 f., 187 f., 190, 193, 199, 201, 204
Zuständigkeitsdenken 70

Mike Rother
Die Kata des Weltmarktführers
Toyotas Erfolgsmethoden

2009, ca. 300 Seiten, gebunden
ISBN 978-3-593-38996-7

Das Geheimnis wird gelüftet

Mag die Autoindustrie derzeit auch in einer Krise stecken: Toyota hat Managementgeschichte geschrieben. Immer wieder wird gefragt: Was kann man von dem Weltmarktführer lernen?
Mike Rother zeigt: Entscheidend für den Erfolg ist weniger das Set der Methoden und Vorgehensweisen als vielmehr das dem ganzen Verhalten zugrunde liegende Qualitäts-, Kunden- und Effizienzdenken im Unternehmen. Es sind diese »Kata« genannten Denk- und Verhaltensweisen, die bei Toyota gelebt werden und letztlich zum Unternehmenserfolg führen. Erst wenn ein Unternehmen die hier vorgestellten »Kata« verinnerlicht, kann es tatsächlich von Toyota lernen.

Mehr Informationen unter
www.campus.de

Reinhard K. Sprenger
Fredmund Malik
Michael E. Porter
Klaus Doppler
Christoph Lauterburg
Roger Fisher, William Ury
Bruce Patton
Führungsklassiker

5 Bände im Schuber,
ca. 2000 Seiten, gebunden
ISBN 978-3-593-39000-0

Die 5 Klassiker der Führungsliteratur im hochwertigen Schuber

Best of Management

Die wichtigsten Managementbücher, die Thesen der größten Vordenker und Lösungen für alle Aufgaben in einem modernen Unternehmen: Diese Führungsklassiker-Edition birgt das relevante Wissen unserer Zeit rund um Business und Management. Die exklusive Box der Führungsklassiker enthält fünf Erfolgstitel der großen Autoren aus dem Programm von Campus als limitierte Sonderausgabe:

- **Reinhard K. Sprenger**: »Mythos Motivation«
- **Fredmund Malik**: »Führen Leisten Leben«
- **Michael E. Porter**: »Wettbewerbsstrategie«
- **Klaus Doppler, Christoph Lauterburg**: »Change Management«
- **Roger Fisher, William Ury, Bruce Patton**: »Das Harvard-Konzept«

Die Sammlung von Standardwerken, die in keinem Managementregal fehlen darf – exklusiv und nur im hochwertigen Schuber erhältlich!

Frankfurt · New York

Mehr Informationen unter
www.campus.de